2018 上海服务业发展报告

2018 ANNUAL REPORT ON SHANGHAI SERVICE INDUSTRY DEVELOPMENT

上海市商务委员会 编著
Shanghai Municipal Commission of Commerce

上海科学技术文献出版社
Shanghai Scientific and Technological Literature Press

图书在版编目（CIP）数据

2018上海服务业发展报告/上海市商务委员会编著. —上海：上海科学技术文献出版社，2019
ISBN 978-7-5439-7929-1

Ⅰ.① 2… Ⅱ.①上… Ⅲ.①服务业—产业发展—研究报告—上海—2018 Ⅳ.① F719

中国版本图书馆 CIP 数据核字 (2019) 第 127600 号

责任编辑：祝静怡

2018上海服务业发展报告
2018 SHANGHAI FUWUYE FAZHAN BAOGAO
上海市商务委员会　编著
出版发行　上海科学技术文献出版社
地　　址　上海市长乐路 746 号
邮政编码　200040
经　　销　全国新华书店
印　　刷　常熟市人民印刷有限公司
开　　本　787×1092　1/16
印　　张　19.25
字　　数　354 000
版　　次　2019 年 8 月第 1 版　2019 年 8 月第 1 次印刷
书　　号　ISBN 978-7-5439-7929-1
定　　价　88.00 元
http://www.sstlp.com

编审委员会

顾　　问：许昆林
主　　编：尚玉英
副 主 编：华　源　施金根　武　伟　申卫华　刘　敏
　　　　　诸　旖　杨　朝　张国华　赖晓宜　李　泓

编委成员：卢　正　朱文群　刘　炜　李子顺
　　　　　李　磊　陈晓明　周　岚（按姓氏笔画排序）

组织编写：盛弘彦　黄　宇　杨震华
编写成员：叶庆双　朱冰心　杨　珞　柳　勤
　　　　　陶文卿　廖　涛　潘陈杰（按姓氏笔画排序）
编　　著：俞　玮　马薇薇　单佳灵　诸红亮
翻　　译：沈　祎
研究单位：上海市商务发展研究中心
合作单位：上海市各区商务（经济）委员会

# 前　言

2017年是上海全面贯彻落实党的十八大、十八届历次全会和十九大精神,以习近平新时代中国特色社会主义思想为指导,推进供给侧结构性改革的深化之年。为全面反映2017年度上海市商务发展情况,加快推进政府职能转变和信息公开,上海市商务委员会组织编写了"2018上海商务发展系列报告"。本书作为系列报告之一,上海市商务委员会有关处室、上海各区商务委员会、部分企业提供了基础素材,上海市商务发展研究中心承担具体的编撰工作。本书在分析2017年上海服务业发展状况与趋势的基础上,汇总2018年上海推进服务业的政策支持重点,对生活性服务业、部分生产性服务业、服务业管理和创新、上海各区服务业发展情况等进行了介绍。

2017年,上海服务业呈现出总体平稳、结构优化、稳中提质的良好态势。第三产业增加值实现21 191.54亿元,比上年增长7.5%,增速分别高出第二产业和全市经济1.7个和0.6个百分点。第三产业增加值占上海市生产总值的比重为69.2%,对全市经济增长的贡献率达到74.5%。2017年,上海服务业产业结构继续优化升级,高附加值的现代服务业比重进一步上升。金融业实现增加值5 330.54亿元,比上年增长10.6%;信息服务业实现增加值2 179.02亿元,比上年增长15.0%;电子商务交易额达到2.43万亿元,比上年增长21.0%;战略性新兴产业中,服务业增加值2 680.87亿元,比上年增长9.2%。2017年,中国(上海)自由贸易试验区(以下简称"自贸试验区"或"自贸区")把制度创新作为核心任务,改革开放效益进一步显现,带动上海国际贸易中心建设加快推进。上海全年商品销售总额11.31万亿元,比上年增长12.0%;社会消费品零售总额

1.18万亿元,居全国城市首位;口岸货物进出口7.92万亿元,增长15.1%,占全国的28.5%、全球的3.2%,位居世界城市首位;上海市货物进出口3.22万亿元,增长12.5%,创下6年来最快增速;服务进出口占对外贸易总额的29.1%,比全国高15个百分点;举办各类展会1 020个,展出总面积1 770万平方米。商业对经济增长的贡献稳步提升,"压舱石"和"稳定器"的作用凸显。全年完成商业增加值4 797.19亿元,比上年增长6.4%,商业增加值占第三产业增加值的23.1%,占全市生产总值的15.9%。实现商业税收2 053.45亿元,比上年增长18.3%,增速分别快于全市和第三产业税收5.5个和12.8个百分点,占比分别达到16%和23.8%。2017年,上海现代市场体系建设进一步加快。内贸流通体制改革发展综合试点持续深化,"协同创建以商务信用为核心的新型流通治理模式"等8项上海经验在全国复制推广;国家供应链体系建设试点城市建设顺利启动,加快构建标准规格统一、追溯运行顺畅、链条衔接贯通的供应链体系;有形商品市场向集约化、专业化发展,新型市场向平台化、生态化发展,27家平台型企业入围全国B2B行业百强,居全国首位;贸易总部加快集聚,新认定贸易型总部28家,累计达122家,合计销售额占全市40%左右;流通治理体系进一步完善,成立上海商务诚信联盟,公布全国首张市场信用联合奖惩清单、首次第三方商务信用评价结果和首批商务诚信标准化建设成果。

　　2018年是贯彻党的十九大精神的开局之年,是改革开放40周年、实施"十三五"规划承上启下的关键一年。站在新时代改革开放再出发的历史起点上,围绕追求卓越的发展目标,上海服务业有望推进更高层次的对外开放和更高质量的创新发展,进一步"稳根基、提能级、增动能、强辐射、优环境、扩空间",为服务"一带一路""长三角一体化"等国家战略贡献力量。2018年,上海服务业在平稳增长中继续巩固地位,内部结构持续优化调整,服务业总量规模进一步扩大,增幅约8%,增加值占全市比重约70%。一是"稳根基"+"提能级",依托"五个中心"联动发展和自贸试验区升级,金融、商贸两大支撑产业稳固根基,能级加快提升,信息、科研等高附加值服务业发展后劲足,潜力逐渐释放;二是"增动能"+"强辐射",全力打响"四大品牌"的战略愿景下,"科技＋""文化＋"将助力上海服务业开辟新蓝海,推动更高层次、更高附加值的产业跨界、联动、融合不断涌现;三是"优环境"＋"引投资",以上海自贸试验区为示范引领,上海将加快构建法制化、国际化、便利化的营商环境,服务业利用外资的质量和水平再上台阶;四是"扩空间"＋"强辐射",依托"长三角一体化"战略和"一带一路"倡议,将"上海服务"品牌向外延伸,在区域协同中拓展新空间,核心城市的服务辐射功能持续加强。

  2018年,上海以推进服务业供给侧结构性改革为主线,以举办首届中国国际进口博览会为契机,以深化自贸试验区改革创新、科创板注册制和"长三角一体化"发展三大任务为引领,以服务"一带一路"桥头堡建设为依托,突出制度供给、加快创新转型、扩大服务功能、优化营商环境,着力推动上海服务业实现高质量发展。聚焦打响"上海购物"品牌新要求,推动国际消费城市建设再提速。围绕更好满足需求、创造需求、引领需求,制定实施《全力打响上海购物品牌　加快国际消费城市建设三年行动计划》,着力提升消费贡献度、消费创新度、品牌集聚度、时尚引领度、消费便利度,打造面向全球、繁荣繁华的消费市场,形成与卓越的全球城市定位相匹配的商业文明,基本建成具有全球影响力的国际消费城市。聚焦流通供需新变化,推动现代市场体系建设再完善。深化供给侧结构性改革,以强化供应链创新与应用为核心,加快构建"互联网＋供应链"背景下的"新流通"体系。深入推进长三角区域市场一体化,开展国家供应链体系建设试点,集聚培育高能级市场主体,加快发展数字商务,深化现代流通治理体系建设。聚焦服务民生新指向,推动商务保障民生再提质。深入实施生活性服务业提质工程,持续推进"早餐工程""菜篮子工程""家政服务提质工程""服务到家"计划,用心、用情抓好"开门七件事",让更多群众在家门口、于细微处感受到城市的"温度"。

编　者

2018年12月

Preface

In 2017, Shanghai fully implements the decisions of the 18th CPC National Congress, all plenary sessions since the 18th CPC National Congress and the 19th National Congress. Guided by President Xi Jinping's socialist ideology with Chinese characteristics in the new era, Shanghai continues to push forward structural reform on the supply side. In order to fully reflect Shanghai's business development in 2017 and to accelerate the transformation of government functions as well as enhance administrative transparency, the Shanghai Municipal Commerce Commission hereby publishes *2018 Annual Report Series on Shanghai's Commercial Development* (*The 2018 Report*). Based on the data provided by Shanghai Municipal Commerce Commission, district-level sub-committees and a number of Shanghai businesses, researchers with the Shanghai Municipal Commerce Development Research Center analyzes in-depth Shanghai's service industry, summarizes the key points of policy support in 2018 with highlights on the city's producer services, the management of service industry and efforts of innovation. Also included in this book, a panoramic view of service industry in parts of Shanghai.

The following is an excerpt of *the Report*

In 2017, the city continued to optimize the structure of its service industry characterized by steady and high-quality growth. Some of the main indicators: In 2017, the added value of Shanghai's tertiary industry reached 2119.154 billion yuan, an increase of 7.5% over the previous year, which was 1.7 percentage points higher than that of the secondary industry and 0.6 percentage points higher than that of the whole city's economy, respectively. The proportion of added value of the tertiary industry in Shanghai's GDP is 69.2%, and its contribution to the city's economic growth reached 74.5%. Structural optimization and upgrade of continued, and the proportion of modern service industry with high added value enlarged. The added value of the financial industry totals 533.054 billion yuan, an increase of 10.6% over the previous year; the added value of the information service industry totals 217.902 billion yuan, an increase of 15.0% over the previous year; the volume of e-commerce transactions totals 2.43 trillion yuan, an increase of 21.0% over the previous year; and in the strategic emerging industries, the added value of the service industry totals 268.09 billion yuan, an increase of 9.2% over the previous year. In 2017, the China(Shanghai) Free Trade Pilot Area prioritized innovation, thus bringing more benefits of reform and opening. As a result, Shanghai continued to forge ahead in turning itself into a global trader. Commodity sales in 2017 totaled 11.31 trillion yuan, an increase of 12.0% over the previous year; the revenue of consumer goods by retail totaled 1.18 trillion yuan, ranking top in China; the import and export of goods at ports were 7.92 trillion yuan, an increase of 15.1%, accounting for 28.5% of the whole country and 3.2% of the whole world, ranking the first in the world; the import and export of goods in Shanghai was 3.22 trillion yuan, an increase of 12.5%, the fastest growth in the last six years; and the import and export of services accounted for 29.1% of foreign trade, 15 percentage points higher than that of the whole country; 1020 exhibitions were held with a total area of 17.7 million square meters. The contribution of the commercial sector to economic growth steadily increased, highlighting the sector's role as "ballast stone" and "stabilizer" in the city's economic development. The added value of commerce was 479.72 billion yuan, an increase of 6.4% over the previous year. The added value of commerce accounted for 23.1% of the tertiary industry and 15.9% of the city's total GDP. Commercial tax revenue reached 205.35 billion yuan, an increase of 18.3% over the previous year. The growth rate was faster than that of the whole city and the tertiary industry tax revenue by 5.5 and 12.8 percentage points, accounting for 16% and 23.8% respectively. In 2017, the development of Shanghai's modern market system was accelerated. The pilot programs on the reform and development of domestic trade circulation system continued, and eight Shanghai experiences such as "collaborative creation of a new circulation governance model with business credit as the core" were replicated and popularized throughout the country; the construction of the pilot city of national supply chain system operated smoothly, and the development of a supply chain system with unified standards, specifications, tracking and unimpeded connection were accelerated; and the intensive development of commodity market continued. More platforms of newly emerging markets were built, forming an entire eco-system of such markets. Shanghai has the largest number of top-ranking B2B platforms in China, with a total number of 27 platform-based companies. More and more trade headquarters were established in Shanghai, 28 new headquarters were added in 2017. Now the city has a total number of 122 trade-oriented headquarters, selling up to 40% of the total trade. The circulation management was further improved. Shanghai Business Credit Alliance was set up, and the first nationwide market credit launched. A list of Awards and Punishment was announced. Moreover, the results of first third-party credit ratings and the first batch of business integrity standardization were published.

2018 marks the beginning of the implementation of the decisions made during the 19th CPC National Congress. It also marks the 40th anniversary of reform and opening up, and the key year for the implementation of the 13th Five-Year Plan. Standing on the historical point of the new era of reform and opening up, focusing on the pursuit of the development goals of excellence, Shanghai's service industry opened up further and achieved high-quality innovation, thereby contributing profusely to national projects such as "Belt and Road Initiative" and "Yangtze River Delta integration". In 2018, Shanghai's service industry maintained its strong growth momentum and the total scale of service industry expanded further, with an increase of about 8% and its added value accounting for about 70% of the city. Firstly, depending on the joint development of the "five centers" and the upgrading of the free trade pilot area, the two major supporting industries of finance and commerce were consolidated; the potentials of high value-added services such as information and scientific research were gradually tapped into. Secondly, under the strategies of "Four Brands", "Greater Radiating Influence", "Science and Technology", "Culture+" helped Shanghai's service industry to find new growth potentials, and greatly promoted the emergence of higher-level and higher value-added industries across the borders, connectivity and integration were enhanced. Thirdly, thanks to "Better FDI Destination" policies, Shanghai continued to improve its business environment using Shanghai Free Trade Pilot Zone as a role model, and the quality of foreign capital utilization in service industry was greatly enhanced.

In 2018, Shanghai continued to push forward the supply side structural reform of the service industry, hosted the first China International Import Expo, deepened the three tasks of the reform and innovation of the free trade zone, launched the registration system of Science and technology innovation board, continued to push the integrated development of the Yangtze River Delta. The city optimized the business environment and focused on promoting high-quality development of Shanghai's service industry. Focusing on the new requirements of "Shanghai Shopping" brand, the city accelerated the development of international consumer cities. Focusing on consumer demands, the city implemented the "Three-year Action Plan to Build an International Consumption City". The city enhanced consumption contribution, consumption innovation, brand concentration, fashion industry and consumption convenience, so as to create a globally prosperous consumer market and form a globally excellent one. Focusing on the new changes of supply and demand in circulation, the city's modern market system was improved. With a view to deepening the structural reform on the supply side, and to strengthen the innovation and application of supply chain as the core, Shanghai accelerated the construction of the "new circulation system" under the background of "Internet + supply chain". The city continued its market integration with the rest of the Yangtze River Delta region, carried out pilot projects for the construction of the national supply chain system, accelerated the development of digital commerce, and deepened the construction of modern circulation governance system while focusing on serving people's livelihood needs. The quality of livelihood services was improved, projects such as "Breakfast", "Vegetable Basket", "Household Service Quality Improvement" and "Service to Home" and "Daily Chores" made great headway, more local residents benefited from these services.

The Compiler
December, 2018

目 录

前言 …………………………………………………………… 1

第一篇 总论

第一章 2017年上海服务业发展总体概况 …………………… 3
第二章 2018年上海服务业发展环境分析 …………………… 12
第三章 2018年上海服务业发展趋势预测 …………………… 16
第四章 2018年上海服务业政策关注重点 …………………… 24

第二篇 生活性服务业

第五章 商贸服务业 …………………………………………… 31
 第一节 零售业发展态势 …………………………………… 31
 第二节 批发业发展态势 …………………………………… 44
 第三节 餐饮业发展态势 …………………………………… 45
第六章 其他生活性服务业 …………………………………… 50

第三篇 生产性服务业（部分）

第七章 电子商务和平台经济 ………………………………… 63
 第一节 电子商务发展态势 ………………………………… 63
 第二节 平台经济发展态势 ………………………………… 70
第八章 现代物流业 …………………………………………… 74
第九章 商务服务业 …………………………………………… 80
 第一节 会展业发展态势 …………………………………… 80
 第二节 拍卖业发展态势 …………………………………… 82

第四篇　服务业创新和管理

第十章　服务业创新发展 ······ 87
第一节　商业创新转型 ······ 87
第二节　内贸流通改革 ······ 96
第三节　国家供应链体系建设试点 ······ 101
第四节　长三角区域市场一体化发展 ······ 105

第十一章　服务业管理 ······ 109
第一节　2017年度重大活动 ······ 109
第二节　主副食品流通市场管理 ······ 114
第三节　药品流通市场管理 ······ 122

第五篇　服务业布局

第十二章　各区服务业发展 ······ 129
第一节　浦东新区 ······ 129
第二节　黄浦区 ······ 139
第三节　徐汇区 ······ 147
第四节　长宁区 ······ 161
第五节　静安区 ······ 164
第六节　普陀区 ······ 171
第七节　虹口区 ······ 181
第八节　杨浦区 ······ 190
第九节　闵行区 ······ 193
第十节　宝山区 ······ 202

第十一节　嘉定区 …………………………… 210
第十二节　金山区 …………………………… 218
第十三节　松江区 …………………………… 226
第十四节　青浦区 …………………………… 236
第十五节　奉贤区 …………………………… 244
第十六节　崇明区 …………………………… 253

附录1　2017年上海服务业大事记 …………………………… 260
附录2　2017年服务业主要政策法规一览表 …………………………… 269
附录3　2017年上海服务业发展主要数据 …………………………… 276
附录4　案例索引 …………………………… 284

Contents

Preface 1

Part One General Introduction

Chapter One   General Overview of the Development of Shanghai Service Industry in 2017 3

Chapter Two   Analysis of the Development Environment of Shanghai Service Industry in 2018 12

Chapter Three   Prediction of the Development Trend of Shanghai Service Industry in 2018 16

Chapter Four   Policy Focus on Shanghai Service Industry in 2018 24

Part Two Consumer Service Industry

Chapter Five   Commerce and Trade Service Industry 31

   ■ Section One   Development Trend of Retail Industry 31

   ■ Section Two   Development Trend of Wholesale Market 44

   ■ Section Three   Development Trend of Catering Industry 45

Chapter Six   Other Consumer Service Industries 50

Part Three Producer Service Industry (not all-inclusive)

Chapter Seven   E-commerce and Platform Economy 63

   ■ Section One   Development Trend of E-commerce Industry 63

   ■ Section Two   Development Trend of Platform Economy 70

1

Chapter Eight　Modern Logistics Industry ································ 74

Chapter Nine　Commercial Services ···································· 80

■ Section One　Development Trend of Exhibition Industry ············· 80

■ Section Two　Development Trend of Auction Industry ················ 82

Part Four　Innovation and Management of Consumer Service Industry

Chapter Ten　Innovative Development of Service Industry ··················· 87

■ Section One　Innovation and Transformation of Commerce ············ 87

■ Section Two　Reform of Domestic Trade Circulation System ·········· 96

■ Section Three　Pilot Program for National Supply Chain System ··· 101

■ Section Four　Regional Market Integration in the Yangtze River Delta ·· 105

Chapter Eleven　Management of Service Industry ······························ 109

■ Section One　Major Events in 2017 ·· 109

■ Section Two　Management of Circulation Market of the Main Non-staple Foodstuff ·· 114

■ Section Three　Management of Drug Circulation Market ··············· 122

Part Five　Layout of Service Industry

Chapter Twelve　Development of Service Industry in Various Districts ······ 129

■ Section One　Pudong New Area ·· 129

■ Section Two　Huangpu District ·· 139

- ■ Section Three　Xuhui District ······ 147
- ■ Section Four　Changning District ······ 161
- ■ Section Five　Jing'an District ······ 164
- ■ Section Six　Putuo District ······ 171
- ■ Section Seven　Hongkou District ······ 181
- ■ Section Eight　Yangpu District ······ 190
- ■ Section Nine　Minhang District ······ 193
- ■ Section Ten　Baoshan District ······ 202
- ■ Section Eleven　Jiading District ······ 210
- ■ Section Twelve　Jinshan District ······ 218
- ■ Section Thirteen　Songjiang District ······ 226
- ■ Section Fourteen　Qingpu District ······ 236
- ■ Section Fifteen　Fengxian District ······ 244
- ■ Section Sixteen　Chongming District ······ 253

Appendix One: Significant Occurrences in 2017 ······ 260
Appendix Two: Chart of major policies and regulations for service
　　　　　　　industry in 2017 ······ 269
Appendix Three: Key data of Service industry in 2017 ······ 276
Appendix Four: Case Indexing ······ 284

第一篇

总 论

第一章 2017年上海服务业发展总体概况

2017年,上海市全面贯彻落实党的十八大、十八届历次全会和十九大精神,认真学习贯彻习近平新时代中国特色社会主义思想,坚决贯彻落实党中央、国务院和中共上海市委的决策部署,按照当好全国改革开放排头兵、创新发展先行者的要求,坚持稳中求进工作总基调,积极践行新发展理念,以供给侧结构性改革为主线,全力以赴抓推进、抓落实、补短板,全市经济运行总体平稳、稳中向好、好于预期,创新驱动发展、经济转型升级成效进一步显现,民生保障持续加强。上海服务业呈现出总体平稳、结构优化、稳中提质的良好态势,为全市经济社会发展做出了新的贡献。2017年上海服务业发展呈现出以下主要特点。

一、服务业持续增长,对总体经济的贡献保持领先

1. 服务业增速保持平稳,继续引领经济增长

2017年,上海市服务业发展规模持续扩大,增速保持平稳,成为拉动经济增长的主要动力。2017年,第三产业增加值实现21 191.54亿元,比上年增长7.5%,增速分别高出第二产业和全市经济1.7个和0.6个百分点。第三产业增加值占上海市生产总值的比重为69.2%,对全市经济增长的贡献率达到74.5%(图1.1)。

2. 服务业结构持续向好,新兴产业发展势头良好

2017年,上海服务业产业结构继续优化升级,服务业重点领域平稳增长,高附加值的现代服务业比重进一步上升。金融业实现增加值5 330.54亿元,比上年增长10.6%;批发和零售业实现增加值4 393.36亿元,比上年增长6.7%;信息传输、软件和信息技术服务业实现增加值1 862.27亿元,比上年增长14.6%;交通运输、仓储和

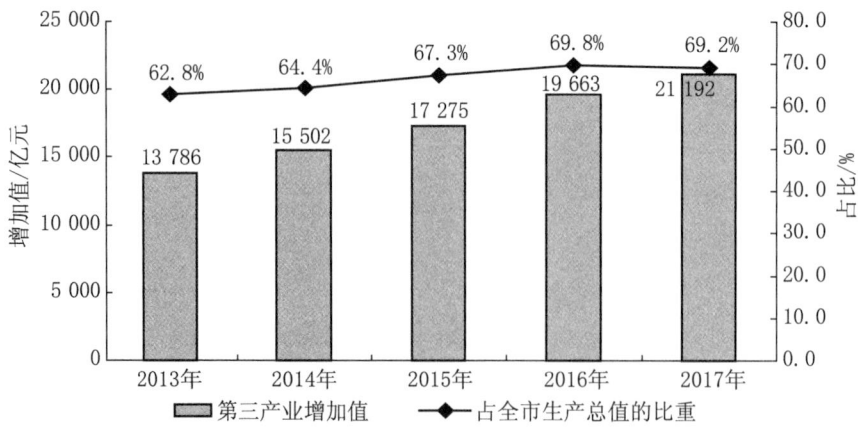

图 1.1　2013—2017 年上海市第三产业增加值及其占全市生产总值比重

邮政业实现增加值 1 344.54 亿元,比上年增长 10.9%。服务业中的新业态保持良好发展态势。信息服务业增加值 2 179.02 亿元,比上年增长 15.0%,电子商务交易额达到 2.43 万亿元,比上年增长 21.0%。新产业发展势头良好,战略性新兴产业实现稳定增长。2017 年战略性新兴产业增加值 4 943.51 亿元,比上年增长 8.7%,其中,服务业增加值 2 680.87 亿元,增长 9.2%,战略性新兴产业增加值占上海市生产总值的比重为 16.4%,比上年提高 1.2 个百分点(图 1.2)。

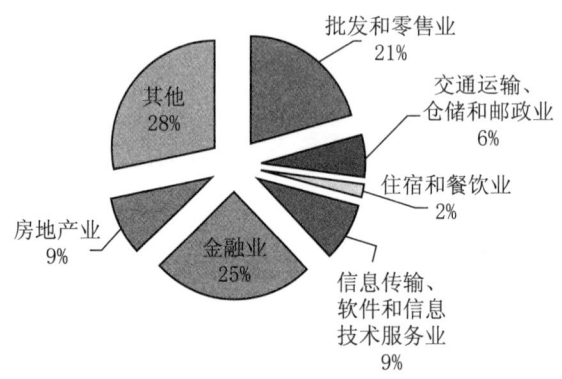

图 1.2　2017 年上海市第三产业增加值构成

3. 强化城市核心功能发展,科技创新能力持续提高

国际经济、金融、贸易、航运中心建设齐头并进。2017 年,商业发展稳中有进,对外贸易回稳向好。商品销售总额 11.31 万亿元,比上年增长 12.0%;社会消费品零售总额 1.18 万亿元,居全国城市首位;电子商务交易额 2.43 万亿元,增长 21.0%;平台企业交易额 1.88 万亿元,增长 17.5%。口岸货物进出口 7.92 万亿元,增长 15.1%,占全国的28.5%、全球的3.2%，位居世界城市首位；上海市货物进出口3.22万亿元，增长12.5%，创下6年来最快增速，高新技术产品出口占全市比重超过40%。服务进出口1955亿美元，占对外贸易总额的29.1%，比全国高15个百分点。举办各类展会1020个，展出总面积1770万平方米。金融市场交易总额超过1400万亿元，各类金融单位接近1500家，股票、期货、外汇、黄金等金融市场交易量位居世界前列。集装箱吞吐量连续8年位居世界第一，现代航运集疏运体系和航运服务体系持续优化，上海成为全国第1个、全球第5个航空旅客年吞吐量突破1亿人次的城市。

科技创新资源持续汇集，成果不断涌现。2017年，用于研究与试验发展（R&D）经费支出相当于生产总值的比例为3.78%左右。随着两批22条海外人才出入境试点政策，加快吸引、聚集、留住人才，引进海外人才超过11万人；2017年新当选两院院士13人，占全国10.2%。2017年内共认定高新技术企业3 247家；全市科技小巨人和科技小巨人培育企业共1 798家，技术先进型服务企业274家。2017年，全市认定高新技术成果转化项目493项，年末累计超过1.1万项。全市专利申请受理13.17万件，其中发明专利占比41.5%；专利授权量7.05万件，其中发明专利占比29.3%。截至2017年末，全市有效发明专利共10.04万件，每万人口发明专利拥有量41.5件，比上年末增长17.9%。

二、商贸业发展稳中有进，市场消费平稳增长

1. 商业增速稳中有升，商业对经济增长的贡献继续提高

一是消费市场增速稳中缓升，消费对经济发展的基础性作用进一步显现。2017年，上海实现社会消费品零售总额（以下简称"社零额"）1.18万亿元，比上年增长8.1%，增速比2016年提升0.1个百分点。扣除价格因素，2017年上海社会消费品零售总额实际增长7.1%，与2016年持平。2015年以来，在出口持续较大波动、投资增长空间有限的情况下，消费增长最为平稳，已经成为上海城市经济繁荣发展的"稳定器"和"压舱石"。全国的直辖市中，上海继续保持消费市场体量最大。2017年，上海社会消费品零售总额占全国的比重为3.2%，在直辖市中保持领先。从增速看，上海实现社零额增长8.1%，分别比北京、天津高2.9、6.4个百分点，比重庆低2.9个百分点。与2016年的增幅水平比较，除重庆和上海增幅上升外，北京和天津均有不同程度降低。

二是商品流通规模持续扩大，国际贸易中心集聚度、吸引力进一步提升。2017年，上海实现商品销售总额11.31万亿元，比上年增长12%，增速比2016年加快4.1

个百分点。电子商务和平台经济继续保持快速增长。2017年,上海实现电子商务交易总额2.43万亿元,比上年增长21%,自上海建立电子商务统计制度以来连续7年保持20%以上增速。其中,企业间(B2B)交易额1.69万亿元,增长17.2%;网络购物交易额0.73万亿元,增长31%。2017年,上海平台企业交易总额1.88万亿元,比上年增长17.5%,显现出上海国际贸易中心建设、平台经济发展成效显著,贸易中心城市的集聚度、吸引力进一步提升,辐射范围进一步扩大。

三是商业对经济增长的贡献稳步提升,"压舱石"和"稳定器"的作用凸显。2017年,上海商业完成增加值4 797.19亿元,比上年增长6.4%,商业增加值占第三产业增加值的23.1%,占全市生产总值的15.9%,对全市经济增长贡献率保持领先。商业实现税收2 053.45亿元,比上年增长18.3%,增速分别快于全市和第三产业税收5.5个和12.8个百分点,占比分别达到16%和23.8%,对全市税收增长贡献率保持领先。商业实到外资26亿美元,比上年增长27.7%,增速分别高于全市和第三产业实到外资35.8个、28.8个百分点,占比分别达到15.3%和16.1%,成为吸引外商投资的主要力量。

2. 消费需求继续升级,商业转型成效明显

一是基础消费品需求升级明显,耐用消费品热点快速轮换。2017年,上海市场吃、穿类消费增长强劲,比上年分别增长8.1%及18.4%,增速分别提升了4.1个及7.4个百分点。显示基础消费品仍是零售市场增长的稳定器,消费升级和对品质消费的追求在基础品领域呈现集中爆发。其中,粮油食品类、服装鞋帽纺织品类零售额分别增长11.8%、18.1%,对社零额的正向拉动作用最为明显,拉动社零额增速分别为1.2个和3.4个百分点。

2017年,上海市场用的商品比上年增长5%,但规模庞大,占社零总额比重高达54.5%,对社零总额增长的贡献仍达34.6%。用的商品分品类看,不同年份的增速波动较大,体现出消费热点快速轮换的特点,显示改善型耐用消费品增长尚缺乏持续性。其中,智能手机更新换代再度集中,通信器材类比上年增长50.7%,增幅大幅提高45.4个百分点。受车牌发放数量下降、消费鼓励政策退出等因素影响,汽车市场面临需求集中释放后的调整,比上年增长2.5%,增速下跌10.7个百分点。受房地产调控政策影响,建筑及装潢材料类消费快速回落,比上年增长0.7%,增速下跌22.3个百分点。

二是线上线下商业良性互动,实体商业转型成效显现。网络零售等无店铺业态在经历了高速的发展之后,销售增幅逐年趋缓。2017年上海无店铺业态零售额比上年增长9.4%,增幅比2016年降低了4.4个百分点,比2015年降低了17.5个百分点。

与此同时,实体商业近3年来销售增幅呈现明显回升的趋势,2017年上海实体商业增长7.8%,增速比2016年上升了0.4个百分点,比2015年上升了2.1个百分点。线上线下商业的增速差逐渐缩小,由2015年相差21.2个百分点缩小到2017年相差1.6个百分点。由于上海土地资源紧张,新建配送中心有较大困难,原有配送中心运营量又趋于饱和,无店铺业态增长速度进一步趋缓。

据上海市商务发展研究中心(上海市商业信息中心)监测,实体零售业态发展进一步分化,部分业态转型升级成效明显。2017年,便利店继续呈现两位数增长,专业专卖店、购物中心保持平稳增长,百货店企稳回升,标准超市和大型综合超市仍处于下滑趋势。服务消费和奢侈品消费回流带动购物中心增长,按同口径比较,全市购物中心营业收入比上年增长6.8%。其中,在健身、教育、娱乐等服务消费带动下,服务类营收增长11.1%;恒隆广场、国金中心、尚嘉中心等以奢侈品销售为主的购物中心增长均在20%左右,奥特莱斯增长强劲,佛罗伦萨小镇增长超过35%。百货店在转型中企稳,零售额比上年增长3%,呈现触底回升;历史悠久的知名百货店主动转型调整,取得较好效果,其中第一八佰伴增长50.9%。精品超市前景看好,截至2017年末门店总数达150家以上,比上年末增40余家,全年销售增幅为18.1%。

三是新兴商圈发展较快,郊区商业快速繁荣。2017年,上海商圈建设呈现出以"市级商业中心、区级商业中心、社区级商业中心、特色商业街区"共同组成的多中心、多层级、网络化的商业网点层级体系。全市52个重点市级和区级商圈比上年增长10.3%,增速比全市社零额高2.2个百分点,带动了实体商业增长。其中,市级商圈增长8.6%,增幅比2016年提高了7.1个百分点,扭转了市级商圈近几年以来增速低迷的局面。14个市级商圈中,实现增长的商圈为11个,增长面近八成。主要由新兴商圈如虹桥商务区、上海国际旅游度假区、大宁商圈等贡献。区级商圈普遍活跃,零售额增长12.4%。

四是新增商业设施面积仍然较大,购物中心数量和面积继续扩张。由于商业投资规模连续多年保持高位,尽管2017年出现下滑,但在建和竣工的商业面积仍然较大。2017年,上海市商业固定资产投资竣工面积达403万平方米,2017年末上海商业设施总面积已达7 804万平方米,比2015年末增加1 031万平方米,比2010年末增加2 307万平方米。截至2017年底,上海共有225个营业面积不少于1万平方米、经营商户不少于50家的购物中心,商业建筑总面积1 637万平方米,总商户数2.6万余家,总停车位14.5万个,总从业人员31.2万人,销售总规模1 562亿元,年客流总量21.3亿人次,对上海经济发展的贡献度进一步增强。

三、重点服务业均衡增长，呈现持续平稳发展

1. 金融业保持较快增长

2017年，上海市实现金融业增加值5 330.54亿元，比上年增长10.6%。至2017年末，全市各类金融单位达到1 491家，其中在沪经营性外资金融单位达到251家。截至2017年末，全市中外资金融机构本外币各项存款余额112 461.74亿元，比年初增加1 950.76亿元；贷款余额67 182.01亿元，比年初增加7 199.76亿元。2017年金融市场交易总额达到1 428.44万亿元，比上年增长5.3%。上海证券交易所总成交金额306.39万亿元，增长7.9%。其中，债券成交额247.34万亿元，增长10.1%；股票成交金额51.12万亿元，增长1.9%。全年通过上海证券市场股票筹资7 578.06亿元，比上年减少5.9%；发行公司债14 937.99亿元，减少41.5%。上海期货交易所总成交金额89.93万亿元，增长5.8%。中国金融期货交易所总成交金额24.59万亿元，增长35.0%。银行间市场总成交金额997.77万亿元，增长3.9%。上海黄金交易所总成交金额9.76万亿元，增长11.9%。全年保险公司原保险保费收入1 587.10亿元，比上年增长3.8%。

2. 信息服务业实现快速发展

2017年，上海市实现信息产业增加值3 274.78亿元，比上年增长12.1%。其中，信息服务业增加值2 179.02亿元，增长15.0%。推动新型城域物联专网试点建设，截至2017年末，实现物联网全市覆盖。全市千兆光纤到户覆盖总量达405万户，比上年末增加375万户。家庭光纤用户数达到579万户，比上年末增加64万户。家庭宽带用户平均接入带宽超过100 M，固定宽带用户平均可用下载速率达20.52 M。第四代移动通信网络(4G)用户数达到2 388万户，比上年末增加515万户。同步开展5G关键技术研究和外场试验。开展i-Shanghai服务优化升级，完成原有1 400处场所从2 M到10 M的普遍提速，按新标准新增600处场所，累计开通2 000处。城域网出口带宽11 312 GB，比上年末增加2 680 GB，互联网国际出口带宽2 017 GB，比上年末增加822 GB。IPTV用户数达317万户，比上年末增加87万户。加快推广智慧城市应用服务，"市民云"用户数达到763万个。

3. 交通运输业增速回升

2017年，上海市实现交通运输、仓储和邮政业增加值1 344.54亿元，比上年增长10.9%。全年各种运输方式完成货物运输量97 257.26万吨，比上年增长9.7%。旅客发送量20 855.61万人次，增长6.6%。全年上海港口货物吞吐量达到75 050.79万

吨,比上年增长6.9%;集装箱吞吐量4 023.31万国际标准箱,增长8.3%。集装箱水水中转比例为46.7%,国际中转比例为7.7%。上海浦东、虹桥两大国际机场全年共起降航班76.04万架次,增长2.5%;进出港旅客达到11 188.52万人次,增长5.1%。其中,国内航线进出港旅客7 394.18万人次,增长5.7%;国际及地区航线进出港旅客3 794.34万人次,增长4.0%。2017年上海港接待邮轮靠泊512艘次。其中,以上海为母港的邮轮482艘次。邮轮旅客吞吐量297.29万人次,比上年增长2.7%。

4. 旅游业发展持续向好

2017年,上海市实现旅游产业增加值1 888.24亿元,比上年增长9.1%。截至2017年末,全市共有星级宾馆229家,旅行社1 578家,A级旅游景区(点)99个,红色旅游基地34个。全年接待国际旅游入境者873.01万人次,比上年增长2.2%。其中,过夜旅游者719.33万人次,增长4.2%。全年接待国内旅游者31 845.27万人次,增长7.5%。其中,外省市来沪旅游者15 523.29万人次,增长5.7%。全年入境旅游外汇收入68.10亿美元,增长4.3%;国内旅游收入4 025.13亿元,增长16.9%。

5. 房地产开发投资基本平稳

2017年,上海市实现房地产业增加值1 873.05亿元,比上年下降13.1%。全年完成房地产开发投资3 856.53亿元,比上年增长4.0%。其中,住宅投资2 152.40亿元,增长9.5%;办公楼投资642.20亿元,下降7.7%;商业营业用房投资506.71亿元,下降2.4%。商品房施工面积15 362.25万平方米,增长1.7%;竣工面积3 387.56万平方米,增长32.8%。商品房销售面积1 691.60万平方米,下降37.5%。其中,住宅销售面积1 341.62万平方米,下降33.6%。全年商品房销售额4 026.67亿元,下降39.9%。其中,住宅销售额3 336.09亿元,下降36.3%。全年存量房买卖登记面积1 563.53万平方米,下降54.0%。

四、 发展基础进一步巩固,发展质量显著提升

1. 中国(上海)自由贸易试验区改革开放效益进一步显现

中国(上海)自贸试验区坚持以开放倒逼改革,把制度创新作为核心任务,成为全国新一轮改革开放的领跑者。2017版外商投资负面清单减少到95条,国际贸易"单一窗口"3.0版上线运行;服务业扩大开放已经有累计2 404个项目落地;"证照分离"改革试点深化,第一批116项改革事项复制推广到其他自贸试验区。自贸试验区内新注册企业累计超过5万户,2017年实到外资、外贸进出口占全市的比重均超过40%。在以金融服务业开放为目标的金融创新制度下,自贸试验区内新兴金融机构

数量达到4 630个,FT账户达到7.02万个,跨境双向人民币资金池累计769家。

2. 现代市场体系逐步成熟

着力深化内贸供给侧结构性改革,现代市场体系建设进一步加快。2017年,内贸流通体制改革发展综合试点持续深化,"协同创建以商务信用为核心的新型流通治理模式"等8项上海经验在全国复制推广。国家供应链体系建设试点城市建设顺利启动,加快构建标准规格统一、追溯运行顺畅、链条衔接贯通的供应链体系。商品市场转型升级加快,推动有形商品市场向集约化、专业化发展,新型市场向平台化、生态化发展,27家平台型企业入围全国B2B行业百强,居全国首位。加快贸易总部集聚,新认定贸易型总部28家,累计达122家,合计销售额占全市40%左右。流通治理体系进一步完善,成立上海商务诚信联盟,公布全国首张市场信用联合奖惩清单、首次第三方商务信用评价结果和首批商务诚信标准化建设成果。

3. 国际消费城市建设进一步提速

2017年,国际消费城市示范区建设成效明显,南京路、淮海路等核心商圈商街增加优质消费供给、营造良好环境,销售收入实现两位数增长,维多利亚的秘密、星巴克臻选烘焙工坊等有国际影响力的旗舰店、体验店相继亮相。上海全球零售商集聚度达54.4%,居全球城市第3位,高端品牌集聚度超过90%。上海时装周跻身世界五大时装周之列。实体商业创新转型加快,新虹桥商业中心、豫园商城、金山嘴老街等智慧商圈建设稳步推进,推出9家夜上海特色消费示范区,出台促进老字号改革创新发展实施意见。零售创新活力不断增强,猩便利、苏宁BIU店等无人零售业态层出不穷,盒马鲜生、百联RISO等跨界零售新物种竞相登场,万有集市、万街等社区商业新模式百花齐放。电子商务生态体系不断完善,小红书等20家企业成为新一批国家电子商务示范企业,普陀中环商贸区等4个国家示范基地排名靠前。

4. 开放型经济新体制加快构建

着力推进双向投资提质增效,"引进来"和"走出去"进一步协调发展。打造更具国际竞争力的投资环境,2017年出台构建开放型经济新体制"33条"、外资研发中心"16条",修订总部支持政策,全面落实准入前国民待遇加负面清单管理模式,累计落户跨国公司地区总部625家、外资研发中心426家,均居全国首位。加大招商引资力度,建立投资促进机构库、项目库和投资促进活动库,加强委办联手、市区联动。各区因地制宜出台特色招商举措,静安区着力打通星巴克臻选烘焙工坊落地"最后一公里",徐汇、杨浦、虹口、松江等区发挥创新资源集聚优势,崇明区推出红榜企业制度,青浦区建立组团式联系服务企业工作机制,吸引集聚优质外资项目落地。引导合理有序对外投资,加强分类管理和指导服务,完善信息服务、金融服务、投资促进、人才培训、风险防范为重点的"五位一体"走出去公共服务体系和跨部门境外突发事件应急处置机制。

5. 服务业营商环境不断优化

上海加快政府职能转变,努力破除制度性瓶颈,深化"放管服"改革,大力推进简政放权、放管结合、优化服务,市场主体创新创造的活力被激发释放。截至2017年,经工商登记新设立各类市场主体35.34万户,比上年增长1.9%。在全市货物出口中,私营企业的货物出口总额增长15.5%,是增长最快的企业类型,占全市出口总额的比重达到20.7%。在上海市生产总值中,非公有制经济增加值增长6.8%,占全市生产总值的比重为51.4%。

第二章　2018年上海服务业发展环境分析

2018年,全球经济温和复苏势头持续,国内经济在党的十九大精神的鼓舞下延续总体平稳、提质增值的发展态势,上海服务业发展的国际国内环境总体有利。2018年适逢改革开放40周年,在新时代改革开放再出发的历史节点上,上海以构建更高层次的开放型经济新体制、推动长三角地区实现更高质量一体化发展、全力打响"上海服务"品牌、举办首届中国国际进口博览会等契机,加快构筑新时代发展战略新优势,提升上海服务能级,在服务全国发展大局、集聚配置全球要素资源和代表国家参与全球合作竞争中追求卓越。

一、全球经济延续复苏势头,国内经济稳中向好,为上海服务业发展提供有利环境

从国际来看,2018年全球经济延续复苏势头,VIX指数持续下跌,表明全球金融市场风险逐渐下降,为上海金融中心建设提供较稳定的外部金融市场环境。PMI指数长期处于荣枯线以上,国际贸易和投资保持回升态势,为上海自贸试验区与航运中心的建设提供了良好的外部环境。但与此同时,世界贸易需求整体回暖的基础仍然薄弱,全球贸易战升级、地缘政治风险等复杂因素仍是世界经济发展面临的挑战,可能会增大上海服务业吸引外资的压力。

从国内来看,党的十九大召开为中国未来的发展描绘了宏伟蓝图,提出了经济平稳增长、人民安居乐业、稳定房价等切实目标,提振了国内经济发展的信心。基本面上,经济增长的韧性持续增强,动力加快转换,结构持续优化,风险有所缓释,国内经济稳中向好、稳定增长的基础更加坚实。

综合来看,国际国内宏观经济企稳向好,虽仍面临贸易摩擦增多、经济扩张受限等风险因素的影响,但总体上积极态势仍将持续,新的经济增长点和新动能正不断积累,为上海服务业发展提供了平稳良好的大环境。

二、 金融服务业扩大开放,自贸试验区加快升级,培植上海服务业战略发展新支点

2018年博鳌亚洲论坛(以下简称"博鳌")上,习总书记正式宣布金融服务业扩大开放的政策,包括在扩大金融开放方面大幅度放宽市场准入,确保放宽银行、证券、保险行业外资股比限制的重大措施落地,同时加快保险行业开放进程,放宽外资金融机构设立限制,扩大外资金融机构在华业务范围,拓宽中外金融市场合作领域等措施。从上海角度看,驻沪的外资法人银行、合资基金管理公司、外资保险公司数在国内占比已达50%,驻沪的20家最大外资法人银行资产余额占全国所有外资法人银行资产余额的82%以上,因此,博鳌提出的金融开放措施对上海非常有利,将极大推进上海的金融国际化水平。

2018年,上海自贸试验区将迎来成立五周年的重要节点。在目前3.0版本的基础上,上海自贸试验区将提前全面完成"三区一堡"建设任务,进入更高开放水平的4.0时代,加快建设自由贸易港,实现充分的"一线放开","二线"更高水平的国际贸易"单一窗口"监管制度,安全高效"管住"。结合上海自由贸易港的建设,更高水平的开放是上海服务业发展的支点。以金融为例,在开放环境中,有助于提升上海的国际金融功能和国际竞争力,特别是大规模高频次的跨境资金流动的有效监管、高质量的服务,打通金融服务跨境交付的监管链和产业链,从而推进上海国际金融中心更高层级、更高质量的发展。

三、 打响"四大品牌",全面提升"五个中心"功能,构筑上海服务业发展战略新高度

2018年,上海发布《关于全力打响上海"四大品牌"率先推动高质量发展的若干意见》(以下简称《意见》),指出要全力打响"四大品牌"——"上海服务""上海制造""上海购物""上海文化",构筑新时代上海城市发展的战略优势。针对打响"上海服务",《意见》提出四方面目标:一是服务功能要体现上海集聚辐射带动、全球资源配置和服务国家战略能力,结合"五个中心"功能,更好的服务"长三角一体化"、长江经济

带发展和"一带一路"建设;二是服务经济要实现高质量发展,大力发展现代服务业,推动生产性服务业向专业化和高端化拓展,加快培育服务经济新动能,全面提升服务经济能级;三是服务民生要创造高品质生活,推动生活性服务业向精细化和高品质提升,不断满足人民群众多样化、个性化、高品位的服务需求;四是服务环境要对标国际一流,深化服务领域改革,扩大服务业开放,加强服务型政府建设,加快营造法治化、国际化、便利化的营商环境。

在《意见》的基础上,上海又先后发布"四大品牌"的三年行动计划。其中关于打响"上海服务"的行动计划提出,围绕增强服务功能,加快实施提升金融、航运、科技创新服务能级等3个专项行动;围绕提升服务经济能级,加快实施提升专业服务能级、建设国际会展之都、建设国际设计之都等3个专项行动;围绕服务民生,加快实施扩大上海优质教育供给、建设亚洲医学中心、建设国际老年友好城市、建设世界著名旅游城市、建设国际体育赛事之都、提升城市精细化管理服务能级、深化"青春上海"志愿服务等7个专项行动。

《意见》的发布为上海服务业发展描绘了战略蓝图和行动纲领,《三年行动计划》则进一步明确了服务业发展的路线图、时间表和任务书。以《意见》为纲,以《三年行动计划》为目,纲举目张,将大力促进上海扩大优质服务供给,全面增强城市综合服务功能。

四、长三角更高质量一体化发展,世界级城市群建设机遇期,为上海服务业注入新动能

根据习近平总书记关于不断推动长三角地区实现更高质量一体化发展的重要指示精神,"长三角一体化"发展正成为新时代上海落实国家区域协调发展战略、服务国家发展大局的重要任务。建设成为贯彻落实新发展理念的引领示范区、成为在全球有影响力的世界级城市群、成为能够在全球配置资源的亚太门户,是长三角地区更高质量一体化发展的目标。当前,"长三角一体化"发展已进入全面深化的关键阶段,上海将聚焦发展规划深度对接、重大战略和改革协同、专题合作质量提升、统一开放市场建设、区域合作机制创新等5个着力点持续发力。

对上海而言,推进长三角更高质量一体化发展,既是服务国家发展大局的重大使命,更是自身发展的不二选择。《上海市城市总体规划(2017—2035年)》提出,要充分发挥上海中心城市作用,加强与周边城市的分工协作,构建上海大都市圈,打造具有全球影响力的世界级城市群。长三角地区更高质量的一体化正是构建上海大都市圈

的重大机遇,一方面,上海需更主动发挥龙头带动作用,以更加强烈的使命担当、更加积极主动的行动和更高的工作标准,以更高质量的服务带动周边地区发展,发挥上海在城市群一体化发展格局中的"强核"作用;另一方面,长三角地区形成世界级城市群,意味着更自由的要素流动、更高效的资源配置、更广阔的统一开放市场、更便利的设施互联互通,这将促进上海服务业长远健康发展,增强韧性和发展后劲。

五、 首届中国国际进口博览会在沪举办,新一轮高水平对外开放激发上海服务业新增长点

2018年,上海将举办首届中国国际进口博览会(以下简称"进口博览会")。举办进口博览会是我国新形势下推进新一轮高水平对外开放的重大举措,也是上海更好地服务"一带一路"建设、提升城市"五个中心"功能的重大支撑。进口博览会选择在上海举办,其溢出效应、带动效应对上海的影响最直接、最显著。其一,有利于上海将国际贸易中心的能量和影响力提高到新的能级。进口博览会的举办推动上海在政府管理模式、贸易监管方式、产业监管模式、税收制度等方面的创新,有利于实现通关贸易便利化、投资便利化、保护知识产权等领域服务提升;其二,有利于扩大和改善消费供给,引领消费和产业升级。通过高水平大开放,在各国进口商品相对优势的倒逼下,对标国际标准,有利于提高自主品牌的创新能力、产品质量和国际竞争力;通过加大国际高质量商品和服务领域产品的进口,有利于加快服务业对外开放进程,有利于加快满足人民日益增长的对美好生活的需求;其三,有利于创造更优质的投资环境,提高外资吸引力。一方面,进口博览会的举办对城市的公共服务体系建设、进口交易市场环境、中心城市核心功能以及博览会保障体系都提出了新的更高要求,城市管理水平的提高将创造更有吸引力的投资环境;另一方面,通过博览会引入国际品牌,对接国际平台资源,创新商业模式,国内外招商招展等吸引外资活动频繁,将对上海服务业发展形成新的商业增长点。

第三章 2018年上海服务业发展趋势预测

2018年是贯彻党的十九大精神的开局之年,是改革开放40周年,是实施"十三五"规划承上启下的关键一年。站在新时代改革开放再出发的历史起点上,围绕追求卓越的发展目标,上海服务业有望推进更高层次的对外开放和更高质量的创新发展,进一步"稳根基、提能级、增动能、强辐射、优环境、扩空间",为服务"一带一路""长三角一体化"等国家战略贡献力量。

一、服务业结构持续优化,新旧动能加速转化

预计2018年,上海服务业在国内外宏观环境稳中向好的趋势下仍将保持良好发展态势,在平稳增长中继续巩固地位,内部结构持续优化调整。预计全年实现8%左右的增长,增加值占全市比重约70%,在首届中国国际进口博览会的带动下,服务贸易进出口增长有望实现新突破,服务贸易占对外贸易的比重达到30%左右。

1. "稳根基"+"提能级"

依托"五个中心"联动发展和自贸试验区升级,金融、商贸两大支撑产业稳固根基,能级加快提升,信息、科研等高附加值服务业发展后劲足,潜力逐渐释放。

(1)金融服务业领域。根据习近平总书记在博鳌亚洲论坛年会上宣布的金融业对外开放的指示,2018年上海将在扩大银行业、证券业、保险业对外开放、扩大金融市场开放、拓展FT账户功能和使用范围、放开银行卡清算机构和非银行支付机构市场准入,放宽外资金融服务公司开展信用评级服务的限制等六大方面先行先试。在金融改革领域,上海将在风险可控的前提下加快步伐,进一步发挥上海自贸试验区金融开放创新的"试验田"作用,以自贸区金融改革带动上海金融业创新和对外开放,联动推进上

海国际金融中心建设,预计2018年上海金融业增加值有望继续实现9%的增长。

(2)商贸服务业领域。2018年将加快形成全方位开放新优势,一方面,自贸区将加快升级自由港进程,贸易便利化和口岸监管方面将推进更高水平的开放试验;另一方面,"一带一路"建设行动方案的实施,将推进贸易投资便利化、金融开放合作和基础设施互联互通,"一带一路"贸易规模稳步扩大;再一方面,借力首届中国国际进口博览会的召开、"6天+365天"交易服务平台的建立,将以更高水平的开放扩大优质商品、服务的进口规模,上海国际贸易中心的对外提升综合服务功能、国际资源配置枢纽功能、满足国内消费升级需求的功能将得到大幅提升。在进一步落实构建开放型经济新体制"33条"的过程中,贸易型总部、功能性贸易平台,促进数字贸易、跨境电子商务等新型贸易业态将加快集聚发展,商业新模式、新业态和现代供应链层出不穷。预计2018年全市商品销售总额和社会消费品零售总额将分别增长8%左右,电子商务交易额增长20%左右。

(3)信息服务业领域。上海软件和信息服务业在工业软件、人工智能、移动互联网、云计算等领域已经形成一定特色优势。信息技术与国民经济社会各行业的进一步深度融合,不断催生新的商业模式、新兴业态,全面带动其他服务业创新升级。随着上海智慧城市及具有千秋影响力的科技创新中心建设的深入推进,上海信息传输、软件和信息技术服务业的发展环境日益优化,2018年行业有望延续12%的高速增长态势。

(4)科学研究和技术服务业领域。紧紧围绕"加快建设具有全球影响力的科技创新中心"的这一战略目标,重点聚焦科创中心"四梁八柱",上海将布局一批研发和转化功能型平台,着力推动大众创业、万众创新。可以预见,在推动上海服务经济再上台阶的过程中,科技服务将扮演越来越重要的角色,未来研发外包、众创空间等将迎来良好的发展形势,在研究开发、技术转移、检验检测、创新孵化、知识产权、科技咨询、科技金融等领域将崛起一批新兴市场主体,科技服务业业将呈现规模总量逐步扩大,专业化、市场化加速发展的趋势。

2."增动能"+"强辐射"

在全力打响"四大品牌"的战略愿景下,"科技+""文化+"将助力上海服务业开辟新蓝海,推动更高层次、更高附加值的产业跨界、联动、融合不断涌现。

(1)生产性服务业领域。"上海制造"再出发的战略思维,赋予"上海制造"拥有核心技术、掌控产业链关键环节、占据价值链高端、引领业态模式创新的新使命和新内涵。"制造+服务"将不断增强制造与服务协同能力,促进生产型制造向服务型制造转变;"制造+设计"将推动设计服务融入制造业全流程、全价值链,提升服务水平和质量;"制造+互联网""制造+人工智能"将推动制造业与互联网、大数据、人工智能等信息技术服务深入融合,提供施展的广阔平台。

(2)生活性服务业领域。以科技为引领的产品迭代和体验升级将有效改善消费品供给和服务供给,带动购物、旅游、医疗、教育等消费服务增长。围绕打响"上海制造"品牌的三年行动计划,上海将重点布局生命健康、人工智能等前沿科技领域,积极培育新一代信息技术、智能制造装备、生物医药与高端医疗器械、新能源与智能网联汽车等战略性新兴产业,打造一批名品,聚焦护理、日化用品、时尚服饰、绿色食品、工艺美术等消费领域,推进150项消费品改善供给;聚焦智能网联汽车、智能健康医疗、智能家居、智能穿戴等新兴领域,推进100项智能产品迭代升级。可以预见,前沿技术的突破和高新技术在民用领域的广泛应用,科技将全面改善生活服务的各个环节,提升生活服务的品质。

(3)文化服务业领域。"上海文化"将围绕建设更具时代魅力的国际文化大都市的目标,突出"内容生产精品迭出、文化活动精彩纷呈、文艺名家群星璀璨、文化地标绽放魅力、文创产业做大做强"5个方面,加快文化"源头"与文化"码头"建设,以更高层次的市场开放,吸引和集聚各路名家、名企、名人、名作、名展和名演"停靠"上海文化"码头",同时打造"上海原创""上海制作""上海出品"的品牌矩阵,扩大优质文创服务供给,提升上海文化"源头"的辐射力和影响力,预计文化创意产业增加值占全市GDP比重将达到13%以上。

(4)"文化+"跨界融合领域。文化对商业、会展、旅游、体育、金融、教育、娱乐等产业的渗透和辐射功能愈加明显,伴随文化产业外延拓展,文化与其他服务业的融合联动加深,将对上海服务业整体能级提升发挥点睛作用。"文化+商业",上海将全面打造"艺术商圈"品牌,助推"上海文化""上海购物"品牌融合发展。"文化+旅游",2018年,上海迪士尼将新开"玩具总动园"片区,其周边临港地区将新开海昌极地海洋公园,另有一批差异化的文旅项目包括冰雪世界、上海天文馆等正加快建设,环迪士尼旅游带正加速形成。以文化为主题的旅游项目具有较大粉丝集聚效应,对旅游业的带动作用显著。"文化+会展",2018年上海将举办首届中国国际进口博览会(以下简称"进博会"),这一"主场外交"盛会将成为展示"中国文化""上海气质"的重要平台,融入本土特色文化的进博会将发挥吸引国际客商的魅力,带动会展业繁荣。"文化+金融","上海文化"的繁荣催生多元化的金融需求,将促进上海金融产品加快创新。2018年,根据"文创50条",上海将推出一批文化金融产品,文化金融合作渠道将持续拓展,文化投融资服务平台建设加速推进,产业基金撬动放大效应日趋明显。

3."优环境"+"引投资"

以上海自贸试验区为示范引领,上海将加快构建法制化、国际化、便利化的营商环境,服务业利用外资的质量和水平再上台阶。

2018年全国两会期间,李克强总理对上海提出"必须对标国际最高标准、最高水平,努力打造世界一流的法制化、国际化、便利化营商环境,使上海成为贸易投资最便利、行政效率最高、服务管理最规范、法制体系最完善的城市之一"的目标,打造更加优良的营商环境,成为推动上海新一轮改革开放的突破口。2018年,上海将实施优化营商环境专项行动计划,重点推进法制化、国际化、便利化建设,从投资自由化、投资便利化、投资促进和投资保护4个方面出发,营造公平透明便利、更有吸引力的投资环境,以期吸引更好水平、更优质量的外资进入上海,尤其是服务业领域。

自贸区作为上海改革开放的最前沿和吸引外资的重镇,2018年在服务业对外开放和利用外资领域又将迈出重要一步。2018年将启动上海自贸区条例修订工作,条例修订将借鉴世界银行的先进经验,建立营商环境评估的指标体系,对相关环节进行流程再造,进一步提升营商环境的综合竞争力和对外资吸引力。预计2018年自贸区将加快新增服务业扩大开放相关外资项目,进一步放宽科技、金融、文化教育、商务旅游及生活性服务业、专业服务等领域外资准入,上海作为中国市场"外资大脑"的地位以及吸引外资的质量将进一步提升,高质量的外资将成为上海服务业加快升级,迈向高端化、国际化的"助推器"。

4. "扩空间"+"强辐射"

依托"长三角一体化"和"一带一路"战略,将"上海服务"品牌向外延伸,在区域协同中拓展新空间,核心城市的服务辐射功能持续加强。

面对新的全球和区域竞争态势,上海服务周边、带动全国,乃至影响世界的能力在很大程度上决定了这座城市作为"中心城市"的发展含金量,向外的辐射、服务是上海谋求自身发展的必由之路。依托"长三角一体化"和"一带一路"战略,"上海服务"品牌有望拓展市场空间、增强辐射力、提升能级,加快迈向国际、国内市场。

为更好发挥服务"一带一路"桥头堡作用,更好发挥服务长三角地区协同发展的核心城市作用,更好发挥服务长江经济带发展的"龙头"作用,在实现区域科技创新协同、产业升级协同、市场体系建设协同的过程中,上海服务业将更加注重对外拓展综合服务功能,积极发挥经济优势和各大要素市场的作用,尤其在创新驱动、结构调整、产业升级等方面做好对外服务。金融领域,以提供全方位、高水准的,涵盖金融市场、金融业务、金融工具、金融配套、金融人才等方面的国际化金融服务,扩大服务半径,提升话语权。贸易、航运和科创方面,上海将做深做大平台功能,成为长三角、长江经济带、"一带一路"上的枢纽型的桥梁。在教育、医疗、科技、文化、专业服务等上海具有良好基础的服务业领域,将加大输出优质、高端的服务产品,服务功能将进一步集聚提升。

二、消费升级引领释放内需活力

在全力打响"上海购物"品牌,加快建设国际消费城市的号角下,上海将把握举办首届中国国际进口博览会的契机,在提升城市消费能级、扩大优质消费供给、创新消费模式、优化消费环境等方面加强建设,以适应消费结构升级的发展趋势,满足国内外消费者多层次的消费需求。预计2018年,上海消费市场将实现平稳较快发展。影响上海消费市场发展主要有以下几方面因素。

1. 打响"上海购物"品牌战略引领消费市场能级全面提升

根据《全力打响"上海购物"品牌加快国际消费城市建设三年行动计划(2018—2020)》(以下简称《三年行动计划》),上海明确了5个着力点,将通过提升消费贡献度、消费创新度、品牌集聚度、时尚引领度、消费满意度"五个度",最终显著提升消费体验度;将启动新消费引领、老字号重振、消费品牌集聚、商业地标重塑、消费名片擦亮、消费环境优化、会商旅文体联动、消费总动员等8项专项行动,致力于打造2条世界级商街、10个国内一流商圈、20个特色商业街区,打响50个具有鲜明上海特色的新品牌、50个老字号,使上海消费市场的创新技术应用水平全面提升,新兴消费规模持续扩大,服务水平显著提升,跨境消费便利度显著提高,消费环境显著改善,消费者体验度、获得感显著增强,满意度明显提升。

2. 消费促进政策出台"组合拳",消费热点持续活跃

随着国内经济转入高质量发展阶段,消费对经济发展的促进作用日益凸显。2018年,商务部、财政部等部门将在进出口、财政、税收等多领域出台政策"组合拳",促进消费升级。个税改革方面,将提升起征点,增加教育、医疗等专项附加扣除,优化调整税率机构和税率级距等,由此提升居民可支配收入和居民消费能力,消费潜力获得进一步释放。关税方面,将进一步调降包括汽车、婴幼儿奶粉、化妆品在内的优质品、中高端消费品进口关税,优化检验检疫及通关便利程序,消费外流趋势将有所缓解。财政方面,将支持新能源汽车车辆购置税优惠政策再延长3年,并加大力度支持社会力量增加医疗、养老、教育、文化、体育等服务供给,以新能源汽车为代表的智能家居、可穿戴设备、虚拟现实等高技术产品应用和以教育、医疗为代表的高端化发展的服务消费将成为2018年消费市场消费增长点。

3. 首届进博会等重大项目举办增强上海消费市场辐射力

2018年,上海国际旅游度假区扩建项目、海昌极地海洋公园、上海天文馆等大型文旅综合项目将开业运营,环迪士尼乐园—临港地区将形成亲子游等项目之间的效

应集聚;佘山国家度假区功能性项目建成开放,加快建设一批旅游特色小镇,打造一批田园综合体,上海的沪郊休闲旅游发展水平显著提升,上海对长三角及国内外消费群体的吸引力、辐射力将不断增强。2018年,首届中国国际进口博览会在上海举行,将为上海消费市场带来大规模优质的境内外客群,同时引入境外高品质的商品和服务,供需双方有望实现高水平的对接。预计2018年,上海消费市场的辐射力将大幅提升,外来消费、高端消费的规模将快速扩张。

4. 消费主体的结构转变推动消费加速升级

一方面,以"90后"和"00后"为主体的年轻一代,已逐渐成长为消费意愿旺盛、消费能力较强主力消费群体,该群体获取信息的渠道和消费行为受移动互联网深度影响,线上消费成为其主要的交付和决策工具。同时,该消费群体对附加值高、个性化、智能化、新技术应用型商品的需求和文化、休闲、娱乐等服务需求将明显增长;另一方面,有购买力的老龄群体呈快速增长。随着收入水平的提高,规模日益庞大的老年消费群体追求品质生活的消费特征趋于明显,该群体受教育程度的总体水平提高,更加关注绿色、健康、环保的商品和服务,青睐社交,对智能化和数字化、年轻化和时尚化的产品投入逐渐增加,消费内容呈现多元化,对服务消费的需求旺盛。预计,在这两类群体需求升级的推动下,消费结构升级的步伐将加快。

5. 科技进步促进商业模式创新和新消费崛起

在移动互联网、云计算、大数据等最新的互联网技术条件和环境下,各种创新互联网技术、工具、模式在消费领域得到广泛应用。消费内容上,信息消费和高技术产品消费将成为两大增长点;消费行为上,共享模式迅速扩张,渗透衣、食、住、行、文、教、体、卫等各个消费领域,共享单车、共享房屋、共享衣橱、共享厨房、知识技能共享等一系列共享模式给居民消费带来便利,刺激了消费意愿,同时创造了大量就业机会,提升居民收入,提振消费信心。消费渠道方面,线上电商平台和线下实体商店的融合互通成为主流趋势,越来越多消费者同时使用双渠道消费。可以预见,双重消费渠道将逐渐覆盖各类商品和服务消费(如外卖、上门服务等),消费渠道的多样化发展,对扩大消费、提升消费质量将发挥直接促进作用。

三、 商贸业在创新融合中提质增效

2018年,上海将全力打响"上海购物"品牌,加快国际消费城市建设,以《三年行动计划》为纲领,在产业融合、科技创新、消费升级等多方有利条件的共同推动下,在启动新消费引领、商业地标重塑、老字号重振、消费品牌集聚、消费名片擦亮、"会商旅文体"联动、消费总动员、消费环境优化等8个专项行动的实践中,上海商贸业发展的规模、效益、质量将进一步提升,对全市经济增长的基础性作用将进一步增强。

1. 创新引领商业业态体验化、精细化、智能化升级

2018年,上海将搭建零售创新孵化平台和技术应用服务平台,积极构建有利于业态、模式创新发展的制度环境和开放包容的监管环境,智慧零售、跨界零售、无人零售、绿色零售等商业新业态将加快发展。在进一步深化"国际消费城市示范区"和"互联网生活性服务业创新试验区"建设的过程中,有望涌现一批有影响力的商业创新领军企业。借力互联网、大数据、物联网、人工智能等技术集成应用,传统商业转型升级提速,商业服务设施持续人性化、智能化改造,无线网络、移动支付、自助服务等配套设施进一步完善,体验型、服务型业态持续增加,以城市仓储管理中心、分拨调配中心、末端配送中心等为支撑的智慧流通网络体系更趋完善。

2. 改革开放"双引擎"驱动国内外品牌汇聚共荣

2018年,上海将以打造全球新品首发地为目标,重点吸引名家新品、名牌新品、老牌新品和新人新品四个类型的新品在沪首发,吸引更多最新、最潮的消费品牌集聚,引领国际消费潮流。一方面,上海将深化老字号国资国企改革,促进老字号创新经营方式,引导老字号建立健全科学管理制度,培养与国际接轨、熟悉现代企业运作模式的职业经理人团队,扶持培育一批老字号领军企业,推进老字号集团化、连锁化、市场化、国际化发展,努力打响一批老字号品牌;另一方面,依托中国国际进口博览会的大平台,上海将充分发挥国内市场规模优势,进一步扩大开放,对外集聚更多国际高端知名品牌资源,集聚更多具备独特品牌价值和先进品牌运营模式的国际知名商业企业品牌、商品品牌和服务品牌,提升在全球中高端消费领域的影响力和话语权;再一方面,上海将对内加快集聚本土时尚设计师,吸引更多国内优质原创品牌来沪发展,努力打响一批具有鲜明上海特色的新品牌。

3. 主要商圈轮番调整改造,多层次、差异化、特色化的布局体系加快构建

围绕国际消费城市建设,上海各大商圈、商街先后启动服务设施改造、经营业态调整和品牌结构升级。南京西路、南京东路和淮海中路等核心商圈将重塑"中华商业第一街南京路""百年淮海路"形象,进一步打造有国际影响力的商业地标;豫园商城改造升级,创建老字号旗舰店集聚区和商旅文联动示范区;徐家汇、五角场、新虹桥、中山公园、大宁、中环、四川北路等市级商圈内主要商业设施将重点调整经营业态和品牌结构,注重差异化、特色化和智慧化发展。新天地、大同坊、吴江路、丰盛里、愚园路等核心商圈的后街将加快更新升级,商业特色街的海派特色、主题特色、文化特色将更趋鲜明。南外滩、北外滩、徐汇滨江、杨浦滨江、世博前滩等区域的商业载体将加

快建设，联动发展，打造黄浦江两岸滨江商业活力带。

2018年预计调整开业的大型商业设施包括：南京东路商圈百联世茂升级"世贸广场"，引入"Hello Kitty""NIKE""Dior Beauty"等大批亚洲首店、全球旗舰店；淮海中路商圈太平洋百货更新为"新天地广场"，将定位女性主题，引入全球十大创新女性品牌，展现新女性概念的社交空间；五角场商圈东方商厦转型城市奥特莱斯"UMAX悠迈生活广场"。2018年新开业的重大项目还包括：浦东新区旗舰商业项目"世纪汇"（14万平方米）和静安商业新地标"大融城"（19万平方米）。

4. "会商旅文体"联动机制建立完善，跨界项目、联合品牌创新发展

上海商业的发展将与商务、旅游、文化、体育、健康等活动加深融合，品牌共建、项目共推、客流共享、标准共建、平台互联、主体互动、宣传互通的联动机制将逐步建立完善。一方面，上海将积极促进购物消费与餐饮消费联动，集聚国际国内各类优质餐饮服务资源，打造世界美食之都；进一步加强商旅联动，推出一批商旅融合特色专线，创建离境退税示范街区，扩大离境退税商店数量规模，提升跨境消费便利度，持续扩大旅游消费。加强商业设施与文化、体育演出、会展等资源联动，全面提升上海时装周、国际艺术节、电影节、音乐节以及各艺术节以及各艺术节展的国际影响力，挖掘F1大奖赛、网球大师赛、汽车展、工博会、上交会、华交会、动漫游戏博览会等项目的潜力，加强节庆、展会、赛事与购物消费联动，扩大外来消费比重；另一方面，上海将积极培育形成特色消费活动品牌，打造一批"会商旅文体"联动的项目品牌。充分挖掘现有的特色消费活动资源，打造"日日有活动""月月有节庆"的消费氛围。提升上海酒节、国际食品博览会、上海国际婚礼时尚周等特色活动影响力，支持举办汽车文化节、美食节、年货节、家电节、化妆品节、家居博览会等特色活动。

5. 监管治理持续发力，营造诚实守信、服务便捷的消费环境

上海将持续完善商务诚信体系建设及标准化，2018年基本形成覆盖通用层、专用层和基础层的信用标准体系架构，逐步建立覆盖包括网上零售、大宗商品、在线旅游、物流、家居流通、汽车服务、家政服务等领域的商务信用联动奖惩机制，加快理顺新型流通治理模式运行机制。在打响"上海购物"品牌、全力保障进口博览会等工作开展过程中，嵌入诚信商圈打造、法人信用信息及诚信指数发布等重点项目，发挥"信用标准化"助力打响"上海购物"品牌的积极作用，不断增强国际消费城市的消费购物体验度和获得感。上海还将不断完善商务诚信公众服务平台，探索以商务信用为核心的现代流通治理模式，形成以商务信用数据交互共享为基础，政府与市场主体间多维度互动、网格化协同的新型应用机制，形成市场主体自治、行业自律、社会监督、政府监管的社会共治格局。

第四章　2018年上海服务业政策关注重点

2018年,上海将以推进服务业供给侧结构性改革为主线,以举办中国国际进口博览会为契机,以深化自贸试验区改革创新为引领,以服务"一带一路"建设为依托,突出制度供给、加快创新转型、扩大服务功能、优化营商环境,着力巩固提升上海国际贸易中心地位,着力推动上海服务业实现高质量发展。

一、聚焦打响"上海购物"品牌新要求,推动国际消费城市建设再提速

围绕更好满足需求、创造需求、引领需求,制定实施《全力打响上海购物品牌　加快国际消费城市建设三年行动计划》和指导意见,着力提升消费贡献度、消费创新度、品牌集聚度、时尚引领度、消费便利度,打造面向全球、繁荣繁华的消费市场,形成与卓越的全球城市定位相匹配的商业文明,基本建成具有全球影响力的国际消费城市。全力推进八大工程。

1. 新消费引领工程

促进新零售业态发展,支持各类零售创新平台建设,举办"全球零售创新大会",打造全球消费创新中心。促进商业经营模式创新,鼓励企业开展全渠道经营、开发自有品牌、开展差异化经营,提升核心竞争力。促进智能化融合型消费发展,支持物联网等新技术运用,增加融合型服务消费供给。促进境外消费回流,实施积极进口政策,支持网上直营店、跨境电商体验店发展。

2. 商业地标重塑工程

打造世界级商圈、商街,实施"一店一招牌"、公共空间焕新等工程,提升"中华商

业第一街南京路""百年淮海路"的国际知名度和影响力。建设区域级商圈,支持徐家汇、五角场、新虹桥、大宁地区等主要商圈调整经营业态和品牌结构。建设特色商业街区,推动"梅泰恒"、南京东路、徐汇源等商圈后街配套升级和业态调整,推进夜上海特色消费示范区建设。

3. 老字号重振工程

优化老字号产品和服务供给,推动老字号品牌改革创新发展,促进老品牌年轻化。实施老字号"中华行"计划,组织上海100个老字号品牌建立联合展团参与中国品牌展、老字号博览会等重大展会。实施老字号推广计划,开展"一品一故事"宣传。

4. 消费品牌集聚工程

打造中高端商品集散地,建立一批国际进出口商品展示交易平台。打造全球高端品牌首选地,引进更多国际知名商业企业品牌、商品品牌和服务品牌。打造潮流品牌首发地,汇聚引领世界潮流的知名品牌旗舰店和专卖店等,吸引更多的高级定制品牌和国际小众品牌。打造原创品牌集聚地,培育和集聚中国特色消费品牌,集聚个性化定制化服务品牌。

5. 消费名片擦亮工程

精心策划组织上海购物节,提升消费促进和回流功能,凸显"女人的上海"等特色主题,将上海购物节打造成为上海国际消费城市建设的重要名片。打造全球第五大时装周,把"上海时装周"建成具有国际影响力的中外时尚设计师集聚平台、时尚品牌国内外发布推广平台和时尚产业"亚洲最大订货季"平台,提升上海对国际时尚潮流的影响力和引领度。培育一批特色消费节庆品牌,有序开展商业促销活动和主题营销活动。

6. "会商旅文体"联动工程

促进商业消费与会展、旅游、文化、体育等产业联动融合,创新消费金融、增强信息消费、开拓银色消费、挖掘服务消费,实现购物消费与各类服务消费相互促进。加快商旅资源联动融合,延伸旅游消费链条,扩大餐饮、零售、酒店住宿及体验消费等,打造一批"上海礼品"。

7. 消费总动员工程

搭建"首发之城"时尚发布平台,支持举办具有国际国内重大影响力的新品发布会,策划举办一系列时尚赛事,汇集时尚产业发展要素。实施"上海购物"全球推广行动计划,打响一批特色上海购物游专线,传播上海海派商业文脉,实施"上海购物"品牌评优计划。

8. 消费环境优化工程

突出制度供给,完善商业新业态新模式的准入管理和监管制度,把"一事一议、一企一策、特事特办"积累的经验做法转化为全市性制度安排。开展上海商业降本增效行动,加快构建全过程信用管理模式,切实降低流通领域成本。

二、聚焦流通供需新变化,推动现代市场体系建设再完善

深化供给侧结构性改革,以强化供应链创新与应用为核心,加快构建"互联网＋供应链"背景下的"新流通"体系。

1. 深入推进长三角区域市场一体化

以专题合作和项目为抓手,落实长三角"三共三互"工程,推动实施供应链区域平台建设、现代物流体系共建、区域重点展会、区域信用体系建设等9项重点合作。研究制定长三角地区首台套设备推广应用的支持政策。支持长三角地区企业联合申报国家物流标准化试点,发展单元化物流,开展跨区域快速消费品"带板运输"和农产品"带筐运输"。

2. 开展国家供应链体系建设试点

出台落实国家推进供应链创新与应用指导意见的实施方案,打造大数据支撑、网络化共享、智能化协作的智慧供应链体系。在快速消费品领域普及从生产端到销售端的"整托下单、带板运输、信任交接"模式。在钢铁、汽车、医药等重点领域积极应用云计算、大数据、物联网、人工智能、区块链等先进技术。在农产品领域推广从田头到门店的"三次不倒筐"配送模式,实现两大主批发市场与80个市外蔬菜主供应基地从源头到零售终端的全程可视追溯。发展绿色供应链,推进再生资源回收与生活垃圾清运体系"两网融合",重构"点、站、场"设施网络。

3. 集聚培育高能级市场主体

形成市区两级支持总部经济发展的政策清单,鼓励企业设立服务全国面向世界的贸易型总部。筹建国际医药交易中心,推动上海宝玉石交易中心升级为国家级宝玉石交易平台。在自贸试验区持续建设面向国际的商品交易中心,支持有色、化工等交易平台稳步推出现货衍生品业务,指导上海矿石国际交易中心开展"仓单、提单、订单"三单交易试点,继续推进上海国际棉花交易中心开展"现货交易＋保价服务"业务。

4. 加快发展数字商务

制定上海市数字商务发展指导意见,开展数字商务综合试点,建设一批商务大数据中心,支持鼓励企业设立商务大数据、人工智能、云计算等创新实验室,发现培育一批电商独角兽企业。推进电子商务与物流快递协同发展,加快建设智能快件箱、快递

专用车等电商末端配送服务设施及载体,促进电子商务国际化发展。

5. 深化现代流通治理体系建设

探索实施"商务信用＋"行动计划,完善上海商务诚信公众服务平台功能,促进在电子商务、商品市场、汽车流通等领域的应用。推动单用途预付消费卡地方立法。研究制定商品现货市场管理办法。加强互联网领域、进出口环节和小商品市场等"双打"力度和综合整治。

三、聚焦服务民生新指向,推动商务保障民生再提质

深入实施生活性服务业提质工程,用心用情抓好"开门七件事",让更多群众在家门口、于细微处感受到城市的"温度"。

1. 持续推进"早餐工程"

在解决"好不好"问题上下功夫。优化早餐网点规划布局,重点补好早餐网点薄弱社区和大型居住社区网点缺口,建设30家早餐示范门店。优化早餐供给结构,发挥光明集团、巴比馒头等龙头企业作用,拓宽品牌早餐、老字号点心等销售渠道,扩大中央厨房覆盖面,推广建设100家早餐资源共享示范门店和一批品牌早餐店,推出更多深受人民群众喜爱的新鲜美味、品种丰富、放心安全的早餐。

2. 持续推进"菜篮子工程"

在"量足价稳、优质安全、便利优惠"上下功夫。按照确保供应、确保安全、确保价格基本稳定"三个确保",全面落实菜篮子区长负责制,引导各区采取有效措施切实平抑蔬菜价格。进一步扩大蔬菜外延基地试点规模,按照上海产品标准组织生产,实现基地直供、安全可控、可追溯。加快西郊国际、新上农批"一主一副"批发市场建设,引导标准化菜市场与"互联网"创新融合,新建改造30家标准化菜市场,新增500家社区智慧微菜场。建设重要产品追溯管理平台,实现食用农产品、食品、药品等六大品类追溯全覆盖。

3. 持续推进家政服务提质工程

在满足个性化、多样化需求上下功夫。继续做好家政持证上门服务试点,培训家政持证上门服务人员4万人次,建立完善的家政信息服务追溯系统,构建覆盖面广、诚信度高、便捷安全、服务规范的家政服务业管理体系,让更多的市民实现"家务外包",提升生活品质。

4. 持续推进"服务到家"计划

在整合资源、加强配套上下功夫。推进"互联网＋生活性服务业"创新发展,培

育一批标杆企业。开展社区生活服务必备业态配套建设试点,在大型居住社区重点布局建设一批集家政、餐饮(早餐)、维修、洗衣、理发、生鲜、寄存、快递、再生资源回收等为一体、线上线下融合的社区便民生活服务示范点,打造社区15分钟便民生活圈。

第二篇

生活性服务业

第五章 商贸服务业

第一节 零售业发展态势

2017年,上海以建设国际消费城市为目标,不断推进商业领域供给侧结构性改革,商业企业转型升级成效初显,新业态、新模式加快发展。2017年,上海零售市场消费品零售额达到1.08万亿元,比上年增长8.1%。

一、大型综合超市①

2017年,上海大型综合超市实现销售额626.8亿元,其中上海市内零售额为358.3亿元。2017年末,全市共有大型综合超市门店185家。2017年大型综合超市发展主要呈现以下特点。

1. 适应消费需求变化,闪送服务全线升级

2017年,大型综合超市积极适应市场需求的变化,不断加深与线上购物平台、第三方O2O平台的合作,一方面通过运用数据分析,投放精准促销活动,增加到店客流;另一方面,整合库存与供应链管理系统,提高仓储管理水平和"最后一公里"送达效率,提供闪送服务。2017年5月25日,沃尔玛官方旗舰店入驻京东,涵盖食品、快速消费品、日用百货、玩具和服装等各大类别共计1 700多种商品。依托京东的物流体系,沃尔玛实现了"当日达"服务。2017年10月,上海家乐福入驻"饿了么""美团外卖""百度外卖",联合推出"1小时速达"服务。2017年5月20日,大润发飞牛网宣布

---

① 数据来源:上海连锁经营协会。

上线"极速达"业务,门店3公里范围内可1小时送达;极速达配送系统主要以自己固定的自有物流——飞犇物流为主,同时与顺丰、百度外卖等第三方物流公司签约,在订单量有起伏峰值时作配送后备补充。

2. 开设智能门店,优化消费者到店体验

2017年,大型综合超市为迎合消费者需求,提升购物体验,加大硬件设施改造和科技投入力度,通过旧店重装、开设新型店铺,如小型店铺、鲜食店铺、智能店铺等,开辟餐饮、会员课堂等更多体验场景,为消费者提供更新颖、更便捷、更优质的到店互动体验。2017年1月,家乐福新开上海第31家门店,该店的面积减少了近40%,以"更小、更方便、更注重服务"成为家乐福的"新概念生活超市"。2017年12月6日,麦德龙普陀店开设约100平方米的现食餐饮空间——"美食汇"正式运营,"零售+餐饮模式"增加了体验性消费,促进商品联动销售。2017年7月,欧尚中国首个缤果盒子(24小时无人店)在杨浦区开业,自助购物和付款的新颖流程吸引了众多消费者。

3. 加大力度布局自有品牌,实施差异化战略

2017年,面对消费升级的大趋势,大型综合超市在探索新型经营模式的同时,着力打造和推进自有品牌发展,通过差异化获取更大的竞争优势和更高的利润空间。2017年,沃尔玛旗下自有品牌"惠宜"的商品销售额比上一年度增长了30%;大润发的自有品牌商品比重达11%左右,其中自有品牌服装年销售额达60多亿元。永辉2017年财报显示,生鲜B2B自有品牌"彩食鲜"营收突破10亿元。

二、超市①

2017年,上海标准超市实现销售额192.4亿元,其中上海市内零售额为137.6亿元。2017年末,全市共有标准超市门店1 976家。2017年超市发展主要呈现以下特点。

1. 精品超市发展势头迅猛,销售额增长显著

在传统超市不断谋求更多元化、丰富化的商品和服务之际,拥有品牌高端、品质上乘、差异化明显等优势的精品超市这几年的发展可谓是突飞猛进。2017年末上海精品超市门店总数已达到150家以上,比上年末新增40余家。2017年上海传统超市的销售额下降3.1%,而精品超市的销售额则增长了18.1%。9月,Ole'上海万象城店开业,上海门店拓展至6家,全国门店数达到43家。11月,city'super上海第4家店

---

① 数据来源:上海连锁经营协会。

在兴业太古汇开业,是该品牌在国内最大的门店。12月,绿地集团G-super第13家门店——尚月湾店开业,全国门店数增加到39家。

2. 折扣超市线上线下同时发力,拓展中国市场

以低廉的价格、优质的服务、标准化的管理和全球连锁的采购体系的折扣超市也逐渐开始通过电商渠道进入国内市场。2017年3月,德国最大连锁超市阿尔迪(ALDI)入驻天猫海外旗舰店;9月,欧洲折扣连锁超市厉德(LIDI)进入中国,入驻京东全球和天猫国际开设海外旗舰店;同时好市多(Costco)也在天猫开店,并且将实体门店的计划列入日程。虽然还未在中国市场开出门店,国外折扣超市已经在线上线下积极接触中国消费者。在线下,9月底,厉德上海龙之梦购物中心及正大广场设立了"厉德懂得说爱"快闪店。

三、便利店[①]

2017年,上海便利店实现销售额159.4亿元,比上年增长9.7%。其中上海市内零售额126.1亿元,比上年增长10.1%。2017年末,全市共有便利店门店5018家,比上年末增加1.4%。2017年便利店发展主要呈现以下特点。

1. 技术驱动,商业模式智慧化

技术进步是驱动便利店业态近年来快速增长的重要因素,2017年,上海便利店尝试引入技术手段改进运营效率,业态模式上出现了以"24小时无人值守""非现金结算"等为特征的智能便利店。传统便利店积极与互联网技术企业合作,加快服务模式创新。2017年6月,猩便利成立,推出"办公室无人值守便利架"和"智能自助便利店"两种业态,上海门店达8家。10月,"简24"无人便利店在上海虹桥商圈开业,店铺利用了计算机视觉识别技术,融合复合传感器、深度学习等前沿科技,消费者选购完毕后在支付区实现自动扣款。5月19日,上海联通与全家便利店签署战略合作协议,在流量业务、积分互换互通、联合营销、实体店数字化改造、大数据精准营销等重点领域开展深度合作,全面优化实体门店的服务体验。

2. 社区门店升级,增加鲜食品品类

为迎合消费者对鲜食、健康、高品质商品的需求,2017年上海便利店加快转型升级,社区门店纷纷增加鲜食品类,逐渐向鲜食型社区门店转变。2017年11月,全家在上海长宁区易贸大厦开设新店,放置6个冰柜和1个中岛柜,引入易果生鲜的商品。

---

① 数据来源:上海连锁经营协会。

7月31日,圆通商贸首家"妈妈菁选"生鲜便利店在普陀区新湖明珠城开业。门店不仅为社区居民提供快件、家政、干洗、家电维修等代收寄递服务,也是便利型生鲜店,提供鱼禽蛋肉、果蔬乳品、粮油米面、零食饮料和个护家用品等约600个品种,比一般便利店增加约40个品类的生鲜商品。

四、 百货店[①]

根据上海市商务发展研究中心对全市42家重点百货店的销售监测显示,2017年,全市42家百货店实现零售额246.1亿元,比上年增长3.3%。2017年百货店发展主要呈现以下特点。

1. 数量逐渐减少,分化趋势明显

从数量来看,上海百货店自2011年的60余家,到2017年的42家,数量呈逐年减少趋势。期间,不少百货店陆续关闭,有的则转型成其他业态。2016年底,开业近20年的太平洋百货淮海店关闭;2017年4月1日,马莎百货在上海的最后3家门店全部关闭;下半年,第一百货商店和东方商厦南京东路店"合二建一"转型成第一百货商业中心。从地域分布看,市区百货店区位优势明显,比郊区更具有"御寒"力,跌幅均小于郊区。2017年市区百货店全年销售额增长4.4%,郊区则下降3.9%。随着全市实体零售持续回暖,市区扭转了跌势,郊区降幅收窄。从单体规模看,大型百货商店经过升级调整后,充分利用自身空间优势,融入了新业态、新元素,提升了消费体验,带动销售额正向增长;中小型百货店,受制于经营面积,转型滞后,业绩依然下滑,拉低了百货整体增幅。2017年,大型百货店(营业面积≥1.5万平方米)销售额上升5.5%,中型(营业面积5 000平方米至1.5万平方米)销售下降3.3%,小型(营业面积<5 000平方米)百货店销售额下降22.0%。

2. 加强自营模式,精品化层次不断提高

2017年,上海各大百货店面对变化趋势不断调整品牌,积极探索自营模式,开发自有品牌,与品牌商、设计师深度合作,建立买手制,努力通过差异化经营,提高精品化层次,改善经营效益。百联集团在徐家汇东方商厦新添的买手店 the bálancing,汇聚诸多国内外设计师品牌,用一种"精致"的方式,打造更个性化的时尚消费体验。连卡佛采取中央买手制,集团旗下拥有近百名专业买手为其在全世界搜寻合适的商品,确保40%以上的商品为独家销售,2017年连卡佛销售增长10%以上。

---

① 数据来源:上海市商务发展研究中心。

3. 多元化发展,转型调整寻求新的赢利点

2017年,上海百货店中,"零售+餐饮"已经成为常态,更有引进书店、超市等多业态的成功案例。2017年,芮欧百货引进"最美书店"——钟书阁上海市中心首家分店。百盛调整了内部组织架构,将化妆品、餐饮、超市等核心事业部单独发展,各板块既可以在百盛百货店内经营,也可在百盛生态外自主经营。2017年,百盛超市事业部在上海协信星光广场开出了首家独立超市——百盛精品超市,百盛餐饮事业部在上海新天地引进了台湾烘焙品牌"哈肯铺(Hogan Bakery)",上海门店已达3家。

五、购物中心[①]

2017年,上海购物中心业态在数量、规模、销售上继续保持显著增长,在经营结构上不断优化改造,并成为商业新理念、新技术、新品牌的孵化场和集聚地,成为助推上海国际消费城市发展的重要动力。2017年末,全市共有225家购物中心,其中2017年新开业40家,关闭4家。全年共计实现营业收入1 562亿元,比上年增长16.8%;剔除新开店因素,同口径增长6.8%。2017年购物中心发展主要呈现以下特点。

1. 规模持续扩大,新开购物中心量创新高

截至2017年底,上海已开业的购物中心总量达到225家,商业建筑面积合计达1 637万平方米,比上年增长18.4%。其中,2017年新开40家购物中心,新开业数量再创新高。新建项目包括怡丰城、兴业太古汇、长宁来福士广场、凯德晶萃广场、万象城、爱琴海购物公园、徐汇日月光中心、龙湖宝山天街、静安丰盛里、百联川沙购物中心、万达颛桥广场等。

2. IP营销逐渐成为吸引客流的重要手段

高速发展的移动互联网时代为IP孵化提供了优渥的土壤,IP凭借优质原创的内容,获取信任,以信任传递价值观,以价值观维系强关系,以强关系转化为流量变现,优质IP构建的粉丝社群孕育巨大的商业溢价能力。2017年,上海购物中心与各大IP开展合作,积极引入IP主题展的国内首展、亚洲首展,吸引了上海本地、长三角地区乃至国内其他城市的粉丝客群,集客效应显著。兴业太古汇举办了星球大战特展、虹桥南丰城举办了"幾米亲亲小旅行Kiss & Goodbye特展"、龙湖天街举办了超级飞侠2周年展、静安大悦城举办了"蛋黄哥懒得展"、虹桥天地举办了"小猪佩奇夏日游

---

① 数据来源:上海市商务发展研究中心。

乐园"和"哆啦A梦南极大冒险"主题展等。

3. 艺术融入商业,购物中心打造独特的文化标签

把艺术引入商业,通过艺术拉近与大众的距离,满足消费者精神层面的需求,实现艺术与商业的更好整合,已经成为购物中心差异化经营的重要手段。2017年,K11引领上海购物中心"艺术+",陆续举办了"薇薇安·威斯特伍德:复兴生活""我们之后""中国当代艺术对话米兰王宫时尚色彩展"等多档展览。静安嘉里中心引入了一家名为BROWNIE的摄影作品和文化推广机构,通过将店铺划分出艺术画廊、体检活动空间、VIP画廊、咖啡店等不同区域,实现"商业+艺术"的融合。新开业的兴业太古汇引入了上海第二家CARRÉ D'ARTISTES(艺术家方块)原创艺术品连锁画廊;爱琴海购物公园引入了大型公共艺术项目,将艺术、人文、生态、科技与商业多元融合。

案例1 音乐主题与艺术体验相结合的街区式商业
——瑞虹天地月亮湾

一、项目简介

瑞虹天地月亮湾位于上海市虹口区瑞虹路,于2016年12月16日开始试营业,2017年6月13日正式开业。瑞虹天地月亮湾是继上海新天地、虹桥天地之后,瑞安房地产在上海的又一"天地系列"商业项目。月亮湾总建筑面积6.4万平方米,是55万平方米瑞虹天地项目二期项目,属于社区型商业。与一期的"星星堂"、三期的"太阳宫"不同,"月亮湾"打造音乐娱乐主题,引进一系列音乐主题特色商户,并着力打造音乐艺术活动,为消费者带来全新的多元化消费体验。月亮湾正式开业以后,引入数百家国内外知名品牌开业,包括摩登天空、弹指之间等特色的音乐主题品牌,为瑞虹新城项目注入了新活力,其业态配比是餐饮40%、零售30%、生活服务15%、休闲娱乐15%。

二、项目特色

1. 差异化定位音乐主题

与新天地、虹桥天地不同,月亮湾作为瑞安首次以"音乐娱乐"为重要商业元素的项目,亮点之一便是携手"草莓音乐节"的缔造者、国内最大的原创音乐机构Modernsky Lab音乐艺术空间,为上海消费者带来每年几百场的现场音乐Live show,极大地活跃了北上海音乐与时尚的生活氛围。同时,月亮湾还将举办大量的公共表演艺术活动,与消费者进行深度互动,在全面满足购物、餐饮、休闲、娱乐、社交、健康生活等多

重诉求的同时,将消费者带入融合音乐、艺术、时尚等多元化的生活方式。

2018年元旦期间,曾在法国里昂灯光节上亮相的"给我一个吻"灯光表演秀登陆月亮湾,巨大的充气灯光人偶与现场音乐、演唱结合,通过与观众的热情互动,使人们感受跨年夜无处不在的温情时刻。春节期间,一场别开生面的新春非遗民俗艺术展在月亮湾隆重举办:戏曲大赛的金奖得主、专业的民乐乐团轮番登场,猜灯谜、写春联、现浇糖画、手绘脸谱、细刻葫芦画、精致草编、书法墨宝,几乎所有童年记忆里出现过的手艺和工艺,都一一在此展现。此外,"月亮音乐节""爵士音乐季"等音乐文化活动的打造,更加强化了月亮湾独特的"生活·音乐·家"品牌定位。

2. 现代时尚的建筑设计

月亮湾建筑设计由获得英国皇家建筑师学会认证的WAA事务所操刀,延续了瑞安最擅长的开放式休闲街区形态,以低密度、高绿化率、错落有致的建筑风格打造出全开放、真舒适且更具体验性的购物空间,并通过连廊、扶梯等对消费人流进行横向和纵向输送。月亮湾在中庭、走道连廊等众多区域几乎都种植了绿色植物,并融入了风情木质设计和多种人性化设计,其绿色环保设计标准已得到美国LEED绿色建筑认证和中国绿色建筑二星的双重认可。

建筑造型上,月亮湾高低错落,凹凸有致,层次感强,外立面采用大面积玻璃幕墙和金属色材质相结合形态,凸显现代时尚的建筑风格,提升了商业档次;内部动线上,以"非"字形排布,共设63部电梯,包含54部扶梯和9部垂梯,可横向或纵向运输人流,各楼层的到达性较强;环境营造商,中庭融汇了绿色植物、灯光、水系、音乐等元素,从视觉、听觉、触觉三方面营造人与商业的互动场景,给人强烈的场景体验感,凸显了休闲风情的消费氛围;综合配套方面,街区内导视系统配置充足合理,在各动线节点处均设有吊牌、立牌、电子导视屏等,带艺术感的设计契合项目整体的风格品质;项目还有很多特色的设计点,如扶梯的时尚背灯、多样风格的人性座椅、融入音乐元素的创意小品或艺术装饰等,都是为了突出商业主题,营造出良好的休闲风情消费环境。

3. 业态超广域布局

月亮湾以餐饮和零售为主,占比超过70%,多家网红店铺全面铺开,吸引全市范围客流。享有超高人气的法式生鲜肉铺店My Butchery Table 2.0、备受推崇的Ribone Steak House弗兰科牛排馆,还有更多来自其他国家和地区的特色餐饮在此开设首店,如SVEA现代北欧餐厅、美国卡车主题餐厅TRUCK STOP GRILL公路餐厅(TSG)、经典日式烧肉道场、时令江鲜馆浪里白和乌拉满族火锅等。此外,最美新疆餐厅塔哈尔、人气餐厅唐宫茶点、高端日式料理王鼎、地道韩式海鲜烧烤烧作、提供"冷锅串串"的动漫竞技游戏主题餐厅热血串逗等一系列多元的特色商户均已开业,以精致独特的餐饮体验,带来多元消费新选择。除了特色餐饮,月亮湾还集合了西贝莜面村、云海肴、丰和日丽、新元素等高口碑连锁餐饮,以及人气小吃小杨生煎、西寒肉夹馍等等;更引进了绿地全球商品直销中心G-super,其中90%以上商品属于进口商品。

服务配套涵盖30余类细分业种,高楼层配有较大占比的休闲娱乐业态。月亮湾引入了中国最具规模和文化影响力的音乐节制作运营机构、"草莓音乐节"的缔造者——"Modern Sky LAB摩登天空"的上海首店,其他特色服务品牌还包括现场音乐酒吧"TZ House 弹指之间"、独家定制音乐文化传播平台"萨恩音乐 SOUNDS GREAT"、国内首屈一指的综合性电子竞技体验中心——"竞界",以及带来顶级观影体验的"英皇UA电影城"、中国顶尖的健身服务品牌"人马君"等,业态涵盖美容SPA、美发养发、美甲美睫、皮具护理、花艺培训等多种社区服务,满足了社区客群的多种消费需求。

三、未来发展

瑞虹天地从一期星星堂亲子社区,到如今二期月亮湾,再到未来三期太阳宫,55万平方米超体量商业空间日渐完善。伴随着月亮湾的正式开业,瑞虹天地三期太阳宫也提上日程。据了解,太阳宫计划于2020年推出。将打造较月亮湾更进一步的体验商业,既有室外环境,又有室内丰富的体验内容。未来,包括星星堂、月亮湾、太阳宫在内的瑞虹天地将辐射除了虹口区以外的更远生活圈。瑞虹天地也将定位进一步打造超区域商业中心。

案例2 深耕亲子主题,凝聚体验式消费
——虹桥南丰城

虹桥南丰城位于新虹桥商业中心的核心区域,总建筑面积27.7万平方米,包含约11万平方米购物中心和3栋甲级写字楼。自2014年12月开业以来,虹桥南丰城始终坚持亲子家庭的定位,持续引入各类文化、互动活动,不断创新转型,优化体验和服务,已发展成为上海亲子娱乐、家庭休闲的新地标和新虹桥商业中心吸引外来消费的新"亮点"之一。从开业初期日均客流仅8 000人次,到2017年日均客流约3万人次,全年客流超千万人次;从开业初期仅数家商户低调试营业,到2017年销售额将近8亿元,比上年增长25%以上。

一、成功经验

2017年虹桥南丰城加快优化提升,主要包括以下4个方面。

1. 锁定主题，增强黏性

在新增商业载体层出不穷的背景下，拥有明确的主题和定位，是商场生存和发展的基础。主题越明确、定位越清晰、特色越鲜明，在市场中就越具有优势和竞争力。虹桥南丰城自身定位为主题体验式购物中心，打造了明晰的商场主题，始终围绕亲子的方向，瞄准拥有孩子的年轻家庭。品牌宣言"虹桥南丰城，一家一城一世界"凸显了虹桥南丰城的品牌精髓。商场尤其重视增强消费的黏性，锁定了一批年轻的家庭消费人群，以儿童为核心，满足家庭不同成员的需求，使他们成为稳定的回头客，拉长在商场的停留时间，逐步将亲子消费以外的其他消费也留在虹桥南丰城，带动了购物、餐饮、休闲等各业态的增长。

2. 做强活动，吸引消费

虹桥南丰城吸引消费、提升客流和增强消费黏性的重要手段是坚持高标准投入，引进在儿童中具有较强吸引力的大型主题展和系列活动。先后打造海绵宝宝主题展、迪士尼冰雪奇缘奇幻之旅、小马宝莉魔法友谊节、芝麻街欢乐中国秀、迪士尼疯狂动物城及欢乐魔发嘉年华等一系列主题活动。大型活动期间可吸引客流增长达40%。在平日客流停留时间已达2小时以上的基础上，大型活动期间留店时间最长可达到4小时，平均达到2.5小时。此外，还倾力打造了如食货星球、宠物市集、鹦鹉螺市集、哈哈少儿公益市集、艺术雕塑展等一系列精彩纷呈的文创活动。除了艺术品鉴赏，还可以在手工坊里DIY各种工艺品及美食点心，抑或拿出自己的玩偶加入公益义卖，抑或带着自家萌宠来报名动物比赛。通过持续的品牌活动，虹桥南丰城成功树立了上海亲子地标的口碑。

3. 创新互动，丰富体验

除了精彩的主题活动，虹桥南丰城还不断增强互动体验。"丰尚小农庄"是一个集观赏区、种植区、互动区为一体的新型体验空间。"晶灵小屋"每个周末两节课为会员举办各类园艺主题活动、包含创意种植、手工DIY等。还开辟了健康主题的运动公园"丰尚园"，现场的10米高大型攀岩墙及篮球场给热爱运动的大朋友和小朋友们带来了更多激情和挑战自我的勇气。2016年10月又辟出专门区域打造了小顽家亲子剧场，既有音乐剧、肢体剧、木偶剧、游戏互动剧和国外舞蹈类引进剧目，也有适合家欢观看热闹非凡的"魔术秀"表演等。

4. 打造街区，惬意休闲

虹桥南丰城全力打造以"阳光、露天、时尚"为主题的"丰尚街"。作为上海市商务委命名的上海市特色商业街之一，"丰尚街"是周边区域独一无二拥有户外环境的美食特色街。200米的露天美食长廊上，聚集了时下最受欢迎的全球美食品牌，包括充满中式田园诗意的复古新宠"桃园眷村"、精致越法餐"大茴香"、精酿霸主"拳击猫精酿啤酒屋"、充满意式风情的"璐娜餐厅酒吧"、主打地道西式牛排的"澳拜客牛排馆"、意大利薄饼专家"马上诺"、印度风味餐厅"莲池"、人气都市时尚酒吧餐厅"蓝蛙"、美式新鲜咖啡面包房"Baker & Spice"等。每周末推出"丰尚周末荟",消费者可以品尝着丰尚街独特美食,观看趣味街头艺人、小丑表演和国际乐队演出,参与互动体验,尽享越夜越精彩的惬意生活。

二、未来展望

2018年,虹桥南丰城所在的新虹桥商业中心将紧紧围绕上海建设"国际消费城市"和长宁区建设"国际精品城区"的目标,进一步打造"国际消费目的地"。

1. 商圈整体环境优化提升

长宁区商务委将联手区建交委、绿化市容局、规土局、交警支队、虹桥办和天山街道、虹桥街道等相关部门,针对重点商业企业提出的对商圈交通、灯光、导引标识等方面的意见建议,研究商圈环境优化提升的可行性举措。

2. 商圈商旅文联动加强

虹桥南丰城将与金虹桥商场、高岛屋百货等联合打造艺术商圈,引入更多的市、区文化、艺术资源,探索商业与艺术、时尚的跨界融合,进一步提升商圈活力与吸引力。

3. 商圈品牌效应扩大

计划通过990新闻广播、虹桥高铁站和城市快速路的引导标志等渠道加大商圈整体宣传力度。第一波宣传计划于4月中旬开始。

4. 线上线下融合加深

长宁区商务委将利用网络和新媒体手段助推实体商业的发展,与微信公众大号等联手宣传;与赢商网等商业领域专业平台进行了对接,筹划共同组织沙龙活动、开展专业推介、数据分析等合作。

5. 体验式消费外延拓展

虹桥南丰城按计划将引进"言几又"旗下书店品牌——"今日阅读",进一步丰富商场的可逛性,增强顾客的消费体验。

六、专业专卖店[①]

2017年,上海连锁专业专卖店实现销售额986.3亿元,比上年增长4.6%。其中,

---

① 数据来源:上海连锁经营协会。

上海市内零售额为591.7亿元,与上年基本持平。2017年专业专卖店主要呈现以下特点。

1. 建材专业店升级智慧门店,试水新零售模式

2017年,上海建材专业店实现市内零售额13.3亿元,比上年增长7.9%,在房地产市场整体低迷的环境下,依旧保持稳定发展态势。随着新零售模式的兴起,上海建材专业店率先探索线上、线下相结合,技术、实体相结合的全新智能门店,围绕消费者需求升级配套业态和购物服务体验。2017年11月,百安居与天猫合作,在上海首推B&T home新零售家居智慧门店,采用人脸识别系统、360°全景复刻、VR体验、AR购等新技术手段,重构真实、多元、体验式的家居消费场景,提供全所见即所得的新消费体验。12月,天猫平台发布家居新零售销售排行中,百安居位列亚军。

2. 服装专业店线上线下共同发力

2017年,上海服装专业店实现市内零售额3.5亿元,比上年增长9.2%,在各类连锁专业店中保持增速领先。以优衣库、H&M、GAP、ZARA为代表的快时尚专业店2017年普遍采取加强线上线下店铺一体化、门店数字化升级、优化商品及业态组合、放缓新店扩张速度的策略。优衣库和ZARA门店引入RFID电子标签,实现商品自动辨识与追踪,进一步降低库存管理成本,并实现库存实时更新。2017年2月,H&M宣布接入移动支付宝,12月集团与天猫达成战略合作,旗下两大核心品牌H&M服装和H&M HOME家居入驻天猫。8月,GAP中国最大旗舰店开业,店内开辟儿童游乐区,提供亲子互动的新型空间,以及富有科技感的门店体验,在一定程度上刺激消费者的进店率。

案例3　科技引领产业升级,服务上海领先发展
——苏宁上海总部

一、苏宁控股集团简介

苏宁控股集团是国家商务部重点培育的15家大型商业企业集团之一,在中国和日本拥有2家上市公司。2017年8月,全国工商联发布2017中国民营企业500强榜单,苏宁控股集团以4 129.51亿元年营业收入位居第2位,蝉联民营企业服务业100强第1位,在《财富》杂志公布的2017年世界500强排行榜中,苏宁易购以223.66亿美元的营收,位列第485位。秉承"引领产业生态、共创品质生活"的企业使命,苏宁产业经营不断拓展,形成苏宁易购、苏宁物流、苏宁金融、苏宁科技、苏宁置业、苏宁文创、苏宁体育、苏宁投资八大产业板块协同发展的格局。

二、2007年苏宁上海总部发展现状

苏宁以智慧零售为龙头,集合物流、金融、科技、置业、文创、体育、投资共八大产业协同高速推进。上海作为全国中心城市和国际金融中心,是推进各产业升级发展必须依托的战略高地,是苏宁全球发展两大总部基地之一。

在智慧零售板块,上海拥有超级城市商圈,是苏宁实现全球布局重点目标市场。苏宁在上海现有多业态互联网门店124家,2017年双线销售规模超过150亿元,同比增长34.73%。上海苏宁现有员工4 000多人,带动相关就业人数超过万人,累计纳税超35亿元。苏宁将上海作为辐射浙江等东南部省份的物流中心,在奉贤建有25万平方米的示范级全自动化物流基地,投入200组当前最先进的AGV自动仓储机器人,峰值存储能力达到750万件,日处理订单量50万件。为响应国家绿色消费号召,苏宁首创可循环物流"漂流箱",并在上海率先投入5万个,扎实推进绿色物流发展。

在苏宁置业板块,截至目前在上海共计开发建设完成4个项目,其中包括1个苏宁生活广场、1个现代化物流基地、1个高端酒店以及1个商业住宅。项目合计开发总建筑面积达65万平方米,总投资金额达52亿元。

在苏宁科技板块,结合上海总部的建设需求,2014年在浦东张江建设了金融IT研发中心,是苏宁四大研发中心之一,负责金融领域科技研发应用,目前生物特征识别、大数据风险控制、物联网金融、区块链、金融AI、金融云等技术研发水平和成果全行业领先,先进科技为苏宁金融成为国内能够连续盈利的两大金融科技集团之一提供强大助力。

同时,苏宁金融集团、投资集团、文创集团全球总部均设在上海。苏宁金控投资和苏宁金服有限公司(上海),注册资本分别为50亿元和9.3亿元,承担了苏宁全球金融中心的职责,大力发展新金融。2017年年度交易量达1万亿元,预计2018全年交易量可达1.4万亿元,营业收入超50亿元,苏宁金融已经成为国内排名前列的金融科技集团。

投资集团专注于中国市场的技术进步与消费升级,完成的投资项目超过30个,总投资额超500亿元。投资集团自有基金规模超过100亿元,并与深创投联合创立了300亿元规模的物流基金。

文创集团落户上海浦东的PPTV是国内第一阵营的互联网视频直播平台,也是国内最大的体育赛事直播平台,拥有西甲、英超、中超、亚冠等一系列顶级赛事版权,文创内容优势明显。

三、商业模式及未来发展规划

未来三年,上海苏宁将围绕互联网一体两翼O2O战略,推进苏宁智慧零售线上

线下全品类发展战略,持续探索迭代商业新模式,同时将持续整合互联网零售、物流、金融、科技、置业、文创、投资、体育等综合产业,构建国际采购结算、国际运营、电子商务研发、文化创意等综合产业布局,最终实现"千店千亿"的三年攻略目标。

(一)建设苏宁上海总部项目

为进一步发挥苏宁八大产业在上海地区的资源优势和集聚效应,苏宁控股集团将整合上海苏宁互联网零售、置业、PPTV新媒体、文化娱乐、金融投资、信息研发等综合产业,在上海建立苏宁控股集团上海管理总部。苏宁控股集团上海管理总部项目,计划建筑面积20万平方米,满足苏宁上海管理总部、全球基金管理总部办公和零售商业体验中心使用的需求。

(二)上海苏宁智慧零售发展规划

连锁布局攻略目标:上海作为全国重点布局区域,秉承"大店更大、小店更专"的布局策略,主动顺应消费升级大趋势,以更好满足需求、创造需求、引领需求为导向加强最新科技成果应用,不断创新业态模式,按照"一大、两小、多专"的业态布局,为上海加快商业创新转型升级,推动智慧零售、跨界零售、品质零售、绿色零售等新模式、新业态发展,如着力打造全球零售创新中心做出贡献。

(三)上海苏宁智慧物流发展规划

持续加大投资力度,2018年将奉贤物流中心面积扩至40万平方米,提升物流科技含量,投入超过1000组AGV自动仓储机器人,实现仓储量及订单处理能力翻番,将奉贤中心建设成为全国最大的高科技云仓储示范中心。2018年上海共享快递箱投入量计划达到20万个,大幅减少一次性包装使用量,持续倡导绿色物流发展理念。推动运用大数据、物联网等技术,构建城市仓储管理中心。

(四)上海苏宁智慧政企采购电商化发展规划

政企采购电商化发展已星火燎原,上海苏宁B2B中心立足更好地为政企事业单位采购服务,提供从完整的产品解决方案,属地化的服务到体验式场景采购方案等定制化综合智慧采购解决方案;帮助政企单位采购从价格、品类、频次、采购习惯等多纬度进行数据分析,提升科学的系统的决策水平。苏宁提供的产品类目覆盖办公IT、日百超市礼品、员工福利、电器以及工业MRO类产品,SKU达到34.7万;主要采用API、专属商城(APP端和PC端)对接模式实现电商化采购,主要客户群体以政府机构、国企、银行、教育机构等为主。

未来三年,苏宁将依托上海国际中心城市优势,进一步打造金融、投资、文创、科研全球产业基地,加快新技术落地实施、金融核心产业建设、文创服务内容拓展,推进智慧零售和绿色物流,为实现上海居民对美好生活的向往服务,为加速上海"五个中心""四个品牌"建设和建成社会主义现代化国际大都市战略目标贡献力量。

第二节 批发业发展态势

2017年,上海持续深化内贸流通体制改革,全市批发业发展的质量和效益稳步提升,全年实现批发销售额10.24万亿元,比上年增长12.4%。

一、2017年发展概况

1. 行业总规模领先增速提升

2017年,上海批发销售规模稳定增长,增速提高,主要呈现四方面特征:一是批发销售规模高于零售8.5倍;二是批发销售占比为90.5%,高于零售占比81个百分点;三是批发销售增速高于零售增速4.3个百分点;四是批发销售增速进一步提升,比上年高4.5个百分点。

2. 生产资料批发销售旺盛

2017年,生产资料批发行业共实现销售额6.26万亿元,比上年增长15.7%,增速加快7.9个百分点,上升明显。受供给侧结构性改革、宏观经济形势好转的影响,2017年上海市场生产资料销售旺盛。机电产品及设备类、化工材料及制品类实现20%以上增长,分别增长21.8%、20.4%;金属材料类、汽车类实现10%以上增长,分别增长15.5%、13.3%。

3. 农产品批发市场拓展市外基地

上海已与江苏、山东、海南云南等4省共建30个规模化、紧密型外延蔬菜基地,总面积达6 666.67公顷。2017年制订了《上海市外延蔬菜基地生产经营评价指南》,从资料要求、基地生产、批发、零售等全环节提出评价要求,提高外延蔬菜基地门槛,从源头上保障供沪蔬菜供应。西郊国际农产品批发市场、上海农产品中心批发市场在贫困地区建立蔬菜基地,与云南省共建11个精准扶贫、产销对接外延蔬菜基地,总面积达2 000公顷以上,带动当地农民增收脱贫。在贵州遵义市6个县建立蔬菜精准扶贫产销对接基地。

二、2018年发展展望

2018年,上海将立足新时代新起点,以习近平新时代中国特色社会主义思想和党的十九大精神为指导,以改革开放再出发的决心和勇气,以更高站位、更宽视野,紧紧围绕上海国际贸易中心建设,抓住举办进博会的重大机遇,依托长三角地区产业优势、市场优势和开放优势,大力发展产业链上下打通、线上线下互为补充、国内国外互联互通、高端要素集聚融合的贸易主体,加快形成全球资源配置中心,再造国际贸易中心的新优势,为上海建设卓越的全球城市增添新动能。

1. 集聚培育高能级的贸易主体

到2020年,培育并认定100家全国领先的供应链创新与应用示范企业,其中10家以上为全球供应链领先企业。建立示范企业孵化池,包括集聚发展一批具有采购、分拨、营销、结算、物流、品牌培育等功能的贸易型总部,市区联手,完善政策,优化服务体系;推进平台型企业提质升级,培育一批平台经济示范企业;促进国家及上海市电子商务示范企业在智慧供应链、诚信规范、大数据分析等领域开展先试先行;培育电子商务领域高成长性创新企业,推动符合条件的企业进入科创板上市。

2. 搭建一批功能性供应链协同、交易和服务平台

充分放大进口博览会的带动效应和溢出效应,在虹桥商务区物流片区规划建设进口博览会常年保税展示交易场所,搭建具备商品交易、物流仓储、通关监管等服务能力的开放性一站式公共服务平台,做强"6天+365天"常年展示交易平台,打造联动长三角、服务全国、辐射亚太的进口商品集散地。抓住自贸试验区新片区设立契机,做强酒类、机床、化妆品等专业贸易平台。建设"一带一路"投资贸易促进平台,利用进口博览会、华交会、上交会、跨采大会等展览平台举办贸易对接、投资推介活动,为"一带一路"沿线国家优质商品提供展示交易平台,打造"一带一路"新的贸易增长点。

3. 形成一批新技术、新业态、新模式

顺应新一轮以数字化和智能化为核心的技术和产业革命,加快供应链与先进技术深度融合,提升供应链的数字化和智能化水平。聚焦大宗商品、消费品、医药、物流等重点领域,推广应用云计算、大数据、物联网、人工智能、区块链等先进技术,培育形成整合供应链各环节、掌握行业大数据、具有产业和市场优势的智慧供应链生态圈。

第三节　餐饮业发展态势

2017年,上海餐饮企业共计实现营业收入1 025.39亿元,比上年增长7.9%,增幅较上年提高3.2个百分点。

一、2017年发展概况

1. 呈现整体向上的趋势

2017年,在政策鼓励、消费升级、互联网技术等积极因素的推动下,上海餐饮行业呈现整体向上的趋势。一季度末,春暖花开时开始发力,3月份增长7.1%;二季度延续良好势头继续增长,5月份增速达到全年次高点10.5%;7、8两月受连续高温影响,外出就餐消费下降,7月增长5.7%;三季度消费意愿得到恢复,增速回升至10%,第四季度受节庆氛围带动,增速升至11%。

2. 连锁餐厅布局智能餐厅

随着各种科学技术的完善,运用到顾客服务上的科技产品越来越细分,节约了人工成本的同时增加顾客体验感,深受快餐连锁餐厅的欢迎。2017年4月,百度公司与肯德基在上海联合推出智能概念店"KFC original+",店内将使用百度度秘机器人完成语音交互、智能点餐和全息投影展示。11月17日,德克士首家无人智慧餐厅在上海落地,该餐厅主打"无人自助模式"点餐、付款、取餐全部在微信上完成。"智慧餐厅"模式让顾客用自助的方式替代了一部分人工服务,人力成本显著降低。同时也缩短了用餐前后的等待时间,更符合现代快节奏的生活方式,迎合年轻消费群体偏好。

3. 推陈出新注重消费体验

餐饮市场竞争越来激烈,企业探索推出多种品牌经营,更多品类的产品,以覆盖更多的消费群体,寻找新的利润增长点。一是开拓副牌,一品多牌。如小南国的慧公馆,延伸母牌,抢夺消费力较弱的年轻市场;如外婆家的蒸年青、唐宫壹号,面向多样性需求的消费者扩充品类;如小南国日式烧烤、梅陇镇的颖食,以全面升级展现全新的品牌形象;二是老字号餐饮品牌在新形势中主动求变。2017年,沪上著名餐饮品牌"杏花楼"旗下的众多老字号,全面抱团进军购物中心,主动迎合新消费。杏花楼的特色青团,销售较上年增长约2 000万元;大壶春生煎进驻美罗城、正大广场、七宝万科、南丰城、迪士尼等知名购物中心,2017年全年营业收入增长超过50%;老正兴菜馆荣膺米其林一星,并进驻徐汇滨江保利时光里。王家沙、光明村、绿杨村等老字号专注单品打造,业绩也呈现显著提升。

二、2018年发展展望

上海餐饮市场从2012年"八项规定"实施开始了转型,经历了消费低迷、结构调整,在逐步回归了理性之后,开始了自我提升与创新。2018 年,餐饮行业在消费升级、团餐崛起、资本介入、智能科技渗透、新零售浪潮席卷等新形势背景下,将抓住互联网、移动支付等技术快速发展的机遇,瞄准新消费群体,不断探索新模式,开创出餐饮发展的新时代。呈现以下发展趋势:一是食品安全领域法律规制持续完善。国务院办公厅《2017 年食品安全重点工作安排》提出食品掺假造假行为直接入刑;国务院食品安全办等 14 部门联合发布《关于提升餐饮业质量安全水平的意见》,明确网络订餐提供者须有实体店和许可证;国家食品药品监督管理总局发布《网络餐饮服务食品安全监督管理办法》;二是在线外卖餐饮市场格局进一步集中。2017 年,饿了么收购百度外卖,外卖市场从"三分天下"过渡到美团外卖、饿了么两大巨头竞争的新阶段,平台资源进一步整合有助于企业精细化运营;三是人工智能技术加速渗透。随着人工智能产业的快速发展,应用场景不断拓展,"无人便利店""无人餐厅""无人售货机""无人公交车"层出不穷。未来餐饮行业的技术渗透将越来越深入,利用系统的大数据分析、人工智能等科技创新实现效率的提高和服务品质的提升。

案例 4 商业创新新样本,时尚体验新地标
——星巴克咖啡烘焙工坊

星巴克咖啡烘焙工坊及臻选品鉴馆(Starbucks Reserve Roastery,以下简称"咖啡烘焙工坊"),坐落于上海南京西路兴业太古汇内的一栋半圆形独立建筑之中,于 2017 年 12 月 5 日正式开业,商业建筑面积约 2 700 平方米,是星巴克咖啡公司除美国西雅图之外的海外首家也是全球最大的咖啡烘焙工坊。该店是星巴克传统业态向体验式消费和服务消费转变的创新业态,集合了烘焙加工、品鉴、零售和餐饮等各类业态,成为一家咖啡文化体验中心,极大地满足了消费者更高品质、更深层次、更广范围、更具个性的消费追求。

一、商业经营特色

1. 零距离的体验式消费

上海咖啡烘焙工坊拥有两个咖啡吧、一间主题商店、一个图书馆和一个透明的咖啡烘焙厨房,不仅提供与西雅图首店一样的配置和服务体验,还新增了包括咖啡教室、产区文化体验、生豆烘焙全程体验和专属菜单等项目。在店里,消费者可以零距离了解咖啡烘焙、生产及煮制全过程,自行选择咖啡豆以及咖啡冲泡方式,近距离观赏咖啡豆的烘焙全过程,与星巴克咖啡专家或烘焙大师面对面交流,还可以享受到与西雅图著名主厨汤姆·道格拉斯合作的本地美食,购买星巴克周边产品以及上海咖

啡烘焙工坊限定的纪念品。

2. 独特的中国文化元素

上海咖啡烘焙工坊融入让中国消费者产生情感共鸣的本地元素和独特体验。包括:推出首批中国咖啡烘焙师;首款产自云南的臻选咖啡;由1000多个中国传统印章和篆刻图案装饰的巨型铜罐;首次向亚洲客户提供意大利纯手工美食。为了致敬中国历史悠久的茶文化,上海咖啡烘焙工坊开设了茶瓦纳(Teavana)吧台,提供多款现制茶饮,并在图书馆新增了介绍茶的书籍。

3. 智能化的商业应用

上海咖啡烘焙工坊与阿里巴巴携手开展新零售探索,成为星巴克46年历史上最大的创新实践。首先是AR大型场景识别技术的大规模商业应用,在店里,只要拿出手机淘宝"扫一扫",通过AR技术可以探索星巴克"从一颗咖啡生豆到一杯香醇咖啡"的故事,也可唤起"隐藏"的在线菜单查询功能,并通过AR技术直观了解咖啡吧台、冲煮器具等每一处细节等;其次是实现"边逛边等"功能,消费者使用支付宝扫码付款后,咖啡制作完成时,消费者会收到支付宝APP推送的取餐提醒。此外,消费者可以在星巴克天猫旗舰店中,在线选购上海咖啡烘焙工坊的咖啡豆、周边商品和纪念品,购买该店的探味之旅。

二、项目落地经验

引进上海咖啡烘焙工坊项目,在用地性质、生产方式、环境评价、安全生产、设备进口等很多方面都面临新问题、新情况,没有现成可依据的制度、规范或标准,更没有现成的工作经验和做法可以借鉴。为支持新业态、新模式的发展,在上海市委、市政府的大力支持下,项目所在地静安区政府从体制机制创新、营商环境建设等方面发力,为上海今后引入零售业创新项目落地,积累了宝贵经验。

1. 制度创新,打造综合性咖啡体验馆的上海样本

上海咖啡烘焙工坊采取了全开放式的生产环境,建成后将是与消费者近距离接触的体验式生产工坊。这与现有的《食品生产通用卫生规范》和《食品生产许可审查通则》存在不一致,属全国首创。为支持该项新型业态的发展,满足广大消费者需求,静安区市场监管局邀请国家食药监局、市食药监局、区市场监管局、市卫计委、食品协会等各领域专家,召开专家组专题会议,就开放式生产模式合规性等问题进行了讨论和可行性研究,结合现行法律规范和上海发展实际,制定了《上海市焙炒咖啡开放式生产许可审查细则》并于2017年9月正式对外公示,不仅为星巴克项目排除了最大的法规障碍,为后续的发证和事后监管制定了相关依据,同时也为上海甚至全国其他同等类型的商业模式和业态提供了前沿性的参考样本。

2. 部门合力，打造接轨国际的营商环境

在上海咖啡烘焙工坊项目推进过程中，静安区多次召集区发改委、区商务委、区建管委、区人保局、区市场监管局、区规土局、区环保局、区消防支队等有关职能部门，为项目的选址、引进、建设、装修、各类证照的办理等方面进行沟通和协调，突破性解决了诸多难点问题。比如用地性质方面，实现了在商业用地上从事工业生产的突破。安全生产方面，最终设计了氮气发生器，确保项目的安全生产和持续推进。国际人才引进方面，通过多次协调市人保局、人才服务中心以及外国专家局等部门，最终解决了11位星巴克美国总部和亚太区专门人才的就业许可和人才引进问题。此外静安区积极学习借鉴上海自贸试验区改革经验，积极推动贸易便利化工作，成功解决了项目推进过程中面临的成套设备进口方面的问题。

三、未来发展展望

中国已成为星巴克全球发展最快的市场，而上海是全球拥有星巴克门店数量最多的城市。在2014年星巴克制定的未来"五年计划"中，星巴克计划在2019年中国门店达到3 000家。上海咖啡烘焙工坊的落地成为上海的咖啡新地标，成为全国星巴克爱好者的一大聚集地。

近年来，实体商业逐步完成了与互联网技术的相斥到并行再到互容的过程，互联网技术从一开始对实体商业的冲击逐步转变为对实体商业的赋能。上海咖啡烘焙工坊使用的AR方案是星巴克与阿里巴巴展开的战略合作项目之一，是一次新的零售技术试水。未来，通过与阿里巴巴的合作，星巴克将在数字化领域继续不断的探索和创新。

第六章　其他生活性服务业

一、家庭服务业发展态势

随着家庭小型化、人口老龄化、生活现代化和服务社会化,以及互联网技术的广泛运用,上海市家政服务新需求、行业新模式日新月异,催生了一批运用"互联网+"的新兴业态企业,培育了一批规模化、品牌化龙头企业,行业发展呈细分化、专业化、信息化趋势。

(一) 2017年发展概况

2017年,上海家政服务机构经登记注册的达2 400多家,实际经营有700多家;从业人员约50万,其中机构内人员30万,绝大多数为外来人员。行业发展趋势呈现五方面特点:一是网络科技型企业有所增加,"互联网+"家政的理念、平台和手段逐步融入家庭服务领域,形成快速发展之势;二是健康服务型企业有所增加,现代健康的服务理念进入家庭服务,成为一种方向;三是家政培训机构有所增加,随着国际化家庭增加,高端特殊需求也不断增多,如家政英语、收纳管理(收纳师)需求增加;四是注册资本大幅提高,行业愈来愈受资本市场青睐;五是年轻、高学历、海归经营者日趋增加,大学生创业选择家庭服务呈上升趋势,行业发展后继有人,前景广阔。2017年上海家庭服务业领域开展的重点工作如下。

1. 健全行业工作机制

借鉴香港、纽约等地家政服务业的管理经验,结合上海发展实际,研究制定并贯彻落实《关于本市加强家政服务业管理体系建设的实施意见》,建立由商务、人社、工商、妇联、行业协会等部门参加的分工合作、各司其职的工作机制。市商务委牵头负责上海市区域内家政服务业的规划、标准、政策及行业监督管理;市人力资源和社会保障局牵头负责从业人员培训、登记管理;市工商局负责指导区县市场监管部门对违反工商法律法规的行为依据工商职责予以查处;市卫生计生委组织相关医疗机构做好从业人员的健康体检工作;市妇联负责家政人员注册登记等工作。

2. 推行持证上门服务

为从源头上解决市民寻找诚信安全家政员的问题,创新监管方式,提升管理效能,探索建立家政服务查询追溯机制,推广家政持证上门服务并列入2017年市政府实事项目建设。上门服务证采取一人一证一码编码,由家政服务信息追溯系统作为支撑,市民可通过网站、电话、微信、二维码等查询方式,快捷有效地识别从业人员身份信息、从业信息、机构资质等,实现家政服务机构和从业人员可查询、可追溯、可评价。共有93家家政服务机构参加,培训开班740多场次,4.5万名(含2016年试点1.3万名)从业人员经培训有效持证,提前圆满完成2017年市政府实事项目。家政持证上门服务由家政服务信息追溯系统支撑,通过消费者对家政服务综合评价,逐步实现家政服务全过程追溯管理,营造上海家政诚信安全生态圈。计划经过3~5年建设,力争在"十三五"末实现上海市家政服务业的广覆盖。

3. 探索引进"黔女"入沪

秉承"市场决定、政府有为"原则,与遵义市商务局、务川、道真两个县人民政府,签订三方政府合作协议,以建设"'黔女'家政就业基地"项目为牵引,立足贵州西部主战场,聚焦家政、集聚政策(职业教育资源、就业政策支撑、项目资金支持),精准扶贫,围绕"一人就业、全家脱贫"的建设目标,把"黔女"打造成为当地群众脱贫致富品牌。指导悦管家、富宇、家事佳3家上海家政企业与务川、道真签订政企合作协议,并在当地设立子公司(或办事处),开展实训、实习、就业的一体化的家政培训;采取当地就业、区域就业、上海就业等多种渠道,引导当地农村富余劳动力从事家政服务,提升就业扶贫的实效性。目前,"黔女"舒继兰现已成为遵义务川县建档立卡贫困户的"星星之火",示范作用明显,带动12名"黔女"来沪就业,400名建档立卡贫困户人员参加家政培训,遍布遵义务川县8个乡镇。

4. 推进"百城万村"建设

作为"百城万村"家政扶贫试点首批城市,承担与安徽、四川、湖南、陕西、贵州、甘肃6个省33个贫困县(区)开展家政就业扶贫对接任务。制定了试点方案,计划通过3年持续建设,实现"一、十、百、万"建设目标。即:探索一个可复制推广的"精准对接、按需培训、择优引进、就业扶贫"合作、就业、扶贫一体化的上海家政扶贫模式;培育10家示范规模品牌企业;培养100名"家政就业带头人"回乡广泛宣传动员;吸纳1

万名贫困县富余劳动力在沪从事家政服务就业脱贫。组织召开了"百城万村"家政扶贫工作对接会,邀请安徽、四川、贵州、甘肃、陕西、湖南 6 省商务厅、19 个贫困县(区),共商扶贫大计。上海与安徽、四川等 6 省商务厅分别签署家政扶贫政府合作战略协议;上海市 5 家试点企业与安徽临泉县、贵州务川县、甘肃环县、四川仁寿县、陕西岚皋县等 11 个县人民政府签订家政扶贫政企业合作协议。2017 年,培育了家政扶贫示范企业 5 家,培养了 12 名"家政就业带头人",引进试点贫困县在沪从事家政服务人员 4 800 多名。

5. 制定宣贯标准规范

为从源头上规范家政服务,从制定规范、标准着力,注重家政行业基础建设,制定了《家政服务机构管理要求》(DB31/T 1045)、《家政从业人员基本要求》(DB31/T 1046)、《家政服务溯源管理规范》(DB31/T 1047)这 3 个上海家政地方标准。《家政服务溯源管理规范》作为全国家政行业第一部家政服务追溯管理地方性标准,分别明确了家政服务用户、从业人员和服务机构"铁三角"信息追溯要求。同时,编制家政服务业从业人员行为规范、家政服务业服务机构(员工制、中介制、服务交易平台)经营管理规范、家政服务业行业自律规范、母婴护理、养老护理、育婴师、催乳师、家政服务员等专业服务规范。使上海家政行业自律有了依据。着重开展了"标准引领、品质家政"为主题的进社区宣贯活动,多措并举推进行业规范建设。

6. 创新举办行业盛会

以"品位上海、品质服务"为主题的上海首届家政节,开创全国家政服务业之先河。家政节历时近一个月,全员参与,有广大企业、从业人员;有行业协会、网络中心、上海服务到家合作联盟等社会组织;有相关政府委办局、保险企业、家政消费品企业等。家政节影响广泛,全城联动。主要开展了线上优惠活动、家政进社区、家政公益行、"十大诚信家政服务企业评选"、家庭消费品展览、家政阿姨技能才艺展示等主题活动,逾百场线下活动在全城开展。首届上海家政节处处活跃着"互联网+"创新元素,市民可以跨时空跨地域的参与体验商家各种主题活动,打造了一场线上线下融合的家政狂欢节,创造了欢乐消费、放心消费、便捷消费的环境。

7. 大力推进"互联网+家政"

鼓励家政服务企业运用互联网技术,促进家政服务体系升级,推广 O2O 服务模式,实现在线服务与落地服务的有机结合,重点培育一批管理规范、运作良好的家政服务企业,鼓励社会力量创新发展多种形式的家庭服务机构,涌现出富宇、富通、千户家政、升华家政巾帼园、好帮手等一批规模性、标准化、品牌化的龙头企业,产生了悦管家、好慷在家、云家政等一批运用"互联网+"的新兴业态,催生了宛心、欣勤、无尘珠、金文、佳旺等众多中小特色企业。

8. 正常办理灵活就业登记

为加强上海市来沪就业人员管理,缓解上海现有公共资源与人口规模之间的压力。根据2012年市政府第150次常务会议精神,由市人社局总牵头,对家政等4个行业五类群体进行试点灵活就业登记,市商务委主要负责家政灵活就业登记工作。2017年共为997名家政人员提供"家政行业证明"服务,为34个办理窗口、97个备案家政企业提供技术支撑;培训人员120人次,接待咨询电话1 543人次,处理投诉12人次。

9. 做好春节市场保障

针对春节期间可能出现的家政服务供应缺口问题,会同相关部门和行业协会及企业,认真研判形势,及早组织动员,通过政府引导、主场主导、行业疏导、社会舆论宣传等多项措施,提升春节家政服务市场保障能力。通过走访调研骨干家政企业,召开专题座谈会等多种形式,梳理分析确定了"保基本、保安全"的春节家政市场保障目标,把保障"一老一小"不断档作为阶段性的工作重点。通过政企联手,多方联动,采取政企联手稳定市场预期、畅通信息提升供需匹配、引进外援提高供给能力、资源共享提高保障效率、协议留人建立长效机制、待遇留人确保人员在岗、情感留人增加留沪人员、多措并举确保市场平稳、宣传引导营造良好氛围9项措施保障春节家政市场。

(二) 2018年发展重点

1. 加大家庭服务业行业规范力度,打造上海家政服务品牌

2018年,上海将以推动家政服务业"四化"建设为重点,即从业人员职业化、家政机构规范化、市场监管信息化、行业发展产业化,构建诚信、安全、高品质的上海家政服务体系。以上海家政地方标准宣贯为抓手,开展家政服务人员星级评定和服务机构等级评定,建立家政服务人员和服务机构诚信档案,构建家政行业诚信体系,打造上海家政服务品牌,让品质服务成为上海家政的亮点特色。

2. 营造创新发展环境,推动"互联网+生活性服务业"创新试验区实现更高水平发展

在长宁区试点取得良好发展的基础上,上海将继续以制度创新、业态创新、技术创新为引领,破除发展障碍,优化营商环境,推动经验做法进行复制推广。加快培育和集聚一批"互联网+生活性服务业"龙头企业,打造一批功能性平台、技术创新平台、金融互动平台,推动人工智能产业和"互联网+生活性服务业"的深度融合。力争在产业发展集聚度、民生服务便捷度、管理领域创新度等方面有新的突破,实实在在增强百姓的获得感,进一步确立上海"互联网＋生活性服务业"在全国的优势地位,发挥示范引领和服务全国的积极作用。

3. 推进持证上门服务,破解家政服务诚信安全问题

2018年,上海将推进市政府实事项目——"家政持证上门服务",提升持证上门服务的覆盖率,让诚信安全家政服务进万家。一是优化持证培训方式。统一培训内容,建立健全培训档案。推行二级培训模式,制订二级培训网点标准,采取线下培训为主、线上培训为辅的培训方法,方便家政人员就近、便利参加培训;二是加强持证准入管理。准确登记持证上门服务培训人员信息,全覆盖、全过程进行督导。加强办证人员的信息比对,进行身份鉴定和有无犯罪记录比对查询,提升上门服务证的真实性和权威性;三是完善追溯评价机制。充分利用"互联网＋"等新技术,以"上门服务证"为抓手,依托上海家政服务信息追溯系统,逐步建立和完善服务机构和从业人员评价体系,以市场化的手段推动规范行业发展;四是推动家政行业立法。强化持证上门服务的法规支撑,打造一个诚信、规范、有"温度"的家政服务业,满足上海市家庭对美好生活的需求。

二、家电维修业发展态势

由于家电市场的复苏,上海家电维修服务业整体经营规模有所上升,行业内主要企业的经营效益普遍提高,行业从追求规模转向追求效益。行业的三大传统业务板块,即维修、安装、销售均有不同程度的上升,清洗保养业务作为第四业务板块快速发展,业务量比2016年成倍增长,推动全行业企业效益和工人收入均有改观。

(一) 2017年发展概况

2017年,上海家电维修服务业实现营收约29.2亿元,比上年增长18.7%,其中传统维修业务实现营收4.9亿元,同比基本持平;安装业务实现营收6.3亿元,上升3.2%;销售业务(含配件销售、新机销售及附加品种销售)实现营收14.7亿元,上升8.1%,清洗保养业务实现营收3.3亿元,上升9.6%,是近年来业务量最大的一年。

2017年,上海家电维修服务业各类服务企业约2 100家,与2015年相比减少20家,行业退出率为0.9%左右,行业退出率也是近年来最低的一年。其中有资质服务企业为788家左右,和上年相比基本持平,行业人员总数略有下降,为16 500名左右。

（二）2018年发展趋势

2018年,上海家电维修服务业将保持总营收规模的稳定,增长5%左右,业务结构将出现更大的分化,传统维修业务和安装维修业务基本稳定在2017年水平,但销售业务和工程业务随着房产市场的复苏,将有发展的机会,清洗保养服务仍将处于快速发展阶段,预计实现翻倍增长。小型服务企业退出行业的现象会加剧,大型企业将有更大的市场机会。

三、美容美发业发展态势

美容美发行业是以美容、美发、美甲美睫、形象设计、美体塑身、中医养生等领域为主体的综合服务流通产业,已成为继房地产、汽车、电子通信、旅游之后的居民"第五大消费热点"。

（一）2017年发展概况

2017年,上海美容美发行业保持平稳增长。美容美发的消费需求仍然呈上升趋势,行业的增长幅度高于国民经济的增长幅度,对经济增长的贡献率持续提升。随着行业结构的调整,连锁企业数量略有增长,小规模企业数量略有减少。从业人数比上年减少3.4%,其中美容从业人数比上年减少3.3%,美发从业人数比上年减少5.7%。从业人员中,美容从业人员占90%,美发从业人员占10%。

据市商务委会同市工商局等部门的实地排摸,全市美发美容企业12 294家,兼容美发美容和沐浴门店920家,另有数量众多的美甲美睫等相关企业未统计在内。据推算,美发美容企业的规模结构大体与上年持平。

2017年是上海时尚消费持续增长的一年,带动了美容美发行业增长。据统计,业内企业的总利润率为1.9%,比上年减少0.4个百分点。其中,美容企业利润率为4.0%,提高1.6个百分点,美发企业利润率为3.6%,提高5.8个百分点。

（二）2018年发展趋势

1. 服务企业打造综合服务模式

为满足人们追求美好生活的需求,上海正在形成美容美发服务为主体,延伸产品研发、生产、销售、咨询、培训等多种产业链,拓宽服务范围,提升服务档次的综合服务模式。如文峰美发美容集团改变单一的服务模式,向多领域发展,建立了生物制药厂、化妆品厂、医疗美容中心和教育培训学校,现拥有员工近万人,年销售额达数亿元。

2. 美容院嫁接健康产业

随着人们生活水平的提高和健康意识的增强,美容院与从事健康产业的企业相结合,引进国内外先进的产品和技术,或引进资金投资机构的资金和人才,为消费者提供健康养生、医疗抗衰等各项服务。

3. 生产企业提供新技术、新产品、新项目

随着科技的进步,美容美发行业正在向更加专业化的道路发展,推广新技术、新产品、新项目进入市场,推动了行业的发展。诚美化妆品集团引进日本技术,研发出无化学添加剂的美容产品,成功应用在全国2 000多家专业美容院。

四、 洗染业发展态势

随着人民群众物质生活水平的提高,行业发展十分迅速,尤其酒店餐饮业、医疗卫生、交通运输业等公用服务事业的蓬勃发展,布草洗涤业务不仅量大而且标准要求高;中高档衣物洗涤、奢侈品护理发展前景十分看好。洗染行业已从单一的手工作坊演变为现代化流水线生产工厂,业务操作逐步向互联网智能操作发展。

(一) 2017年发展概况

据推算,2017年上海洗染网点有3 200家左右,其中享有中华老字号企业2家,上海名牌2家,上海市著名商标"正章""卡柏""象王"3家,连锁加盟品牌包括象王、卡柏、福奈特、赛维、洗福莱等。上海的大型集约型水洗工厂包括景禧、威龙、纯纯、仕操、瑞丽等企业,自动洗衣生产流水线"洗衣龙"由2013年的5条扩大发展到如今的30余条"洗衣龙";洗涤机械设备生产企业包括航星、威士、申光、铂维、雅森、中施等均成为行业洗衣机械发展的主力军。

2017年,移动互联网的洗衣管理服务软件等开发应用,带动了洗染业管理和服务理念的提升,计算机化、网络化管理大幅提高了洗染行业的整体管理水平。规模较大的企业管理基本采用计算机管理,人工智能技术在服务业的应用催生了不少新服务业态,人工智能技术能优化顾客体验,让整个消费过程变得更智能化。企业使用人工智能强大的数据收集和分析能力,能准确预测到不同因素对消费者的影响,从而能更有效改善洗衣操作流程,更好地为消费者服务。以"O2O互联网+"为代表的电子商务洗衣服务模式已经进入洗衣服务行业,以消费者为中心、充分发挥线下中央洗衣

工厂和线上互联网平台的优势和资源,不断提升完善"O2O互联网洗衣"的洗衣服务模式,逐步被接受并习惯使用。更加便利的自助洗衣也已经悄然走进大学校园、社区和商务公寓大楼,成为洗衣服务发展一道新的风景线。

(二) 2018年发展趋势

1. 运用互联网技术,发展完善定洗服务

随着人们生活水平的日益提高,对衣物洗涤提出了更高的需求,要求具有更快速和灵活的交货响应、更高的洗涤质量、更低的成本和能源消耗、更个性化的专一洗涤、更好的无污染有利健康的绿色环保洗涤等。为满足需求的不断升级,传统洗涤服务将面向个性化的需求发展线上下单、收衣上门以及定洗服务等多元化服务。

2. 公用纺织品洗涤"标准化、规模化、自动化、智能化"发展

未来洗染行业将形成两大主流服务模式:第一种是大规模的中央洗涤工厂,以水洗为主,干洗为辅。第二种是以连锁经营的渠道为基础,遍布城乡居民小区、学校、商业中心、写字楼、高星级酒店的连锁业态。此外,以干洗为主,水洗为辅,分散收集,集中洗涤,也将形成另一种服装洗涤为主的中央洗涤工厂。其余的洗涤服务业态基本是市场补缺。目前洗涤市场中,公用纺织品洗涤服务占据了主导地位,但随着行业的发展和上游行业的进步,占比将逐步减少,公用纺织品的洗涤租赁服务业将是未来的发展方向。纺织品租赁市场和大规模中央洗涤工厂的出现是洗涤社会化、产业化、专业化的必然发展,这些态势的发展也决定着中央洗涤工厂将朝着规范化、集中化、节能环保方向发展。

五、沐浴业发展态势

沐浴业是为市民生活提供便利的不可或缺的服务性行业。行业的持续发展对保障市民生活需求,维护社会稳定,促进经济发展具有十分重要的意义。2017年,上海沐浴行业综合性大中型浴场和大众便民浴室的规模及数量比上年呈减少趋势,管理趋于规范。

(一) 2017年发展概况

2017年,上海大型浴场新增3家,关闭9家,共计30家;大众便民浴室1 350家,相比2016年减少150家;足浴行业连锁规模有所扩大,发展较为稳定;SPA会所基本维持在上年水平,保健养生功能进一步体现。

据不完全统计,2017年上海沐浴业的营业收入约210亿元,与上年持平,其中浴场(室)为75亿元左右,占营业收入总额的36%;足浴为85亿元,占40%;SPA会所为50亿元,占24%。2017年,上海沐浴业的消费人次为3亿左右,其中浴场(室)为1.2亿人次,占消费人次的40%;足浴为1.5亿人次,占50%;SPA会所为3 000万人次,占10%。洗浴业的赢利水平进一步降低,整个行业已进入微利时期,平均利润率在3%左右;足浴保健业的利润率有所上升,约为12%;SPA会所的利润率约13%。

(二) 2018年发展趋势

1. 新业态引领行业发展

由于上海城市市容改造、需求变化等因素,规模较小、设施简陋、功能单一、管理落后的大众浴室业态将逐步萎缩,数量会进一步减少;体量较大的综合性浴场,经营布局和经营结构将会作进一步调整,一些传统项目会逐渐淡出经营范围;年轻人喜欢的休闲项目,以中医调理、健康养生为主的项目会成为综合性浴场转型发展的方向;一批大型和超大型的集洗浴、汗蒸、美容、养生、健体、休闲、娱乐、餐饮、住宿于一身的综合体将成为沐浴业新的标志。

2. 连锁经营的步伐不断加快

设施简陋、服务水准较低、缺乏专业技师的沐浴店经过整顿,将实行关停并转;规模不大,但市场信誉好、深受消费者欢迎的足浴企业会利用品牌效应,朝着连锁经营方向发展;品牌连锁的足浴企业将会通过整合资源,采取直营和加盟相结合的方式,进一步加快连锁经营的步伐。

3. 足浴企业和SPA会所稳步发展

足浴店具有一定的保健功能,投资不大,风险较低,未来在数量上会略有增加,连锁规模也将有所发展。SPA会所在综合性浴场的基础上转型发展,兼有沐浴、餐饮服务、休闲和保健养生等功能,环境舒适幽静,私密性比较强,服务技师一般都经过严格培训,综合素质较高。预期将呈小步发展态势。

六、人像摄影业发展态势

摄影作为服务与幸福产业,已成为增强人民群众幸福感的重要行业,结婚办婚礼、拍婚照,儿童出生后拍摄不同年龄段的纪念照已成为家庭的刚性消费。上海的人像摄影行业中,婚纱摄影和家庭亲子摄影占比最高。

(一) 2017年发展概况

2017年,上海人像摄影行业法人单位共559家,企业从业人数4 540人,主营业务收入93 007万元。企业数量和从业人数比上年略有下降,营业收入有所增加。其中,综合类企业营业收入80 317万元,比上年减少73万元;婚纱摄影类企业营业收入7 654万元,增加354万元,儿童摄影营业收入4 931万元,增加161万元。

2017年,上海的人像摄影行业已全面步入"互联网+"时代。在互联网思维影响下,企业越发追求回归行业本质,专注产品和服务,强化诚信与素质,积极塑造企业品牌,借助互联网传播企业口碑,在变革过程中实现品牌价值升级。从整合、营销、传播、支付、消费者体验各个环节重新定义行业的运营和发展模式,以"互联网+",推进行业加速现代化,全面提升品牌价值和专业能力。

(二) 2018年发展趋势

1. 时尚消费渐成趋势,品质消费潜力巨大

服务消费的升级换代,科学技术的不断进步,为人像摄影行业的发展注入了新动力。消费者对个性化、特色化、多样化摄影产品和服务的需求将不断升级,摄影需求的品质化和中高端化趋势日益明显。从改善管理、改进工艺、提升品质、树立口碑入手,推进诚信服务、精致化服务、标准化服务,将成为今后人像摄影企业的制胜法宝。

2. 服务模式多元化、个性化

人像摄影的消费人群喜欢接受新事物,善于利用新的手段进行交易,更加关注接受服务过程中获得的乐趣和享受贴心的关照。未来,人像摄影的服务过程将变得更加重要,让消费者参与拍摄制作将广受欢迎。亲近自然是当前以至未来摄影消费的追求目标,具有上述优势的自然风光摄影等主题会越来越受欢迎,并获得长足的发展。

第三篇

生产性服务业[①](部分)

---

① 本报告根据国家和上海市商务部门管理领域和范围,主要关注电子商务、现代物流业、商务服务业等生产性服务业。

第七章 电子商务和平台经济

第一节 电子商务发展态势

一、2017年电子商务发展概况

2017年,上海电子商务发展紧紧围绕"五个中心"建设,瞄准国际消费城市建设和打响上海"四个品牌",全面推进具有全球影响力的电子商务中心城市建设,积极开展大调研工作解决行业发展瓶颈问题,推动上海电子商务发展工作取得较好的成效。

电子商务整体规模全国领先。2017年,上海实现电子商务交易额24 263.6亿元,比上年增长21.0%。其中,B2B交易额16 923.4亿元,比上年增长17.2%;网络购物(B2C/C2C)交易额7 340.2亿元,比上年增长31.0%,商品类网络购物交易额3 674.3亿元,比上年增长22.8%,相当于全年社会消费品零售总额的31%,服务类网络购物交易额3 665.9亿元,比上年增长40.4%。根据国家统计局公布,上海电子商务交易额占全国比重为11.6%,位列全国城市之首。

B2B电商生态圈逐渐完善。钢铁B2B持续保持全国领先,全国B2B百强企业中钢铁平台15家,其中上海6家,钢铁电商前3位找钢网、欧冶云商、上海钢联钢铁年交易量合计约7 000万吨,占到全国钢铁生产流通量总和的15%,找钢网B2B孵化基地投资孵化20余家B2B创业团队,包括找五金、汇灯网、好运虎等。B2B优势领域不断扩大,在工业品、化工塑料、智能设备、油气、纺织品等行业电商领域,涌现了爱姆意、震坤行、电商摩贝、上海化交、化塑汇、我的塑料、塑米、河姆渡、机器人在线、找油网、东方油气、链尚网等全国龙头企业。

业态模式创新融合特色显著。人才、技术、消费市场等优势催生上海成为全国业态创新的发源地。盒马鲜生的创新消费模式领跑全国"新零售"业态,目前全国已开出30家门店;无人售货柜CityBox、无人零售店"缤果盒子"、苏宁BIU店、猩便利等均首创自上海;"高端超市+生鲜餐饮"的百联RISO、超级物种真正为实体零售重新赋能,推动上海成为全国乃至全球消费新模式的试验点和孵化场。

促进生活服务水平进一步提升。饿了么、大众点评占到全国在线餐饮外卖用户份额2/3以上,驴妈妈在全国5A景区覆盖率居在线旅行社第一。生鲜电商发展迅速,上海生鲜电商交易2017年比上年增长200%,第三方统计的全国生鲜类电子商务企业排名前20位中上海企业有9家;食行生鲜、强丰、厨艺时代等自动售菜模式已覆盖1500余家智慧微菜场;易果自建安鲜达冷链物流业务量全国第一;众美联生鲜供应链平台全国领先。

市场主体活力不断增强。有20家企业获评2017—2018年国家级电子商务示范企业,在全国省市中并列第一;B2B龙头企业云集,2016年国家工业信息安全发展研究中心发布全国B2B百强企业中,上海企业有27家,占1/4以上;2017年中国互联网企业100强榜单中,上海有20家企业入选,连续2年占据1/5强。据统计,2017年上海电子商务交易额千亿级企业已达4家,百亿级17家,包含大宗商品、旅游服务、网络零售、跨境电商等多个领域,百亿级以上平台规模比去年增加3个。

跨境电子商务保持较快增长。公共平台基于国际贸易"单一窗口"提供监管数据对接和统计监测服务,已对接天猫国际、亚马逊、洋码头、小红书等各类企业1179家。上海自贸试验区保税区域交易额占全市保税业务总量的13%;国内最大的外贸综合服务企业一达通在上海设立子公司,今年出口累计增长18倍。

二、2017年促进电子商务发展主要工作

1. 发布工作规划,探索创新管理方式

一是制定发布规划明确发展方向。正式印发《上海市电子商务发展"十三五"规划》(沪商电商〔2017〕104号)。提出了"十三五"期间全市电子商务发展的"1个目标、2个阶段、4大任务、19项举措"。将建成具有全球影响力的电子商务中心城市作为主要目标,并按照2030年长期和2020年近期两个阶段性分步实施,为确保规划落地提出了实施10项工程。

二是推动示范企业和示范园区创建。积极指导企业申报创建国家电子商务示范企业,20家企业被评为国家电子商务示范企业,总数位列全国首位,涵盖了大宗商品、网络零售、电商服务等上海各个优势领域,宝尊作为全国知名的电子商务服务企

业,为消费品商业企业提供电子商务技术、营销等专业服务,也首次入围国家示范企业。根据推进上海电子商务示范园区创建工作的安排,认定松江1560园区、静安市北园区为市级电子商务示范园区,并实施动态管理。

三是以问题为导向营造良好电商发展环境。2017年初召开全市电子商务发展联席会议,形成2016年工作总结和2017年工作思路,结合上海电子商务中心城市建设梳理形成40项2017年度电子商务问题清单,并形成问题清单更新完善机制,推动上海电子商务问题逐步解决,营造良好的发展环境。截至11月,累积已经解决包括末端配送电动车、一照多址、电商冷链等各类问题32项,其余问题正在积极推进解决中。

2. 坚持内贸流通体制改革,推动线上线下融合

一是深入推进智慧商圈建设。确定豫园商城、大华虎城、金山嘴渔村、赵巷、环球港等5个第二批智慧商圈创建试点并授牌,开展第一批智慧商圈创建试点中期检查;进一步完善智慧商圈建设评估标准,编制并发布《上海市智慧商圈建设指南1.0版》,分不同类型的商圈对建设内容、实施步骤、关键技术应用提出建设指导;推动支持成立智慧商圈联盟。

二是加快电子商务专业服务业发展。制定完成上海市电子商务专业服务业发展目录,利用上海电子商务专业服务业集聚优势,建立上海市电子商务服务业联盟,优化电子商务创新创业环境。同时,积极推动中美"互联网＋商务"协同创新开放共享平台功能完善,建立中美"互联网＋商务"人才库。进一步推进商务领域政务信息资源开放共享。

三是加快推动农产品电子商务发展。支持上海农产品中心批发市场(以下简称"上农批")电商孵化基地建设,整合农产品产地、电商平台、经营户,以及物流、金融、营销等服务商,集成上农批农产品进出口交易平台和"上农鲜品",促进与云南、新疆等地的特色农产品的对接合作。形成以本来生活、易果等传统生鲜电商为代表的总仓库配送模式,以盒马、RISO为代表的区域实体电商直配模式,以淘菜猫、京东到家为代表的菜场门店电商配送模式,以饿了么有菜、众美联为代表的生鲜供应链平台为体系的四级生鲜电商系统。

3. 加快内外交流合作,促进企业走出去

一是以国际合作促进企业集聚。吸引全球电子商务总部在上海集聚。积极协调全球电商总部落户上海,协助亚马逊在上海开展实体书店项目选址,推动Facebook中国在上海投资落地。成功协调天猫"双十一"活动落户上海,以"双十一"活动平台为契机,进一步吸引国内外电商龙头落户上海。

二是推动电子商务国际化发展。编制《上海电子商务服务"一带一路"工作方案》。上海电子商务企业与"中国国际进口博览会"服务对接工作。会同美中贸易全国委员会等开展在沪外资电商发展对接会等服务。

4. 注重技术应用,构筑电子商务供应链基础环境

一是推动电子商务末端配送建设。推动末端配送综合服务站建设工作,联合邮政局制定了快递末端配送综合服务示范站工作方案,修订完善快递末端配送综合服务站建设标准,推动开展快递揽投专用两轮电动车试点工作。推动零公里、递易、联报万象、金山快递超市等末端配送新主体新业态发展,推动快递柜建设,截至2017年上半年全市快递柜总数已超过2万组。推动京东配送站点的"一照多址"登记管理工作。

二是不断创新电子商务服务监管模式。开展电子商务服务平台—信息安全标准规范的编制研究,指导电商企业积极参与电子商务服务标准化示范试点;深入宣贯《电子商务服务平台入驻商户管理规范》《电子商务服务平台售后服务规范》地方性标准。

三、2018年电子商务发展重点

2018年上海电子商务工作的总体要求是:以新时代中国特色社会主义思想为指导,围绕建设卓越的全球城市的总体目标和全力打响上海"四个品牌"工作要求,大力推动数字商务发展,深化国际消费城市建设,提升电子商务领域对外开放水平,做好首届中国国际进口博览会对接服务工作,全面优化电子商务营商环境和创新创业环境,加强制度创新和政策供给,加快推进建设具有全球影响力的电子商务中心城市。

1. 深化新技术推动创新转型,打造经济发展新品牌

一是促进国际消费城市能级提升。加快推动线上线下融合,大力推进商业新模式发展,推动无人便利店、智能售货机等无人零售创新业态发展。深入推进智慧商圈建设,编制《智慧商圈建设指南2.0版》,创建一批优秀示范智慧商圈,培育智慧商圈创新应用场景,搭建智慧商圈综合服务平台。建立政府、企业、学校、协会联动机制,发现培育一批电商独角兽企业。

二是加快发展数字商务。全面推动数字商务与产业创新融合,增强数字商务创新能力,开展数字商务综合试点。建设一批商务大数据中心,促进商务大数据交易发展。支持鼓励企业设立商务大数据、人工智能、云计算等创新实验室。研究推进商务人工智能、区块链等技术的场景推广、应用示范,培育发展数字商务服务业,加强行业

内服务供给。

三是促进服务领域电子商务创新发展。大力支持社区智慧微菜场建设发展。研究部署O2O电商平台、生鲜超市等新业态发展,形成线上线下相结合的"互联网+菜篮子"模式。支持餐饮电子商务发展,鼓励餐饮电子商务平台、餐饮独立品牌O2O、餐饮B2B等多元化发展。推进"互联网+生活性服务业"创新发展,培育一批生活性服务质量标杆企业,建设一批集家政、餐饮(早餐)、维修、洗衣、理发、生鲜、寄存、快递、再生资源回收等为一体、线上线下融合的社区便民生活服务示范点,打造社区15分钟便民生活圈。

2. 对标国际一流标准,完善电子商务生态系统

一是发展商务领域数字化服务产业。完善上海电子商务专业服务业,支持上海市电子商务服务业联盟等推进建设"上海市线上线下融合服务平台",培育一批全国领先的优质专业服务业企业,形成电子商务专业服务业名录。

二是推进电子商务与物流快递协同发展。加快建设智能快件箱、快递专用车等电商末端配送服务设施及载体。推动智能化电商仓储及物流服务创新发展,推动智能化电商务仓储建设。深化快递末端配送综合服务示范并修订完善服务标准,开展末端配送综合站点建设与管理规范的制定和推广。

三是深化示范工程建设。推动电子商务示范园区、示范企业创新发展、效应外溢,促进示范企业智慧供应链向纵深发展,支持发展一批在大宗商品、汽车、医药、零售等领域领先的智慧供应重点企业和示范项目。

3. 提升电子商务国际化水平,创新推动电子商务交流与合作

一是推动电子商务行业对接服务"进博会"。推动电商行业在需求对接、线上平台、展会服务等方面形成具体项目,探索建立"中国国际进口博览会电商服务平台"并提供招展招商、项目对接、政策信息等服务,支持重点企业依托"进博会"建立高品质消费品进口、进口综合服务等平台。

二是加快"招大引强"和产业高地建设。着力吸引一批国内外著名电子商务企业或地区总部、功能总部落沪,着力打造一批具有行业影响力的电子商务独角兽企业,着力培育一批有特色有潜力的本地电子商务创业型企业。继续打造全球性电子商务活动中心城市品牌等具有国际影响力的电子商务会展及论坛的举办。

三是加快电子商务"走出去"步伐。围绕"一带一路"桥头堡战略,加快推进符合条件的上海电商布局全球发展,探索搭建平台并提供投资指引、风险规避及项目对接等服务,启动上海综合性专业服务平台,推送与"走出去"相关的境外政策法规、产业政策、风险防范等动态信息。

案例5 立足生活分享的社区型网购平台
——小红书

一、公司简介

小红书于2013年在上海创立,起初是一个通过深耕UGC(用户创造内容)的购物分享社区,经过5年的发展,成长为全球最大的消费类口碑库和社区电商平台,成为200多个国家和地区、7 000多万年轻消费者必备的"购物神器"。小红书的用户总体分为两大类,一类是前卫买手,购物后,在社区中分享自己的购物心得和使用体会,这类人消费能力强且乐于分享;另一类是具有一定消费能力,但是出国经验不足的人士,在小红书上寻求出境购物的相关问题解答。截至2018年4月15日,全球有超过9 600多万年轻用户在小红书App上分享吃穿玩乐购的生活方式。

二、主要产品及运营特色

1. 小红书社区

和其他电商平台不同,小红书是从社区起家。起初用户注重于在社区里分享海外购物经验,逐步扩展到美妆、个人护理领域,再发展到关于运动、旅游、家居、旅行、酒店、餐馆等信息分享,涉及了消费经验和生活方式的方方面面。2016年,小红书将人工运营内容改成了机器分发的形式。通过大数据和人工智能,将社区中的内容精准匹配给对它感兴趣的用户,从而提升用户体验。

(1) 运营特色之一:发布工具模板化,内容生产标准化。小红书的发布工具使用了模块化的产品设计,很大程度上对内容的生产形成了积极引导,推动了内容生产的标准化。内容编辑发布的过程中,用户可以操作的工具主要四类:基础照片编辑、滤镜、标签、贴纸,并没有叠加过多的功能,简单几步即可完成创作,功能构成简单却很高效。其中,发布编辑器简单易用,极大地降低了创作门槛;标签和贴纸滤镜素材的运营,等同于制定了内容创作的规范或模板,鼓励了很多非专业用户,可以创作出质量较好的经验分享笔记。

(2) 运营特色之二:内容分类和话题引导。关于内容类别。一级分类有三个大类:关注、发现、附近,从人的维度、内容的维度、地理位置的维度三方面结合,以内容为主,人和地理为辅,构建了一个社区的"场"。标签的分类一方面体现了内容运营的方向,另外也会由于内容体量进行拆分和整合,会结合社区内容的实际情况制定。以书、影、音为例,如果整个社区相关内容很少,还将其进行任性拆分,否则在分Tab浏览时,内容数量较少,用户体验就会下降。

关于话题引导。小红书首页的搜索框引导设置话题的入口,鼓励用户发现新内容。出于销售因素的考虑,通常电商场景下的搜索框运营案,几乎都会指向商品导购或促销,小红书商城的搜索文案和首页内容搜索引导文案是区分开的。很多传统社区在话题引导上通常都会使用"话题置顶""头条曝光""包装成活动"等方式进行,这种使用搜索框的引导方式,类似微博热搜话题。

(3) 运营特色之三:细节决定体验。图片、文案、视频是内容社区型平台的核心。对内容的包装、运营抠的有多细,就意味着调性和氛围的打磨有多花工夫。内容包装成笔记、专辑的形式,符合女性用户追求文艺的心理诉求和记录生活的状态反应。内容分享的交互设计,生成封面或长图的形式结构,视觉感受很舒服,满足了女性用户分享美好、追求美好的心理需求。用户标签、购物行为、兴趣等多因子结合的个性化推荐,精细化社区的每一个细节,最终实现了流量转化率提升。

2. 小红书商城

2014年10月,小红书福利社上线,旨在解决海外购物的另一个难题——买不到。小红书已累积的海外购物数据,分析出最受欢迎的商品及全球购物趋势,并在此基础上把全世界的好东西,以最短的路径、最简洁的方式提供给用户。小红书启动电商模式的5个月时间里,销售额已达到2亿多元人民币;截至2017年5月,小红书营收近100亿元。2017年6月6日小红书周年庆当天,开卖2小时后,销售额达到1亿元;当天小红书在苹果App Store购物类下载排名第1位;2016年小红书参加"66"大促销的商品数量是1万件,2017年增长到了15万件。2018年3月,小红书正式上线自有品牌"有光REDelight",主推卧室、厨房及出行场景的相关用品,品类在50个左右。通过流程再造,直连工厂和消费者,同时严控品质,给消费者提供质优价廉商品。

(1) 运营特色之一:口碑营销。没有任何方法比真实用户口碑更能提高转化率,就如用户在淘宝上买东西前一定会去看用户评论。小红书有一个真实用户口碑分享的社区,整个社区就是一个巨大的用户口碑库。

(2) 运营特色之二:结构化数据下的选品。小红书的社区中积累了大量的消费类口碑,以及由用户浏览、点赞和收藏等行为转化形成的海量底层数据。通过这些大数据挖掘,小红书精准地分析出用户的需求,进而实现精准选品和采购。

三、未来发展

目前,小红书用户量已超过7 000万,以年龄划分,小红书的用户主要为85后、90后和95后三类,且新增用户70%以上为95后,逐渐向年轻用户拓展。小红书擅长的海外优质商品领域、新创品牌和新产品凭借设计、品质、故事迅速赢得95后的追捧。

2018年1月,小红书将自己的slogan(口号)由"全世界的好生活",更改为"标记我的生活"。小红书团队对自身的认知非常清晰,社区价值对于小红书来说可以说是立生之本。小红书首页给人的第一印象非常像一个图片社交类的产品,基本可以忽略购物的属性,通过不断丰富社区内容覆盖及优质笔记沉淀,进而带动产品销售,这种形态相信会持续很久。

第二节 平台经济发展态势

一、2017年平台经济发展概况

2017年,上海立足本市的产业优势、市场优势和开放优势,以国内贸易流通体制改革发展综合试点工作为契机,着力解决"互联网+"形势下商品市场与要素、服务市场有机融合带来的体制机制问题,以制度创新为突破,研究制订《上海市"十三五"时期推进平台经济发展行动计划》,推动平台能级不断提升,加快创造促进平台经济发展的良好环境。

一是平台交易规模逐步扩大。2017年,上海纳入监测的重点平台企业有139家,较2014年末增加72家。2017年,平台整体交易额达1.88万亿元,比上年增长17.5%。

二是在钢贸、有色金属、餐饮、旅游、家装、汽车、医药、物流、跨境电商等行业领域培育了一批极具影响力的平台。《2017年中国B2B企业百强榜》中,上海24家B2B平台企业入围,占近25%。携程位居《2017年中国互联网企业100强》榜单第9位;齐家网以41.7%的市场占有率稳居行业第1位。

三是在"互联网+"思维指导下,上海平台企业配置资源能力逐步提升,平台配套金融、物流、资讯等服务功能不断完善,平台优势逐渐形成,基本实现线上通、产业通、金融通、国际通。

二、2017年平台经济建设主要成效

1. 认定一批平台企业为贸易型总部

2017年,按照《上海市鼓励企业设立服务全国面向世界的贸易型总部若干意见》要求,上海认定了一批具有国际国内资源配置能力的平台企业为贸易型总部企业,享受贸易型总部相关扶持政策。现已认定23家平台企业为贸易型总部。

2. 支持符合条件的平台企业认定为高新技术企业

2017年,上海制定《上海市平台型企业申报高新技术企业操作指引》,开展平台企业申报高新技术企业专题培训,对不同类型平台企业申报高新技术企业分类指引。

3. 支持有影响力的平台主体列入国家物流标准化试点,提升平台标准化服务水平

通过遴选实力强、辐射力强、带动力强的大型电商平台企业、物流平台企业作为国家物流标准化试点主体,依托平台型试点主体,以点带链,推广从生产、物流到销售的全链条标准化创新模式,有序有力推进物流标准化试点工作全面深入开展。

4. 打造智慧供应链平台,深化供给侧结构性改革

以智慧供应链为依托,发挥平台经济在供给侧结构性改革中的流通新引擎作用,在商品现货交易、商品零售、供应链专业服务等重点领域,支持流通与生产、供应相衔接的供应链协同平台、资源高效整合的供应链交易平台、专业化的供应链综合服务和公共服务平台建设。

5. 强化平台统计监测,做好发展趋势研判

2017年,上海修订完善《第三方交易平台统计调查制度》,科学优化统计指标,增加有色金属、钢铁等有上海平台发展特色的统计指标。开展平台统计培训,调整季度统计为月度统计,强化监测频率。研究发布平台企业景气指数,加强趋势研判。编制和发布平台经济发展报告,对平台经济发展情况进行深入分析,掌握运行规律。

6. 对接商务诚信公众服务平台,营造良好信用环境

2017年,上海积极推进商务诚信公众服务平台建设,在网络零售、家居流通、进出口贸易、大宗商品交易等领域率先试点培育了28个市场信用子平台,推动商务信用征信、评信和用信标准规范在平台领域全覆盖。实现市场信用信息与政府信用信息交互共享,提升平台企业运用商务信用自我治理能级,降低交易成本,防范潜在风险,促进行业公平竞争和创新发展。

案例6 化学品综合服务电商平台"独角兽"
——摩贝(上海)生物科技有限公司

摩贝(上海)生物科技有限公司(以下简称"摩贝")诞生于2011年3月,最初是服务于中科院的研究型数据平台。其商用版网站摩贝于2013年9月上线,服务于全球化工、医药、新材料等行业,致力于打造集化合物数据库、行业资讯、化学品现货交易、供应链金融以及专业仓储物流为一体的化学品电商综合服务平台。

摩贝作为化工B2B电商,其核心是打通了化学品线上交易、线上支付、线下物流和仓储、多元化的供应链金融服务、外贸出口服务等关键环节,用互联网的开放、透明和高效,促进交易闭环。从最开始的数据平台,延展到商城,再到形成闭环服务,摩贝经历了多次模式转变,目前已形成全新的、比传统大型分销商效率更高、服务更全面的商业形态,成为行业内增长速度最快、交易规模最大的化学品电商平台。截至2017年3月,摩贝已先后获得了五轮融资。摩贝累计服务超过10万企业会员,拥有超过5 000万条化合物数据、超过1 300万种化合物商品,加盟店铺超过5万家。

一、发展历程

摩贝从诞生至今,经历了4个阶段,3次模式转变。

第一阶段为化合物数据库。核心是将化合物产品数据标准化,并建立数据库线上平台,开放给供应商,包含化合物性质、上下游关系、MSDS、专业图谱等,同时开发了化合物神经元产品推送系统。为提升行业研发效率,助力"中国制造2025",摩贝在2017年5月推出了"化学品数据共享计划",全面开放化合物百科数据库。在8年多的时间里,摩贝积累了超过5 000万条化合物数据,这是目前全球最大、最精准的商用化合物数据库。这一数据库对化学品相关的科研单位和企业极具参考价值,能显著提升生物医药、化学制药、化学品定制合成、化工外包、特种化学品、精细中间体等相关行业的研发效率。

第二阶段增加撮合交易功能。随着日益增多的采购商询盘,摩贝开始协助供应商和采购商交易,即为"撮合"。随着撮合服务的深入,客户对于交易相关的延伸服务的需求与日俱增,尤其是外贸相关的认证、报关、收汇结汇、退税等环节,摩贝开始了化学品外贸出口服务。

第三阶段增加供应链金融服务。资金需求与付款机制是B2B交易的核心诉求之一。摩贝供应链金融服务的开启,针对化学品供、销、存各环节需求特点,先后开发出了为企业采购、销售、仓储端服务的多款标准化金融产品,同时提供定制化的供应链金融服务。

第四阶段建立现货商城。为上下游企业提供在线支付体系,并将服务延伸到仓储、物流端。

二、运营模式

化工行业是工业领域最基础、最重要的行业之一。随着互联网技术以及电商的快速发展,化学品行业也逐渐发生改变。到2013年,化工B2B行业进入2.0时代,而这个时代的明显标志则是进入到全新的线上交易时代。经过多年的积累,摩贝在平台端,以高频标品为切入口,数据为基础,金融为驱动,提供全产业链闭环服务。通过分析平台积累的大数据,以供销存各环节经营特点和差异需求,为企业提供具有竞争力的质量认证、快速安全的仓储、物流配送、标准化和定制化的供应链金融、票据等综合服务体系。

其中,摩贝商城部分,与供应商同步库存、价格等数据后售卖产品,采用代运营模式。供应链金融部分,包括订单融资、保理、仓单质押等服务。摩贝与各银行分别进行系统对接,协助银行进行贷前、贷后管理,将平台上的资产供应给银行、保理公司等金融机构,同时与中信、平安银行合作进行风险控制。具体操作上,银行依据采购商采购订单,通过采购商开立账户,款项定向支付至摩贝,摩贝付款给供应商,供应商发货,采购商按约定还款。物流部分,摩贝提供供应商认证审核、出口报关、物流服务,与持专业认证资质的第三方物流公司合作。

三、盈利模式

随着电商在线上解决产品陈列、在线支付,在线下布局全国销售网络、仓储中心、物流中心,为交易提供多种金融服务,以及更深入精细化工行业的包装、归类、配方设计、技术支持等,摩贝平台形成了三大主要盈利模式:一是线上线下的化学品交易价差;二是供应链金融服务利差;三是线上供应商会员收费模式。其中,供应链金融服务始于2014年,托于摩贝化学品电商综合服务平台,主要为化学品企业提供线上线下供应链金融服务,致力于让化工企业采购、制造、销售、代理等流程中资金更充裕、交易更便利。摩贝与多家商业银行达成战略合作,先后开发了为企业采购端服务的"订易通"、为有大量库存企业服务的"仓融通"、打通企业与银行对接大门的"银企通",围绕供应链核心企业及其下游客户提供整体授信的"1+N"等全面而多样化的融资产品。

四、未来趋势

迄今为止,摩贝平台已收录了4 500多万条化合物数据,900多万种化合物商品,包括化合物性质、上下游关系、MSDS、专业图谱等的化合物百科数据;先后开发了神经元产品推送系统、手机App、现货商城等产品。未来,摩贝将更专注于提供化学品数据、交易、服务的一站式解决方案,第三方电子签章、第三方支付系统将全面引入,在交易、供应链、金融等领域发力,整合供应链,进一步为行业内的上下游企业提供更全面的服务。

第八章 现代物流业

一、2017年物流业发展概况

2017年,上海深入推进现代物流创新发展,建立现代物流发展的体制机制,探索促进现代物流发展的政策体系,不断引进信息技术为现代物流业发展提供新动力,推动物流产业发展和效率提升,取得了阶段性成果。

1. 完善物流发展规划体系

2017年,上海市发展改革委员会编制发布《上海市现代物流业发展"十三五"规划》,将物流业发展规划列为全市"十三五"市级专项规划之一,提出将改革创新作为"十三五"期间物流业发展主线,形成体现"智慧互联、高效便捷、绿色低碳、高端增值"特征的物流业发展新模式,着力构建创新引领、畅通高效、绿色安全、内外开放、便民惠民、标准规范"六位一体"的现代物流服务体系。其中,各专项规划体现了"物流创新发展试点工作"全方位的要求,将"现代物流服务高效,集疏运体系合理,口岸综合效率达到国际先进水平,全程物流服务便捷"等目标任务列入《"十三五"时期上海国际航运中心建设规划》;将发展跨境电子商务物流、提升新型贸易物流服务能力、健全立体化网络式流通基础设施等内容列入《"十三五"时期国际贸易中心建设规划》;《上海市邮政业发展"十三五"规划》提出发展物流快递总部经济、打造智能化、平台化、标准化、公共化、便捷化、集约化的快递末端派送体系,形成中国快递业国际化战略高地的目标任务。

2. 促进对内对外双向开放

一是依托中国(上海)自由贸易试验区平台,实现了国际采购、分拨配送、保税展示交易等物流贸易一体化功能的快速发展。期货保税交割支持大宗商品交易与物流服务，提升上海价格话语权。先入区后报关、货物状态分类监管、区内自行运输等创新举措极大便利了物流运作，平均通关时间较区外减少约40%，企业物流成本减少10%以上。2017年跨境电子商务物流服务网络逐步健全，从上海自贸试验区内向区外拓展。启运港退税政策启动并逐步扩大试点范围，试点外贸进出口集装箱沿海捎带业务，航空快件国际中转集拼、海运国际中转集拼业务试点启动。亚太示范电子口岸网络运营中心落户上海。

二是以长三角和长江经济带为支撑，开始了区域物流一体化发展。长三角区域市场一体化合作机制正式建立，同时推动区域规则体系共建、创新模式共推、市场监管共治、流通设施互联、市场信息互通、信用体系互认的"三共三互"工程。长三角区域物流标准化建设逐步加快，实现流通环节降本增效。建立长三角区域农产品流通一体化合作机制，搭建长三角农产品产销合作平台，构建农产品安全追溯体系。建立和完善了长三角、上海与中部六省、川渝沪区域大通关建设协调机制，通关一体化改革试点已覆盖长江经济带12个关区。长江经济带已实现全流域进口直通和出口直放，惠及企业2万余家，通关时间平均减少30%。

3. 推进物流标准化

2017年，上海积极推进物流标准化工作，在托盘循环共用、农产品物流包装标准化、城市配送物流服务体系完善、城市物流标准体系构建等方面取得了一定的成效。

一是围绕"四个一"，推广托盘循环共用模式。围绕一块板、一个筐、一辆车、一个平台，推广托盘循环共用模式，全市新增标准化托盘351万个，快速消费品领域试点企业实施带托运输，供应链效率提升35%，装卸效率提升2~3倍，人工成本降低15%，商品破损率降低50%。

二是建立城市物流标准体系。完善企业标准、团体标准和地方标准体系，通过校政企深度合作、产学研有机结合，构建城市物流服务标准体系，通过上下游企业协同发展，试点企业联合制定了《医药物流标准作业工时测定和统计标准》《豆制品冷链运输过程中周转筐的管理使用规范》《托盘标准转移模式商业规则》等3项团体标准。全市已试点登记团体标准10余项。

三是建立多层次物流标准化推广合作机制。上海联合南京等9城市成立城市标准化创新联盟，发起成立了长江经济带标准化托盘循环共用联盟，推进跨区域标准化共享互认。搭建物流标准化信息公共服务平台。

4. 完善重大设施布局

一是完善重点物流园区和专业物流基地布局。依托海空港枢纽、陆路交通门户，上海着力打造由五大重点物流园区（外高桥、深水港、浦东空港、西北、西南）、四类专业物流基地(农产品、快递、制造业、综合货运枢纽)为核心架构的"5+4"空间布局,规划建设浦东祝桥国际快递物流园区,进一步完善三级城市配送网络和重点区域物流配套服务,形成东西联动、辐射内外、层级合理、有机衔接的物流业协调互联空间新格局。

二是推进洋山集卡服务中心规划建设。为提升进入洋山保税港区集装箱卡车的综合服务能力,解决大量集卡进入保税港区卡口拥堵的问题,规划建设临港集装箱卡车集散服务中心,启动前期规划选址等工作,研究明确投资运营机制。

三是完善外高桥示范物流园区服务功能。支持外高桥保税物流园区建设示范物流园区,完善园区物流服务功能,提升园区产业发展和服务能级。近两年来年进出区货值保持在800亿美元,年海关关税稳中有增突破了200亿元人民币,年实际外贸进出口额突破200亿美元,园区各项指标在全国同类物流园区中处于领先地位。

5. 提升城市配送、快递服务能力

一是推动城市配送行业健康发展。完善城市配送基础设施,推动一批城市配送临时停靠装卸货点试点运行,便利城市配送企业在中心城区开展配送业务。按照市场主导、政府监管、明确定位、适度竞争的原则,修订完善上海市货运出租管理规定,对确有业务需求的道路运输企业,鼓励使用纯电动物流车,支持投放纯电动新能源物流车小型货运专用额度。

二是研究出台《关于促进本市快递业发展的实施意见》。着力推动发展"互联网+"快递新模式,建设浦东祝桥国际现代快递物流园区,做强青浦全国快递行业转型发展示范区,推进快递配送末端综合服务试点,推广新能源快递车辆,推动快递与电商、制造业、金融业等协同发展等创新任务。

三是着力创新完善末端服务体系。加强顶层设计,把建立社区配送终端服务网点写入"2040城市总体规划纲要",《上海市15分钟生活圈规划导则(试行)》明确将快件收派服务纳入社区服务中心服务范围。积极开展《上海市快递末端综合服务站标准》等地方标准编制,对快递末端的基础设施、服务标准、操作流程、安全管理等方面进行规范和统一。

四是积极推进末端配送创新模式的示范试点工作。先后推动了智能快递柜、合作共建末端门店、商务楼宇管家式配送等多种末端配送服务模式试点,上述新型投递模式快件投递量占比已超过10%。推动成立"互联网+"末端投递创新服务联盟,创始成员共26家,涉及电商、智能快件箱、新能源车、落地配等多个快递关联行业。

6. 促进农产品物流便民惠民

一是优化三级农产品流通体系。优化上海市"中心批发市场—区域批发市场(专业批发市场)—标准化菜市场"三级农产品流通体系,在重点强化西郊国际和上农批两大中心批发市场建设的同时,进一步加强区域性批发市场资源整合,关闭调整一批功能落后、设施陈旧批发市场。

二是创新发展末端社区智慧微菜场便民服务。开展社区智慧微菜场建设,补终端"短板"。目前全市已在15个区建设1 064家社区智慧微菜场,改变农产品物流方式,实行集中配送,缩短了流通环节,降低了流通成本。

三是探索农产品"批零联盟"试点,压缩物流环节加价。依托西郊国际、上农批两大中心批发市场,以及光明集团国有主渠道,探索建立线上下单、批零直供的蔬菜供应体系。经测算,此举有望使蔬菜零售均价降低约10%。

四是规范冷链物流发展。完成修订冷藏车营运技术标准,创新提出多温层冷藏车技术规范要求,明确建立上海冷藏车营运技术监控平台,加强冷藏车辆运营动态监测。

7. 加快发展跨境电商物流

一方面,加快推进以贸易便利化为重点的跨境电商货物监管制度创新。实施新型海关监管流程,优化检验检疫和许可证管理制度,提升跨境支付与收结汇服务。另一方面,加快推进以跨境电商示范园区建设为抓手的产业功能布局。上海自贸试验区、青浦出口加工区等6个区域被认定为跨境电商示范园区,将办公、仓储、物流、查验等线下功能进行完善和整合,形成了各具特色的跨境电商产业集群,分别吸引了知名电商平台企业、第三方支付、物流企业及综合服务企业落户。随着发展环境的不断优化完善,上海市跨境电商发展得到有力推动,行业成长较为迅速,跨境电商"新政"在全国范围实施后,上海跨境电商的产业规模大幅提升,增量存量模式均实现增长。

8. 大力发展物流平台经济

一是培育一批物流平台企业。发挥上海人才、信息、资金和综合服务优势,通过完善政府服务和优化政策环境,着力培育了一批服务辐射全国,实现物流资源供需匹配、促进物流市场规范透明、有效降低社会物流成本的多元化平台型物流企业。

二是发布实施《关于上海加快推动平台经济发展的指导意见》,明确将大宗商品、农产品流通、物流等平台型企业作为重点发展领域。

三是制定实施《上海平台统计报表制度》,实现线上与线下、国内与国际、商品与服务全口径统计。

四是支持物流平台企业参与无车承运人试点。卡行天下供应链、天地汇供应链、汇而通国际物流、物流汇等"互联网+"平台型企业成为上海市首批无车承运人试点企业。

五是依托平台型企业探索现代流通治理模式。打破政府公共信用信息与市场信用数据的壁垒,将包括物流平台企业在内的市场信用信息与上海市商务诚信公众服务平台对接,实现政府信用信息与市场信用信息交互共享,初步构建起市场主体自治、行业自律、政府监管、社会监督的社会共治格局。

二、2018年物流业发展重点

1. 推动物流与产业融合创新

2018年,上海将大力促进物流、资金流、信息流、商流联动,提升供应链服务能级与水平,坚持服务实体经济,在物流领域培育一批成长型融合创新企业。推动物流业制造业联动发展,重点围绕上海先进制造业布局,以全程供应链物流服务支持上海制造企业提升核心竞争力,向服务型制造转型。推动物流金融创新,鼓励物流企业发挥货物监管优势,与货主和银行合作,开展代收代付、动产质押、仓单质押等物流金融服务。推动物流贸易一体化发展,鼓励物流企业向上游采购、下游销售延伸产业链;依托海关特殊监管区域和监管场所发展保税展示交易,以便捷物流支撑贸易发展、消费升级。推动物流与电子商务协同发展,搭建线下分拨配送物流网络。大力发展跨境电商物流,建立适合跨境电商新模式的物流监管制度,完善跨境电商物流支撑网络。

2. 实施智慧物流工程

加快促进政府部门物流信息数据开放共享,推动物流信息平台之间互联互通,引导支持物流企业实现物流活动数据的信息化和数据化采集,鼓励政府部门、行业协会、公共服务和科研机构、企业开展物流大数据分析和应用;探索建立全市物流业运行监测信息平台。推动建设智慧港航,实现码头作业、货物运输、口岸监管、航运服务等信息化和自动化。支持开展搬运码垛机器人、自动引导搬运车、手持终端、基于射频识别和北斗导航的可视化技术等智能物流技术和设备的研发应用。重点支持以物联网为基础的感应技术在集装箱、危险品、农产品、食品和医药冷链物流等领域仓储运输环节应用。在汽车、大宗商品、食品冷链、医药等领域,选择有条件物流企业,开展物联网智慧仓储建设试点示范。选择基础条件好、市场需求强的领域,开展智慧配送示范工程。

3. 实施有效衔接的多式联运

以外高桥和芦潮港为重点,发展铁路集装箱班列运输,提高海铁联运比例;推动芦潮港铁路集装箱中心站与洋山港物流信息对接,发挥芦潮港铁路集疏运功能;加强铁路零担快运物流服务能力,促进铁路货运从大宗资源性物资集散向现代物流服务转变;深化长三角铁路快运货物班列模式,加快公铁联运信息互联,打造公铁联运物流平台。研发推广江海直达船型,发展江海联运、江海直达运输;鼓励开辟经上海港中转的国际、沿江、沿海和小内河运输,提高江海直达运输比例和水水中转效率。完善长三角地区公路物流与上海浦东、虹桥两机场的货运衔接,挖掘虹桥高铁与机场的空—铁联运快递转运价值。提高两港、两场物流联动发展水平,利用好外高桥港的货源组织集散优势和洋山港的航线资源优势,促进外高桥和洋山港联动发展;加强虹桥、浦东两机场间物流转运快速衔接服务。

4. 开展绿色城市配送

采取车辆通行管控、政策引导、资金支持等措施,促进物流企业淘汰高污染货运车辆,使用低排放、清洁能源和新能源环保物流车辆。完善LNG加气站、充电桩等配套设施布局,对新能源物流车辆实施市区免证通行。探索物流车辆环保治理由末端运输企业向上游货主企业源头延伸,鼓励引导货主企业选择绿色环保物流供应商,建立绿色配送联盟;积极推进城市共同配送和统一配送,提高车辆满载率,减少配送车辆出行;积极推进甩挂运输项目试点;鼓励仓储配送设施的节能环保设计,加快现有设施节能环保改造。探索把绿色物流纳入全市节能减排体系,将绿色物流纳入区县清洁空气行动计划实施情况和节能减排工作推进情况考核范畴。

5. 积极发展逆向物流

倡导绿色、环保、循环利用的生态物流理念,重点推动包装物、废旧电器电子产品、报废汽车、生产加工边角料等有使用价值废弃物的逆向回收物流发展,构建低环境负荷的循环物流系统。鼓励包装器具的重复使用和回收再利用,鼓励生产者、再生资源回收利用企业、第三方物流企业联合开展废旧产品回收,支持建设废弃物回收物流中心,提高回收物品的收集、分拣、检测、拆解、加工、包装、维修等管理水平。发挥互联网在逆向物流中的作用,完善废旧电器电子产品的O2O"在线收废"模式。创新完善交易机制,做大做强上海边角料交易中心,打造全国生产性边角料资源交易配置平台。提升废旧汽车回收拆解循环利用水平,支持建设自动化、标准化、环保型报废车拆解流水线,提高报废车零部件再利用率和再制造率。依托行业协会,整合政府、高校、科研院所、企业资源,搭建逆向物流科学研究平台。

第九章　商务服务业

第一节　会展业发展态势

一、2017年会展业发展概况

2017年,上海会展数量和展览面积保持稳步增长,展览业的国际化程度稳步提高,国际影响力日益凸显,保持健康发展的良好势头。

一是展览业呈现稳定增长态势。全年全市举办各类展会1 020个,展览总面积1 769.86万平方米,比上年分别增长15.01%和10.12%;展会数量和展览面积在世界主要会展城市中位居前列。其中,国际展举办面积超过10万平方米的大型展会36个,展览面积672.06万平方米,占全市展览总面积的37.97%。

二是展览业国际化水平提高。全年举办国际展会293个,面积1 329.16万平方米;国际展面积占全市展览总面积约3/4。国际十大展览公司均在沪设立分支机构;全市有经国际展览协会(UFI)认证的展览项目27个,经认证会员单位23个;有13个展会入选《进出口经理人》杂志公布的2017世界百强商展名单,位居全球主要会展城市之首。

三是在国际展览界的受关注度提升。2017年6月19日,以"中国展览业的2020"为主题的"2017国际会展业CEO上海峰会"在沪盛大举行。来自国际展览业协会等国际展览组织和博闻亚洲集团、德国慕尼黑展览集团等全球知名会展企业的CEO、兄弟省市会展机构负责人等近200位代表出席了峰会。同日下午,借此全球展览业领袖集聚上海的契机,圆满召开了"上海会展业发展国际咨询会议",邀请了出席峰会的11位国际展览业专家顾问,以"发挥上海会展业优势,把中国国际进口博览会打造成为'一带一路'贸易畅通的重要平台"为主题,为上海建言献策。

四是会展业发展环境优化。抓紧推进展览业立法工作,加强法制化建设,在地方展览业立法方面"先行先试",开展实践探索,加快推进展览业的规范化、法制化进程。深化落实"放管服"要求,以推进展览业地方立法为抓手,构建以信息平台为依托、信用管理为手段的上海市展览业事中事后监管体制,健全完善财税、人才、知识产权保护、展品通关等展览业公共政策服务体系,增强上海市展览业核心竞争力,打造透明、公平、高效的展览市场环境,推进以专业化、国际化、信息化、品牌化为要素的国际会展之都建设。

二、 2018年会展业发展重点

2018年,上海将以中国国际进口博览会举办为契机,围绕会展业"十三五"规划的发展要求,努力打造要素集聚、配置合理、制度健全、服务完善、生态优化的会展业促进体系,进一步形成市场运行机制比较成熟、会展企业富有活力、具有全球市场重要话语权的国际会展之都。

第一,继续在建设高水平的公共服务体系上下功夫。进一步完善商务部门牵头,各部门共同参与的市级联席会议机制,提升各部门协作水平。

第二,继续在增强展览业核心竞争力上下功夫。持续提升国际化水平,服务"一带一路"建设及多双边和区域经贸合作,吸引一批行业影响力强、带动效应显著的国际知名品牌展会,打造一批具有国际影响力的上海展会自主品牌,培育一批有潜力、有特色的中小展会,打造有国际竞争力的展览集团,推进展览业与商贸、旅游、科技、工业、文化、体育、创意等相关产业联动发展,继续做好东盟博览会、亚欧博览会和中蒙博览会的去展组织工作,共同构建开放共享、联动创新、融合发展的大会展格局。

第三,继续在打造透明、公平、高效的市场环境上下功夫。完善展馆运营机制,优化展览业布局,完善市场监管体系,建立覆盖展览场馆、办展机构和参展企业的展览业信用体系,加强信用监管,推广信用服务和产品的应用,推动部门间监管信息的共享和公开。

第四,继续在健全展览业政策扶持体系上下功夫。完善财税扶持体系,优化金融保险服务,加强人才体系建设。

第五,继续在加快探索形成具有上海特色的城市会展模式上下功夫。首届中国国际进口博览会定于2018年11月5—10日在国家会展中心(上海)举办。商务部和上海市政府为主办单位,世界贸易组织、联合国工业发展组织等相关国际机构为合作单位,中国国际进口博览局、国家会展中心(上海)有限责任公司为承办单位。上海市建立进口博览会城市保障领导小组,负责安全保卫、卫生防疫、餐饮交通等后勤保障,并负责协调上海市各相关单位以及海关、出入境检验检疫、边防检查等中央在沪单位,全力确保成功举办。把握举办中国国际进口博览会契机,总结指挥保障体系有关经验,固化创新做法,积极探索形成有上海特色的城市会展模式。

第二节 拍卖业发展态势

一、2017年拍卖业发展概况

2017年上海拍卖业总成交额达405亿元,比上年下降13%,全年举办各类拍卖会2743场次,较上年增加21场次。从标的委托来源比较:法院委托成交额167.6亿元,比上年减少21.4亿元;政府委托成交额151亿元,比上年增加13.8亿元;机构委托成交额47.9亿元,比上年减少46.1亿元;个人委托成交额21.3亿元,比上年减少10.5亿元;金融机构委托成交额9.8亿元,比上年减少1.2亿元;破产委托成交额7.4亿元,比上年增加4.5亿元。

从拍卖标的成交额进行比较,房地产成交额152.9亿元,比上年减少45.1亿元;机动车拍卖成交额11亿元,比上年增加2.1亿元;无形资产拍卖成交额184.9亿元,比上年减少16.1亿元;股权拍卖成交额20.8亿元,比上年增加7亿元;文化艺术品拍卖成交额27.9亿元,比上年减少5.7亿元;农产品拍卖成交额1.1亿元,比上年减少0.5亿元;其他拍卖标的成交额6.4亿元,比上年减少1.8亿元。

2017年,拍卖交易额较上年下降13%,主要受以下几方面影响。

1. 文物艺术品拍卖市场

2017年文物艺术品拍卖市场依旧处在低位盘整的态势。除了顶尖的稀有的艺术品外,大部分的艺术品价格仍处在低迷的状态,年末略有回暖迹象。2017年上海市具有文物拍卖资质企业64家,比2016年57家多8家,全年成交27.93亿(比上年33.6亿下降了17%),大部分企业和去年一样,减少场次和每场拍品数量,有的企业全年只拍一场,一场也只拍半天的局面。大部分文物艺术品企业依旧压力巨大,行业形势依旧严峻。具体如下。

一方面,非常吸引市场人气的精品、绝品明显减少,越来越多的是一批早年曾经入市而后雪藏多年的拍品,如今尽管估价谨慎,但业绩平平,其遭遇颇如人们最不希望出现的"击鼓传花"效应,只有尚未露面来源可靠的精品生货或者有特色的稀有的拍品才是市场追逐的对象,价格屡屡冲高,其他中等水平的作品或者经常露面的作品价格依旧低迷。

另一方面,出自传承有绪的大家族的旧藏,就算大多数只是普通名气的拍品,在如今的市场上也是反响热烈,大受市场的追捧,成交价格都超出市场的预期,如果是一线名气的精品力作,更是创出市场的新纪录。因此,不少一流品牌拍卖企业依靠自身的社会影响力,凭借着这样一批拍品,依然取得了尚可满意的业绩。

2. 房地产拍卖市场

房地产拍卖成交额较上年下降22.7%,房地产拍卖成交额的下降有如下原因。

一是经营环境受市场各方面因素影响,如法院委托拍卖转为法院自主拍卖,法院委托占行业整体拍卖额41.2%,也就是近一半,基本委托标的为房地产业务,2017年以来国家相继出台了对房地产市场调控政策,进一步明确"房产是用来住的,而不是用来炒的",宣传导向进一步明确,各地政府对调控房价的决心进一步增强。

二是社会委托市场低迷,机构委托、政府委托、个人委托在房产业务方面近年来也是逐渐减少,以上这些造成了房地产拍卖经营数据的下降。但与全国拍卖市场比较,上海拍卖市场业务数据由于公拍平台的存在和政府、法院的支持,仍处于全国领先的地位。

3. 机动车拍卖市场

机动车拍卖成交额11亿元,比上年增加2.1亿元,机动车拍卖业务连续几年保持增长态势,一方面全国机动车数量的大幅度增加,随着全民物质生活水平的提高,车辆使用变得普遍化;其次车辆更新换代、二手车的交易市场也是逐步被接受,拍卖机构从事机动车拍卖有如下优势。

一是从管理、服务方面优先其他机动车交易方式,从车辆接受委托开始,车辆安全性检测、网上信息公开、透明、现场与网络同步拍卖系统的完善。

二是拍卖机构从事机动车拍卖业务的企业基本上是全国领先的具有中拍协、上拍协资质的有实力的机构,引进了国外先进的拍卖交易、支付结算、车辆过户、移交等方面完善的系统。因此机动车拍卖市场业务趋势今后将更加的拓展。

4. 农产品拍卖市场

农产品拍卖是政府积极倡导的新的交易模式,目前拍卖机构基本是"只赚吆喝,不赚钱"的境遇,建议协会可以组织有关企业负责人、拍卖研究中心等有关单位对农副产品拍卖课题做"投入与收益可行性分析",结合与政府的引导、政策上的支持等可行性研究。除了引进国外先进的农副产品拍卖交易系统外,更应该引进有志于农副产品拍卖理念的机构资本,充实加大这方面宣传,使得农副产品拍卖方面有更好的交易模式。

二、2018年拍卖业发展重点

（1）法院委托，司法自主拍卖的分流因素，预测公拍网拍卖标的有近30％分流到京东网、淘宝网等其他一些司法入围网络平台，法院委托成交额也会下降；其次拍卖标的份额占比较大的房地产标的，继续因国家对房地产市场调控政策因素影响，预测2018年房地产标的有进一步减少趋势。

（2）2018年艺术品市场可能延续这几年的盘整态势，依旧处在低迷阶段。对此，一方面，艺工部将针对行情的动态发展，及时研判，为各成员企业提供有效的信息；另一方面，各成员企业也应抓住时机，加强自身建设，加强自律，树立诚信规范的形象，为上海的文物艺术品拍卖市场创造一个健康、稳定的发展生态。

（3）2018年对国有资产拍卖政策研究的课题、政策协调等方面取得突破，拍卖企业能在国有资产处置方面占有一席之地，发挥拍卖企业服务方面优势，预测2018年国有资产拍卖委托来源有望进入公拍网平台，增加行业拍卖业务量。

第四篇

服务业创新和管理

第十章　服务业创新发展

第一节　商业创新转型

在商务部的指导下,上海市商务委认真贯彻落实推进商业创新转型的有关决策部署,顺应上海消费升级和商业发展新趋势,加快推动上海商业转型,不断提高上海商业综合竞争力,商贸业实现了有质量有效益有速度的发展,发挥了经济增长"稳定器"和"压舱石"作用。

一、主要做法及成效

上海各级商务部门坚持在发展中转型、在转型中发展,取得了积极成效。全市商业呈现出"商品＋服务、线上＋线下、零售＋体验、品牌＋场景"等融合发展的迅猛势头。

(一) 加强顶层设计,发挥规划和政策引导作用

制定出台《关于加快上海商业转型升级提高商业综合竞争力的若干意见》,聚焦商圈、业态、企业三大核心要素,明确了 12 项主要任务和 7 项保障措施,并以重点项目建设为抓手推动意见落实。2014 年以来,共确定商业转型升级重点项目 97 项,涉及投资额近千亿元。发布《促进新消费发展发挥新消费引领作用的行动计划(2016—2018)》,明确 4 个方面 19 条措施,推动新消费加快发展,培育形成经济发展新供给新动力。出台《上海市商业网点布局规划(2014—2020 年)》和《关于进一步优化本市土地和住房供应结构的实施意见》等,加强统筹引导,有效提高商业、办公用地供应的有

效度和精准度,推动上海商业地产市场健康有序发展。

(二)聚焦重点商圈改造提升,加快构筑体验式智能化商圈

在南京东路、淮海路等12个商圈试点建设智慧商圈,完善光纤宽带、无线网络接入,引入智能交通引导、移动支付等应用,打造线上线下协同发展的信息化智能型商业街区,建设集购物、旅游、文化等功能为一体的综合性城市多维空间。引导各大商圈特色化差异化发展,着力打造集购物、旅游、文化、会展、餐饮、商务、娱乐、休闲等功能为一体的综合性城市多维空间。开展重点商圈基础设施改造提升,推动形成地面、地下、空中贯通的立体商圈。如,五角场商圈下沉广场通过改造重塑功能,打造"不打烊的公共客厅",赋予其"交通场""展示场""孵化场"的新内涵,突出智慧、生态、历史、活力、文化五大要素,成为整个五角场商圈的"中庭"和杨浦区文化形象展示和商圈服务的窗口。

(三)创新发展新业态新模式,激发商业发展活力

积极推动商业业态转型,发展差异化经营。购物中心通过差异化定位,增加体验型、服务型业态,实现商旅文娱体融合发展。传统百货店通过提高自有品牌商品比例,向主题型自主经营百货发展。传统商业与网络零售相互渗透,线下网点渠道资源、商品品牌和服务优势与互联网、大数据等电商新技术新应用相结合,全渠道融合发展新零售。积极推动商业模式转型,加快线上线下融合发展。支持传统企业依托线下网点渠道资源、商品品牌和服务优势,自建线上平台或利用第三方平台发展电子商务,实现线上线下资源优势互补和协同应用。引导电子商务企业与线下便利店、超市合作,或自建线下服务中心,提升零售终端最后一公里的物流配送服务能力。鼓励企业拓展移动互联网和家庭物联网领域,实现门店端与PC端、手机端、TV端四大渠道的优势互补,探索全渠道融合发展的新模式。积极推动商业企业转型,提高核心竞争力。引导商业企业加大自主经营力度,发展自有品牌、直接采购、自营购销等经营方式,加强商品设计开发能力,发展订单制造和个性化经营,逐步转变"二房东"模式,提升盈利能力。商业企业加大自主经营力度,发展自有品牌、直接采购、自营购销等经营方式,加强商品设计开发能力,发展订单制造和个性化经营。

(四)大力推动社区商业更新,提高服务精细化水平

实施"服务到家"计划。优化社区商业空间布局和服务功能,推动社区商业中心与社区事务受理服务中心、社区卫生服务中心和社区文化活动中心相结合,形成"四

中心"合一的社区商业生活中心。建设改造标准化菜市场近 1 100 个,建成早餐示范工程中心厨房 24 个,供应全市 80% 的早餐供应点。积极发展"共享早餐",让市民在一家早餐示范门店可以一站式购买来自不同早餐企业的明星产品。绝大多数便利店为居民提供信用卡还款、公共事业费缴付等服务,有力推动了 15 分钟社区便民生活圈的形成。2009 年以来,已有 51 个社区成为市级社区商业示范社区,其中 17 个成为国家级社区商业示范社区。大力发展社区商业新业态、新模式。发挥风投机构、行业协会等作用,加大对新业态、新模式的发现和培育力度,已形成 3 种较为成熟的模式。一是基于服务精细化的定制模式,即对消费群体进行精准分类,提供个性化定制服务;二是基于主体集成化的 O2O 模式,即通过信息网络、营销网络和物流网络的三网合一,实现社区实体店和网络零售商之间线上线下的渠道融合;三是基于运营平台化的云网端一体化模式,即整合社区各类商品和服务资源,建立交流体验云平台。

(五)加强"会商旅文体"联动,扩大综合消费规模

市商务、旅游、文广影视、体育等部门建立了"示范项目共推、客流资源共享、体系标准共建、载体平台互联、市场主体互动、宣传渠道互通"的"会商旅文体"联动机制,以有效引流、促进消费、叠加资源、创新服务为手段,有效释放各领域消费潜力。2017 年上海购物节以"新消费、潮生活、夜上海"为主题,共推出 40 多个购物主场,80 多项重点主题活动。推进超过 100 个联动项目和活动,在重点商业设施内引入一批艺术欣赏、文化展览、艺术节庆等活动,在 16 个商业设施内引入一批公益组织及公益市集。建立特色商业街区发展联盟,在 67 条特色商业街区营造有序、健康、和谐的环境,打造"历史有根、文化有脉、商业有魂、经营有道、品牌有名"的特色商业街区群体。开展境外旅客购物离境退税试点,截至 2017 年 8 月底,共有 28 552 人次境外旅客开具 31 221 张退税申请单,退税物品销售额 4.53 亿元,业务规模位居全国首位。推动夜市经济发展,在商业集聚度较高、国内外游客集聚、夜间消费便利、轨道交通便捷等基础设施条件较好的区域,设立 9 个"夜上海特色消费示范区",不断扩大夜间消费。

(六)持续推进品牌战略,培育高品牌价值企业

建立品牌促进、评价、推广、保护等公共服务体系,完善商业企业品牌成长推进机制,支持商业企业制定品牌发展规划,提高品牌管理能力和经营水平,重点培育和扶持了一批"专、精、特、新"品牌商品和具有高品牌价值的商业企业,扩大了"上海品牌"在全国市场的影响力。实施《上海优礼行动计划(2016—2018)》,在食品、轻工、老字

号、餐饮等行业,挖掘了50种本土品牌的上海优礼产品,依托上海购物节、上交会、老字号博览会、光明食品节等平台扩大"上海优礼"影响力,开展品牌商与渠道商对接会,扩大本土品牌销售渠道,并在购物节期间推出"上海优礼优品快闪店"。建设"最放心商品、最优质服务"的品质消费示范区,建立和完善服务质量评估反馈机制,打造上海商业服务品牌新形象。

二、下一步工作思路

下一步,上海将围绕打造全球知名、亚洲领先、位居全球前列的国际消费城市,进一步提高商业的集聚度、繁荣度、便利度,加快构建国际化大都市商业新体系,形成体现城市繁荣繁华和便民利民、开放创新、智慧引领的消费新格局。

一是深化内贸流通供给侧结构性改革,优化商品与服务供给。继续实施"上海优礼计划",加强消费品品牌的挖掘和培育,培育壮大市场主体,增强市场主体活力。鼓励商业创新转型,深化商业结构调整。支持商业企业实现线上线下资源优势互补和协同应用。继续优化商业供给结构,促进消费转型升级。

二是继续推进内贸流通体制改革,提升内贸流通效率。发挥自贸试验区制度优势,增强国际消费品集散功能。强化智慧供应链建设,促进物流降本增效。建设国际化核心商圈,打造国际消费城市名片。优化社区商业空间布局和服务功能,探索建设复合型社区商业。

三是提升可持续发展能力,降低商业企业成本。深入实施降税减费专项行动,切实减轻企业负担。推进跨地区连锁经营总部和分支机构汇总缴纳增值税。推动零供关系健康发展,促进市场公平交易。推动零供双方从竞争转向合作,从利润分配转向价值创造。建立有利于提高供应链效率的零售商、供应商公平交易条款,透明市场竞争机制。

四是努力优化消费环境,营造放心消费环境。发挥商务诚信服务平台作用,探索以商务信用为核心的现代流通治理模式。实施消费环境改善计划,健全消费者权益保护机制,营造放心消费环境,强化消费者权益司法保护。强化侵权假冒打击力度,完善长效监管机制。

五是促进消费转型升级,吸引境外消费回流。继续深化"会商旅文体"联动,加大吸引外来消费力度。实施"商业融媒体计划",推动形成"商业融媒体联盟"。扩大节庆品牌影响力,全力办好"上海购物节",推动新消费引领发展。鼓励跨境电商发展,支持市内和口岸免税店发展。

案例7 商业迭代更新,"首店"争相落沪
——上海"首店"经济带动消费升级

所谓"首店",是指在行业里比较有代表性的品牌或新的潮牌,在某一区域开的第一家店。上海的国际高端知名品牌聚集度超过90%,全球零售商集聚度达54.4%,中高端消费领域影响力强,全球消费资源聚集功能强。因此,国外品牌首次进入内地市场,或是新业态、新品牌的培育孵化和市场化,往往会选择上海。

2017年,上海的商业生机勃勃、迭代更新,许许多多的全球最大、国内首家纷至沓来。根据RET睿意德发布的《2017中国商业地产活力40城》数据显示,以零售、休闲、购物中心、消费力为指标体系的全国城市商业地产活力指数排名里,上海位居全国第一。根据中商数据显示,2017年进入上海市场的"首店"品牌资源丰富,约占全国半壁江山。这些都得益于上海产业发达、外企云集、商业开放等因素造就的得天独厚的市场环境,也充分展示上海作为国内时尚与新潮风向标的地位。

一、总体情况

根据中商数据显示,经品牌筛选,2017年有226家"首店"进入上海市场,比进入北京市场数量高出1倍,约占全国的50%。其中,全国"首店"有134家,全市"首店"的代表性品牌有92家。与2016年赢商网统计的"首店"情况对比,总数大幅增长126%。总的来看,"首店"选址规模、业态模式、市场定位等方面情况如下。

(1) 热点商业综合体最受青睐。根据中商数据显示,静安区、徐汇区和黄浦区引进"首店"数量较多,分别是37家、30家和18家。"首店"选址,主要集中在城市商业综合体,特别偏好2017年新开业的热点项目或者市级商圈的成熟项目,例如2017年新开业的兴业太古汇、保利时光里和长宁来福士等热点项目,港汇恒隆广场、静安大悦城、徐汇美罗城等成熟项目。另外,淮海中路、番禺路、马当路等核心商圈街铺也备受"首店"选址青睐。由此可见,"首店"选址偏好为热点新开业或知名度成熟的商业综合体,中心城区的核心商圈街铺。

(2)"首店"业态分布日趋多样。2017年上海新开业的全国"首店",主要包括休闲娱乐、零售、餐饮和儿童业态。其中,零售业态数量最多,约占48%,其次是餐饮业态,约占39%,而儿童业态,约占8%。此外,运动健身类占比虽不多,却成为一股新兴趋势。细数零售业态,可以发现服饰类数量最多,约占28%,其次是美妆类和运动类,其他类别占比则较为接近。不仅有契合生活新时尚的手作体验、跨界新零售、电商线下实体店,也有推出沉浸式体验的主题餐厅,以蹦极为主题的新颖健身、运动健

康等,业态分布日趋多样。

（3）目标群体以年轻时尚居多。根据RET睿意德发布的《2017中国商业地产活力40城》显示,上海的购物体验性、品牌新鲜度等均走在全国前列,以零售、休闲、购物中心、消费力为指标体系的全国城市商业地产活力指数排名中,上海位居第一。与北京相比,轻奢品牌消费指数、健身房与咖啡类休闲消费指数等均较为领先,可见高端白领型消费群体聚集,在时尚度与新生活方式感知力上更胜一筹。例如全国首家收纳主题的美学生活买手店Editor、星巴克臻选咖啡烘焙工坊全球最大旗舰店等。

二、主要特点

(一) 有效提升品牌集聚度

1. 小众高端品牌加快入驻

伴随着经济增长和消费升级,消费者的理念、习惯和行为也悄然发生着转变,小众品牌、高端品牌和原创设计师品牌越来越契合消费者对高品质、差异化、个性化产品和服务的需求。探索消费者未被满足的需求,发掘未被满足的场景,引入真正"小而美"的产品,备受市场追捧。梳理2017年进入中国市场的"首店",可以发现化妆品、服装服饰等品类中许多小众高端的国际品牌加快了进驻中国市场的步伐,而且不约而同地选择了上海这座城市。例如,美国专业彩妆品牌NARS、荷兰殿堂级牛仔裤品牌DENHAM、纽约快时尚轻奢鞋履品牌Luxury Rebel、日本时尚女装品牌Ungrid、纽约高端精品甜品Lady M等。

上述品牌并非靠着经营模式夺人眼球,而是其本身有着较小规模的特定受众群体,甚至可能是海淘代购的"网红"品牌,这些品牌"首店"选择落户上海,极大地丰富了消费品的供给和消费者的选择,有效地提升了上海的品牌集聚度。

2. 本土新兴品牌大胆试水

根据中商数据显示,经品牌筛选,2017年有54家本土新兴品牌"首店"进入上海市场,约占进入上海市场"首店"总数的24%。例如,从后台走向生活的时尚专业彩妆品牌REC、全国首家裸足购物鞋履旗舰店LA RUTA DE VIA、中粮集团旗下全新服务品牌及体验平台雪宜茶声、收纳主题美学生活买手店Editor等。

赢商网发布的《2017年度新兴品牌TOP 100榜单》也显示,中国新兴品牌发展处于高峰期,大批新兴品牌伴随消费升级应运而生,壮大着实体零售商业发展。经过剖析,可以发现入选《新兴品牌TOP 100榜单》的这些品牌,往往青睐入驻城市商业综合体,其中餐饮和零售品牌上榜超过半数,并且除个别区域特征明显的餐饮品牌外,都已经选择入驻上海。由此可见,上海已经成为国内新兴品牌择址的沃土,而且成为"首店"择址的优选地。

3. 国际知名大牌优化布局

市场调查机构欧睿国际发布的研究报告显示,尽管国内奢侈品消费逐步回归理性,未来五年,中国仍有望取代美国成为全球最大的奢侈品市场。国际知名大牌也纷纷将全球重心更多布局在中国,旗下新品牌、全品类旗舰店、新设精品店同样热衷于选择落户上海,进一步提升了上海的高端品牌集聚度。例如,法国奢侈品巨头 LVMH 集团旗下全新护肤品牌茶灵 Cha Ling、美国内衣品牌维多利亚秘密 Victoria's Secret 首家全品类旗舰店、意大利高级珠宝商布契拉提 Buccellati 首家精品店等。

(二)加快推动业态模式创新

1."跨界零售"成为时尚品牌吸引年轻群体的重要手段

根据《天猫国际年度消费趋势报告》显示,90 后新消费群体具有鲜明的自我意识,爱尝鲜是该类群体进口消费三大特征之首。为满足年轻消费者"猎奇""尝鲜"的心理,2017 年进入上海市场的"首店"中不乏一批跨界能手,尤以时尚零售品牌涉足餐饮行业较多。例如,日本无印良品全球首家餐堂 MUJI Diner、法国奢侈品牌香奈儿 Chanel Coco Café 快闪店、德国双立人全球第一家旗舰餐厅 The Twins 等。

深入剖析 MUJI Diner 案例,可以发现日本无印良品的商品品类涉及人们的衣、食、住、行方方面面,选择开设全球首家 MUJI Diner,吸引了不少年轻消费者前往尝试世界各地妈妈的味道,也可以看到传统零售"连带销售"的转型思路,探索体验和品牌理念、商品之间制造连接性的目标。

2."智慧零售"促进新技术、新概念与传统零售相融合

研究分析 2017 年进入上海市场的"首店",可以发现具有一定影响力和知名度的传统家电、通信、运动、家居品牌也纷纷到上海开设全国首家"体验店"、"概念店"或"旗舰店"。这些店铺的普遍特点是店铺面积更大、产品品类更全、服务体验更优,同时着重体现"科技感"和"新理念"。例如,美国扬声器厂商 Bose 中国首家体验店,是新天地第一家与阿里巴巴集团合作的智慧门店,店铺产品线最齐全,消费者几乎可以在店内体验所有 BOSE 产品。同时,还展示一辆搭载 Bose 5.1 环绕声音响系统的保时捷 911 Carrera 跑车,以提升消费者的感知体验。还有,英国家电设计制造品牌 dyson 全球第五家官方体验店、国产品牌 OPPO 全球首家超级旗舰店、韩国家居龙头品牌汉森家居中国首家超大型空间体验旗舰店、猩便利 24 小时智能自助便利店等。

3."品质零售"引领消费模式向"买生活方式"转变

伴随着经济增长和消费升级,消费者认可的品牌往往不局限于"卖产品",更多的是"卖生活方式",例如,倡导"服适人生"的优衣库和创造"第三空间"的星巴克,2017

年都取得了较好的销售业绩。研究分析2017年进入上海市场的"首店",可以发现"品质零售"不仅吸引了更多国际化品牌入驻,也带动了本土品牌转型升级,引领消费模式"买产品"向"买生活方式"转变。例如,美特斯邦威慢生活方式独立品牌CHIN祺、国际精品集合店品牌LITTLE SPACE、专注90后时尚生活方式的男装品牌CNCN、日式杂货铺MISS U2心意的优选等。

案例8 共享共生的城市更新地标
——上生·新所

一、项目简介

"上生·新所"位于延安西路1262号,原为上海生物制品研究所(以下简称"上生所"),项目内有"孙科别墅""哥伦比亚总会"等重要历史建筑,具有较高的景观人文价值。2017年,上生所与上海万科签约,就该地块的整体租赁开发达成协议,引入多方参与共建,以微更新、微改造引入多元业态,提升城市活力与品质,发挥片区特色。2018年5月25日,"上生·新所"一期改造工程完工对外开放,通过立面和重点保护空间的修复使其恢复了历史风貌和海派韵味。

作为万科在上海内环的第一个城市更新项目,"上生·新所"由3栋历史建筑、3栋新建筑和15栋工业改造建筑合成,总建筑面积达到4.9万平方米。整个项目的业态参照了"商业综合体"的业态配比,办公占74%,确保了商业部分在工作日的客流量。该项目最吸引关注的是由3栋历史建筑改造而来的、公共开放的商业部分区。这3栋历史建筑的建筑年代可以上溯至近百年前,原项目称作哥伦比亚生活圈(Columbia Circle),是当时外籍侨民运动、休闲、娱乐以及聚会的主要场所。

更新后的"上生·新所"商业部分约为1.3万平方米。其中,餐饮占45%左右,包括香港的PIRATA(意大利菜)、相扑猫(日式居酒屋)、Brew Bear(精品咖啡)和MissSth(甜品店)等;文化艺术类占到45%左右,招商中获得了上海"文创50条"政策的支持,包括稻城书店和Minderlands家居家具店等,另外10%用于娱乐健身,主要是V+Fitness连锁精品健身馆。

二、主要更新项目

1. 哥伦比亚总会

哥伦比亚总会是3幢保护建筑之一,建于1924年,当时统一开发供外籍侨民度假、娱乐,由著名的建筑师邬达克担任总设计师,在这里设计了英国、美国、荷兰、意大利、西班牙等多种风格的住宅,是当时驻沪外籍侨民运动、休闲、娱乐以及聚会的主要场所,可谓是上海外国中上阶层的"后花园"。修复后的"哥伦比亚总会"将打造成为一个多功能的时尚复合空间,结合上海"文创50条"落地目标及方向,上海昆剧团、上海芭蕾舞团、竖琴表演、时尚品牌发布、城市艺术展览、IP文创主题活动、论坛峰会都将在此举办。

2. 海军俱乐部

海军俱乐部位于"哥伦比亚总会"旁边,是留存稀有的"英制"露天泳池。泳池边有彩色马赛克地坪和马赛克标识泳道,纹样清晰、装饰十分精美。泳池四周有粗壮的混凝土柱廊环绕,泳池北侧有雕塑壁龛。整座建筑为两层,站在二层可以俯瞰整个泳池。改造后,一楼引入不同类型的休闲餐饮,比如PIRATA、相扑猫、The ER 中餐馆、Brew bear、POPOLO、MissSth等,泳池北侧的体育馆,未来将和泳池一起作为秀场使用,采用各类科技方法来开拓未来的使用场景,如夜晚泳池的商品发布会、各类展览(如已经举办过的"浪花治愈节"和"失恋博物馆"展览等)和3D Mapping Show 等活动,时装周、帆船、潜水等各种城市运动,时尚、创意品牌将在此汇聚。

3. 孙科别墅

孙科别墅是上海市第一批优秀历史建筑,主体建筑系西班牙式,兼有巴洛克建筑风格,至今仍能见到保留较为完好的贝壳形拱门、尖券门廊、螺旋立柱、鱼鳞状的外墙饰纹,呈八角形和圆形的转角厢房,精工细作的柚木楼梯和使用柳桉木镶嵌的席纹地板,让整栋建筑拥有了巴洛克古典大宅的美感。修旧如旧之后,它将以创意园区的新身份重返公众视线。

4. 麻腮风生产大楼

这栋楼由郭沫若之子,著名建筑设计师及摄影家郭博设计,于二十世纪五六十年代建造的现代建筑,曾是长宁区最高的一栋楼。此次保护修缮之后,这栋的一层空间将成为香港上市企业怡邦行(E.BON)的家居及生活方式展厅,楼上部分则作为办公用途,其中部分建筑面积经过设计师的精心改造,变成了时尚而又独特的商业空间。

三、经验与展望

1. 以"留、改、拆并举,保留为主"的更新策略延续城市的历史文脉

"上生·新所"项目是城市更新中的一个典型,从封闭的科研工业园区,转型为开放的商业、文化、办公功能复合的"城市客厅",如同"城市针灸"一般通过对一个老园区的更新,为整个片区注入了新的活力,从而为更大范围的活化提供了更多新的机会。随着上海城市建设进入存量改造的新阶段,像上生所这样工业办公园区转型更新的项目将更多出现。未来城市更新的设计工作,将由单体建筑改造向片区整体更新发展和延伸。结合片区新功能的注入,通过对基地和建筑的综合价值评估甄别,对

建筑、景观、标识、灯光、小品家具等全要素提升和再设计,让历史环境和老建筑重生,用设计改变城市。

2. 引入社会力量更大规模推进城市更新

这个项目的另一个值得关注的点,是这次城市更新项目由社会主体上海万科来实施,这不同于以往由政府来推动城市更新。在这个城市更新项目中,万科围绕"尊重历史文脉、延续城市脉络、创建新老建筑对话、多样共享共生",保护和传承历史文脉、聚集先锋产业、激活城市版图、优化公共环境,充分实现存量资产的能级跃迁和城市的良性更新。未来,越来越多的社会主体将进入这个领域。社会力量的介入也将更大规模推进城市更新,为创新、人文、生态城市建设提供更大的推动力。

3. 独特的商业空间适用于个性化的品牌塑造

"上生·新所"项目经改造,与众多个性品牌相结合,探索了商业空间的新形态,深化了上海商业市场的内涵。当前,国内商业品牌的线下渠道仍依赖购物中心,导致品牌组合同质化的竞争局面愈演愈烈。上海作为全国最大的国际消费城市,消费层次和需求呈现多元化,亟需多元业态、品牌组合满足各类消费需求。嗅觉敏锐的品牌商们在捕捉到这些小众需求之后,需要用多种方式将其深刻地展示出来——而商场的橱窗往往在宽度、可视角的深度以及材质的使用等方面都存在局限。而"上生·新所"这类改造类的项目正好有宽敞的空间用于个性化的品牌塑造,只要施用得当,可以达到非常引人注目的效果。从"上生·新所"运营后的出租情况来看,开业率能达到90%左右,且租金高于市场平均水平,可以说是相对成功的。

未来(2019年上半年),"上生·新所"二期项目将会启动,届时将新建由国际知名建筑事务所OMA策划设计的4栋全新当代建筑。更多种类业态丰富后的社区,将会和周边的产业形成更加密不可分的联动,服务整个地区。未来,"上生·新所"将成为上海新增添的特色商业和时尚发布的全新载体,成为上海存量资产改造典范,呈现未来国际城市的新风貌。

第二节 内贸流通改革

一、国内贸易流通体制改革发展综合试点

经中央政治局常委会、国务院常务会审议批准,2015年7月,国务院批复同意在上海等9个城市开展国内贸易流通体制改革发展综合试点。历经两年,形成全国内贸改革37项可复制推广试点经验,其中上海共有8项,占总数的21.6%,数量居9个

城市的首位。上海试点从"流通创新、市场规则、市场治理"三大领域集成改革举措，为新时期内贸流通制度创新、降本增效，建设法治化营商环境作了较为完整的顶层设计，积极发挥供给侧结构性改革中流通新引擎作用，加快信息化时代国际贸易中心建设，充分体现了上海内贸改革试点的综合性、示范性及引领性。

（一）以改革开放促进消费供给提升和统一大市场建设，初步形成了内贸流通创新发展体系

一是加快商业转型创新。实施"新消费引领""品牌引领"和"服务到家"计划，建立"会商旅文体"跨部门联动机制，发展智慧商圈、体验式购物中心、众创空间及跨境电商、保税展示销售、进口商品直销等新业态、新模式。2016年社零总额再次超过1万亿元，增长8%，服务消费成为主要增长点；二是加快平台经济发展。率先发布《关于上海加快推动平台经济发展的指导意见》，支持平台型企业纳入贸易型总部和高新技术企业认定，并创立"上海平台统计报表制度"。推进"平台经济示范区"建设，培育了5家千亿级、21家百亿级功能性平台，2016年平台交易额增长14.1%；三是加快区域市场一体化建设。牵头建立长三角市场一体化机制，推进"三共三互"工程（规则体系共建、创新模式共推、市场监管共治、流通设施互联、市场信息互通、信用体系互认），专题合作项目拓展到12项，促进商品要素自由流动、高效配置。

（二）以制度和标准化建设为改革重点，基本形成了公开透明的市场规则体系

一是探索建立内贸流通负面清单管理模式。全面梳理内贸流通领域准入后62个行业357项限制性、禁止性行政管理措施，涵盖586部法律法规、规章和规范性文件，发布《上海市内贸流通领域行业准入后行政管理目录》，进一步提高政府在事中事后监管中的透明度；二是完善商业用地与设施调控管理制度。出台优化商业用地供应结构的实施意见及商业网点布局规划，将商业地产项目自持比例和持有时间要求列入土地出让条件，提高商业用地供应有效性和精准性；三是构建标准化城市物流服务体系。建立了包括城市物流标准服务联盟、团体标准、企业标准在内的上海城市物流标准体系。在全市快速消费品、医药等行业全面开展全链条、跨区域的"带托运输"试点，在农产品领域推广"田头到门店"的全程不倒筐配送模式。试点企业供应链效率提升35%，人工成本降低15%。

（三）以商务信用建设为支撑，基本建成了高效统一的市场治理体系

一是搭建商务诚信公众服务平台。欧冶云商、携程等28家平台型企业成为其市

场信用子平台,网上零售、大宗商品等十一大行业15万家市场主体信用信息已归集到平台,累计新增市场信用信息近40万条,根据各市场信用子平台的需求推送公共信用信息近70万条,实现交互共享;二是发布全国首份市场信用奖惩清单。探索建立了市场层面的守信联合激励失信联合惩戒机制,实施"6+5"奖励与惩戒政策;三是指导第三方机构首次开展商务信用综合评价。多渠道、多维度勾勒市场主体商务信用画像,近1万家参评企业的数据分析显示,5年来没有负面记录的企业数量占比74%;四是健全商务信用制度建设。研究制订发布《上海市商务信用信息归集和使用管理办法》,进一步规范平台征信、评信和用信机制,加快构建市场主体自治、行业自律、社会监督、政府监管的社会共治格局。

二、 内贸流通供给侧结构性改革

2017年,市商务委结合复制推广国家内贸流通体制改革试点经验,深化内贸流通供给侧结构性改革,制定发布《上海深化内贸流通供给侧结构性改革实施方案》,着力贯彻落实商务部推进内贸流通创新"优商品、通商路、减商负、立商信"方针,提升流通业信息化标准化集约化水平,推动内贸流通领域降低流通制度成本、降低流通交易成本、降低社会物流成本、提升消费供给品质(以下简称"三降一提"),更好地激发各类市场主体活力,进一步培育经济增长新动能。

(一)降低流通制度成本

一是建立上海商务诚信公众服务平台,建立信息交互共享机制,已归集28家国内龙头平台企业的市场信用信息40万条,向市场推送公共信用信息70万条;二是强化商务信用市场应用,建立全国首个跨领域跨行业的商务诚信联盟,发布全国首份市场信用奖惩清单。在全国范围首次为社会提供信用评价公共服务;三是构建信用治理模式,研究制定《上海商务信用信息管理试行办法》,实现对白酒、进口红酒和散装酒"信用+追溯"全过程管理,着力构建上海市单用途预付卡全过程信用治理机制。

(二)降低流通交易成本

一是推动技术应用,推进重要产品追溯示范项目建设,搭建第三方追溯管理平台,实现食品来源可追溯、去向可查证、责任可追究。推进以百联商业互联网创客中心、上汽安吉人工智能实验室等行业互联网创新平台;二是推动市场转型,在B2B领域加快培育网络化、平台化的商品交易市场,推动欧冶云商、易贸集团等大宗商品交易市场向生产、流通和消费全程集约化发展。在 B2C 领域加快推动线上线下融合发展，推进无人便利店、自助售卖、新型生鲜商超等新零售业态发展；三是推动政策支持，认定第二批 28 家贸易型总部。制定《上海市平台型企业申报高新技术企业操作指引》，培育形成 5 家千亿级、21 家百亿级功能平台。

（三）降低企业物流成本

积极争取列入国家供应链体系建设首批重点城市，集成物流标准化、重要产品追溯、供应链平台三大领域开展综合性试点。快速消费品领域托盘循环共用方面（25 个项目），上海市电商、商超普及从生产端到销售端的整托下单、带板运输、信任交接模式；农产品可视化追溯方面（2 个项目），推广从田头到门店的"三次不倒筐"配送模式，延伸追溯链条到种养殖环节，80 个紧密型规模化市外蔬菜主供应基地实现从源头到零售终端的全过程追溯；重点领域供应链平台建设方面（10 个项目），在钢铁、医药、汽车、消费品、物流等上海具有产业优势的领域，形成一批模式先进、协同性强、辐射力广、掌握行业大数据的供应链大平台，构建城市供应链体系。

（四）提升消费供给品质

一是实施内贸流通扩大消费专项行动，推进上海国际消费城市建设，成功举办 2017 上海购物节。发布《上海市智慧商圈建设指南》，制定智慧商圈建设评估标准。设立 9 个"夜上海特色消费示范区"。推动加快 8 个跨境电商示范园区错位发展；二是实施生活性服务业提质专项行动计划，推动长宁区"互联网＋生活性服务业"创新试验区建设。推进家政服务管理体系建设，提前超额完成市政府实事项目家政持证上门服务培训。完成 2017 年早餐工程 43 家早餐示范门店建设。推进家电维修持证上门服务；三是实施品牌战略，制定发布《市商务委等 8 部门关于促进本市老字号改革创新发展的实施意见》，推进中华老字号博览会转型升级。实施《上海优礼行动计划（2016—2018）》。

案例 9 "共享早餐"一站式购买多品牌点心
——2017 年早餐工程建设

美好的一天从早餐开始。早餐直接关系到人民群众的生活质量和城市宜居程度。2011 年，上海市被商务部列为早餐示范工程试点城市。2012—2016 的 5 年间，早餐工程连续被列入市政府实事项目，已建成 24 家中央厨房、1 200 个早餐网点，间接带动4200个早餐网点,早餐工程企业配送量占全市正规早餐网点供应量的80%,占全市早餐供应总量的50%以上,初步形成了"布局合理、经营集约、配送快捷、食品安全、品种丰富、价格亲民、社会参与"的早餐服务体系,不但保证了早餐供应的卫生、安全、营养、便捷,而且也满足了市民对早餐的多元化需求。

随着城市建设的发展、生活水平的提高、工作节奏的加快,特别家庭结构小型化、老龄化,大众化早餐市场需求不断扩大。积极推进早餐工程建设,对满足市民在早餐供应、食品安全、消费放心等方面的需求具有重要意义。2017年,上海市商务委继续推进早餐工程建设,在早餐网点薄弱社区和大型居住社区新建43家早餐示范门店,推进早餐工程企业资源共享,扩大早餐工程社会化配送覆盖面,进一步释放早餐工程中央厨房产能,推进早餐行业产业化发展,推进传统早餐企业转型升级,发展新模式、新业态。

一、加快早餐示范门店建设

2017年,市商务委制订发布了《2017年早餐工程建设实施方案》,明确指导思想、工作目标、具体任务、项目申报要求(含参建企业范围、资金支持方向、资金支持标准、申报条件及流程)、进度安排、保障措施等。

经过企业申报、区商务部门初审、专家立项评审、网上公示等流程,最终确定上海鸿瑞兴餐饮管理有限公司等11家单位共计48家门店纳入2017年早餐工程早餐示范门店建设范围,并下达建设任务书。门店建设完工后,经第三方监理、专家验收评审、第三方审计,确定其中43家门店符合2017年早餐工程早餐示范门店建设要求,正式列为2017年新建早餐工程早餐示范门店,并授牌上海市早餐工程示范门店LOGO标志。该43家门店位于浦东、长宁等14个区的早餐网点薄弱社区和大型居住社区。

二、推进"共享早餐"建设

2017年,市商务委重点推进早餐工程企业有效利用存量资源、释放现有产能,开展资源共享,建设"共享早餐",完善早餐供应体系。清美、巴比馒头、大富贵、老盛昌、沈大成等早餐工程企业率先开展资源共享,签订战略合作协议,充分发挥各自在中央厨房、零售网络、物流配送等领域的综合优势,在渠道通路、产品共赢、物流资源、网点资源、数据平台、管理制度等方面资源共享、互通有无、合作共赢,共同做强产品产业。目前,16家早餐工程企业参与"共享早餐"建设,全市约有2500家门店推行"共享早餐"模式,"共享早餐"产品涵盖传统早餐"四大金刚"——大饼、油条、豆浆、粢饭及糕团、粥制品、奶制品等,让市民在家门口一个门店里能吃到多种品牌的点心,品尝到小时候的味道。

三、积极发展新模式、新业态

结合《生活性服务业重点领域服务质量提升三年行动计划（2017—2019 年）》实施，上海的早餐业态百花齐放、兼收并蓄，形成了适应不同区域、不同消费群体的新模式、新业态。"早菜结合"模式，让早餐工程与标准化菜市场、生鲜超市擦出"火花"。"早社结合"模式，实现了"早餐工程、白领午餐、老人助餐、社区便民服务"四位一体发展。"早居结合"模式，通过早餐网点与大居配套，缓解了居民吃早餐难问题。堂吃外卖模式，通过设置堂吃大厅、熟食外卖房、点心外卖房，兼具堂吃、外卖功能，满足了不同消费群体的需求。小门店、大电商模式，引导小门店建设电商平台和配送体系，实行网订店取、配送上门等方式，适应年轻人对早餐的消费需求。

四、推进早餐行业产业化发展情况

2017 年，上海市早餐工程产业联盟不断扩大规模，以 24 家早餐工程项目参建企业为基础，逐步吸纳其他早餐产业链企业为联盟成员，共同探索建立以企业为主体、市场为导向、产供销结合的早餐产业化创新机制，加强资源共享、合作共赢，推进早餐行业产业化发展。截至 2017 年底，联盟已有成员单位近 40 家，通过举办早餐产业链企业对接会、牵线搭桥帮助企业拓展业务、促成企业强强联手、优势互补，为早餐企业以及上下游企业之间沟通协作、早餐企业"走出去"、早餐产品展示展销等发挥了重要作用。

第三节　国家供应链体系建设试点

党的十九大报告中提出，深化供给侧结构性改革，建设现代化经济体系，在现代供应链等领域培育新增长点、形成新动能。2016 年，国务院办公厅印发了《关于积极推进供应链创新与应用的指导意见》，供应链创新应用迎来新机遇。在财政部、商务部的大力支持下，上海于 2014 年、2017 年先后被列为国家首批物流标准化试点城市和国家供应链体系建设试点城市。上海牢牢抓住国家政策机遇，围绕建设标准规格统一、追溯运行顺畅、链条衔接贯通的供应链体系，立足对标国际，"政企学协"联动，有序有力推进试点工作全面深入开展。

一、主要做法与经验

（一）深入调查研究，做好谋篇布局

基于前期物流标准化试点围绕"四个一"（即托盘、周转筐、配送车辆、信息平台）

开展标准化建设的经验,市商务委会同市财政局多次组织召开企业和专家座谈会,找准互联网时代供应链体系建设的关键领域、薄弱环节及工作推动的着力点。在此基础上,制定形成《上海供应链体系建设试点方案》,明确快消品领域托盘循环共用方面,推动本市超过50％市场份额的电商、商超普及从生产端到销售端的整托下单、带板运输、信任交接模式;农产品可视化追溯方面,推广从田头到门店的"三次不倒筐"配送模式,延伸追溯链条到种养殖环节,80个紧密型规模化市外蔬菜主供应基地实现从源头到零售终端的全程追溯;重点领域供应链平台建设方面,在钢铁、医药、汽车、消费品、物流等上海具有产业优势的领域,形成一批模式先进、协同性强、辐射力广、掌握行业大数据的供应链大平台,逐步构建城市供应链体系。

(二)抓住链主企业,优选试点项目

鼓励供应链上下游企业联合申报协同性较强的项目,促进全供应链协同。物流标准化方向,聚焦快消品领域"带托运输"模式全面普及,选取了市场份额大、行业带动性强的品牌供应商、零售商、第三方物流等三大类主体,与招商路凯、集保两大托盘运营商对接,形成上海市标准托盘封闭式循环共用的基本框架。重要产品追溯方向,聚焦提升跨区域的农产品流通供应链效率和安全性,重点支持西郊国际和上农批2家主批发市场,建立依托市外蔬菜主供应基地的标准化、智能化、可追溯的农产品供应链体系建设。供应链平台方向,聚焦有产业优势的领域,遴选行业龙头企业,搭建"链接国际、辐射国内"的供应链服务大平台,通过应用物联网、人工智能、区块链等先进技术,更好地配置国内国外要素资源。

(三)实施科学管理,严把项目和资金审核关

为发挥好财政资金的引导带动作用,规范专项资金使用和管理,市商务委会同市财政局制定了《上海供应链体系建设试点专项资金使用和项目管理办法》和《上海市市外蔬菜主供应基地生产流通可视化、可追溯项目实施方案》,明确专项资金的使用范围、支持方式和标准、申报主体资格、申报和审核程序、使用监督和评估管理等。在试点推进的全过程,委托上海市具有甲级资质的第三方评审机构对项目进行申报培训、申报预审、评审、资金拨付评审及验收,确保资金使用安全。

(四)坚持委办协同,强化项目跟踪问效

为加强组织领导,上海成立了由商务、财政、质量技监等部门组成的试点工作领导小组,统筹协调试点过程中的重大问题。针对每个试点项目,与试点企业共同制定

《供应链体系建设试点项目责任承诺书》,对设备设施采购、效率提升、执行或参与制定标准、推广示范、社会效益等方面情况,实施责任承诺。建立项目投资进度监测机制,开发了在线项目管理库,建立在线项目投资进度台账,跟踪项目进展情况。结合上海市委关于开展大调研的工作要求,对试点项目逐个进行调研,总结提炼创新模式,评估降本增效的成效,协调解决遇到的问题。多次召开试点推进会,通报试点整体进展情况,试点企业交流试点经验。

(五)突出软硬结合,构建城市物流与供应链服务标准体系

建立物流标准专题库,搭建物流标准化信息公共服务平台,完善企业标准自我声明公开制度,探索经营场所制定、公开服务标准。指导37家试点企业全部建立企业标准体系。支持试点企业联合制定了《托盘标准转移模式商业规则》等三项团体标准,参与依托供应链体系建设的物品编码国家标准制定。依托落户上海的第三方物流标委会秘书处,广泛听取企业意见,完成《物流追溯信息管理要求》国家标准前期预研,已向国家标准委申报标准立项。依托内贸改革9个试点城市标准化创新联盟,制定并发布了食品冷链物流、农产品周转筐、智能储物柜等领域12项标准,推进跨区域标准共享互认,另有有机蔬菜配送、众包配送、冷链物流企业评价等10项联盟标准在研。

(六)聚焦行业带动,完善供应链创新应用公共服务体系

组建"上海市供应链体系建设创新联盟",推动开展标准研制、实施应用、推广培训等工作。成立上海现代服务业联合会物流与供应链服务专业委员会。支持复旦大学、上海海事大学、中欧国际工商学院等建设一批供应链研究院和创新中心。吸引国际供应链理事会(SCC)、美国供应管理协会(ISM)等国际知名的供应链服务机构均在上海设立办事处,推广国际先进的供应链管理技术。

二、 试点取得的初步成效

物流标准化、供应链体系建设试点促进流通降本增效成果显著。试点以来,全市新增标准化托盘360万块;试点企业实施带托运输,供应链效率提升35%,装卸效率提升2~3倍,人工成本降低15%,商品破损率降低50%。

快消品领域,全链条、跨区域托盘循环共用模式得到推广。招商路凯、集保中国等龙头托盘运营商建设了面向全国、连接国际的托盘循环共用服务网络,带动了华润

万家、宝洁、益海嘉里、雀巢、京东、苏宁等一批知名企业推行带板运输模式；申美饮料建立了从原材料供应物流到厂内搬运物流以及批发零售销售物流的全链条带板运输的管理体系，自主研发了基于标准尺寸的特制桶装水托盘，提升大桶水运输效率达80%；麦德龙从生产源头大力推行大卖场按销售部门码垛，促进上下游带板运输的有效衔接，与可口可乐实现基于GS1编码体系中的SSCC（系列货运包装箱代码）的信任交接；中外运外高桥上游连接长三角区域上千家工厂，下游服务于澳洲百货与工具行业的龙头企业，从产品下线至出口配送到国外客户门店，全程带托运输，实现了跨境一体化的供应链物流管理服务。

农产品领域，"不倒筐"、可追溯模式雏形初显。卜蜂莲花与徐州上海外延蔬菜基地达成合作协议，超市蔬菜在基地分拣并包装好后，用标准周转筐统一配送到卜蜂莲花上海物流配送中心，然后直接按周转筐上的店号，配送到各门店；乐购物流将生鲜供应链延伸到了田间地头，蔬果产地直采比例高达70%左右，并建立了"基于标准周转筐的从田头到货架全程式生鲜品带板运输"，真正实现了"一筐到底"；上农批推出包装前置计划，直接根据需求场景在蔬菜基地推行使用标准化货筐，同时建立了"上品生鲜"B2B农产品移动电商平台，精细化管控基地种植、采购、运输、交易、配送、售后等各个环节，实现全程可视化的追溯管理。

重点产业领域，智慧供应链创新模式快速发展。欧冶云商积极打造电商、物流、金融、材料、数据、采购、资源、国际、化工、资讯等子平台，形成以钢材为核心，进一步拓展到矿石等原燃料、有色金属、化工原料、工业品等大宗商品的全产业链生态型服务体系；百联全渠道搭建智能集采、品牌商服务及线下门店仓三大系统，将海外商品采购、数据分析、品牌商单品管理、深度联营及门店订单配送、共享库存等功能整合，实现线上线下融合的供应链服务体系；天地汇"天地卡航"公共甩挂平台通过车、甩挂车厢和货物等大数据资源的有效匹配，使车辆的月行驶率从不到40%提高到80%以上，月平均行驶里程由每月1.2万千米提高到3.5万千米，运作效率提升200%，运输成本平均降低10%以上。

三、下一步工作设想

深入贯彻落实《商务部办公厅 财政部办公厅关于开展供应链体系建设工作的通知》精神，加快推进37个试点项目建设，争取试点早出成效。

一是供应链体系"升级版"建设。深入贯彻落实《商务部等10部门关于推广标准托盘发展单元化物流的意见》，在前期物流标准化试点经验基础上，聚焦快消品领域，以物流单元化推进物流一体化,以标准托盘(包装箱、周转箱)贯穿始终,形成覆盖生产、物流、销售的全链条标准化。加大力度推进基于信息流的供应链协同,提高物流链信息化、智能化水平。

二是供应链体系"区域版"建设。围绕推动长三角地区更高质量一体化发展,联合江苏、浙江、安徽等兄弟省商务部门,深入推进"三共三互"工程。立足产销对接,积极推动农产品生产基地与销地对接,大力推广基于预包装、周转箱和托盘农产品物流标准化模式,提升跨区域的物流链、追溯链协同水平。探索"带托运输+多式联运"模式,扩大物流标准化的区域辐射面。

三是供应链体系"国际版"建设。抓住2018年在上海举办首届中国国际进口博览会的契机,推动上海市供应链体系建设试点企业聚焦进博会货物贸易六大板块和服务贸易五大板块,提升国际采购、国内分销、国际物流等全链条供应链服务能力,推进国际供应链建设进入高质量发展的新阶段。

第四节　长三角区域市场一体化发展

2017年,长三角区域市场一体化发展工作会议召开,五省市商务部门共同签署了合作机制备忘录。围绕建设"中国商贸流通业改革、创新发展先导区、示范区"的共同目标,切实推动商业设施投资合作、共促供应链区域平台建设、加快现代物流体系共建、推动农产品市场一体化、实施长三角互联网打假、推进区域信用体系建设等9项重点专题合作。五省市商务部门共同形成《创新合作共赢推进长三角市场一体化》工作报告,在全国市场体系建设工作会议上向全国作经验交流。商务部对长三角区域市场一体化"市场规则体系共建、创新模式共推、市场监管共治、流通设施互联、市场信息互通、信用体系互动"的"三共三互"合作机制予以高度肯定,拟将长三角列为"全国区域市场一体化的示范区"。

一、聚焦物流标准化建设,推进区域物流降本增效

(1)推动跨区域物流标准共享互认。上海、南京等国家内贸改革试点城市牵头成立全国城市标准化创新联盟,制定了食品冷链物流、农产品周转筐、智能储物柜、跨境电子商务平台交易管理规范等4项标准。南京、芜湖等发起成立南京都市圈物流标准化联盟,探索托盘互换新模式,推动标准化托盘及包装器具、运输器具的循环利用。引导各地企业依托自身优势推进跨区物流标准建设,如清美统一了长三角豆制

品行业周转筐管理使用标准,城市超市建立了从田头到门店"三次不倒筐"的服务规范。

(2) 推广托盘循环共用和"带托运输"。建立长江经济带标准化托盘循环共用联盟,大力推广标准化托盘循环共用。支持招商路凯、集保、新通联等标准化物流设备服务商,在长三角地区建立一批公共托盘营运中心,开展标准化托盘租赁、维修、保养等专业化服务,目前托盘池数量已达380万板。支持中外运等第三方物流企业开展"带托运输",提高一贯化物流作业效率。深入推进上海、杭州国家级物流标准化试点,上海在快消品领域,推动从生产到销售的供应链全程"按托下单、带托运输、信任交接"模式,试点企业通过实施带托运输,供应链效率提升35%,装卸效率提升2~3倍,人工成本降低15%,商品破损率降低50%。杭州通过试点,标准托盘拥有量近32万片、租赁量6 098万片次,试点企业带板运输率增至36%,货损率降低75%,装卸效率提升2倍,菜鸟供应链、传化公路港物流信息平台等6家企业入选全国商贸物流标准化重点推进企业。

(3) 强化公共信息服务平台功能。通过公共信息服务平台统一数据交换标准,促进物流产业链上下游企业之间信息流动,提高资源整合能力,降低供应链成本,提升区域中小微物流企业标准化服务水平。比如,新跃"物流汇"平台执行34项国家标准和4项行业规范,制定一系列供应链管理技术、服务和信用标准,服务长三角地区7 500余家会员,并在义乌建立了"小微物流企业供应链管理平台",服务200多个货运站点,月生成有效订单量超过30万条。

二、聚焦产销对接,加快建立安全、高效、畅通的农产品流通体系

(1) 建立区域农产品流通联动发展机制。共同签署《长三角地区农产品流通战略合作协议》,在农产品市场规划衔接、重大项目建设、投融资、品牌培育、产销及管理制度等方面加强衔接。建立长江经济带9个城市农产品流通联动发展机制,推动形成高效畅通、全程冷链、安全规范的区域农产品流通体系。共同推进公益性农产品批发市场建设,上海西郊国际、南京众彩、南通通农物流、合肥周谷堆等被评为全国公益性农产品批发市场。

(2) 搭建长三角农产品产销合作平台。组建"长三角农产品产销联盟",推动农产品产销对接、品牌联合培育、市场一体化发展。共同举办长三角农商、农超对接会,通过现场展示、品牌推介等,促进长三角优质农产品的产销合作和高效流通,2017年

9月在浙江嘉兴举办"第六届长三角地区农超对接洽谈会",422家企业参展达成合作项目535个,协议采购总额近5亿元。积极创新产销合作模式,上海在江苏南通、徐州等地建立13个蔬菜外延基地,将蔬菜包装、统一标识、物流标准、全程追溯等现代管理经验延伸到产地。大力培育新型流通主体,苏州食行生鲜作为江苏鲜活农产品直供社区工程的示范企业,以"电子商务+社区智能提货柜"模式,成功入驻上海、苏州、无锡三地2300多个社区,为160多万户家庭提供生鲜配送服务。

(3) 构建农产品安全追溯体系。上海出台《上海市食品安全信息追溯管理办法》,公布食品安全信息追溯管理品种目录,建立食品安全信息追溯平台,汇集食品追溯码链条信息,实现了食品来源可追溯、去向可查证、责任可追究,辐射带动长三角地区食品安全整体水平。江苏出台《关于加快推进食用农产品追溯体系建设工作的实施意见》,支持南京、无锡、苏州、昆山等地围绕"创新追溯模式、延伸追溯链条、提升追溯成效、扩大追溯影响",创建追溯示范体系。浙江全面推进农批市场、农贸(菜)市场、农产品流通龙头企业、加工配送企业和电商企业建设检验检测系统及食品安全追溯系统,在539家城区农贸市场建成食品安全快速检测室,并免费向公众开放。

三、 聚焦模式创新,提升区域商品交易市场能级

(1) 鼓励发展平台经济模式。上海出台《加快推动平台经济发展的指导意见》《鼓励企业设立服务全国面向世界的贸易型总部若干意见》,制定《"十三五"时期推进平台经济发展行动计划》,在钢贸、有色金属、化工等领域涌现了一批辐射长三角及全国市场的功能性平台,集聚了122家高能级贸易型总部企业,找钢网、上海钢联、欧冶云商等24家上海B2B平台企业入围中国B2B企业百强,数量占比近1/4。江苏出台《关于加快互联网平台经济发展的指导意见》,在财政税收、土地利用、投融资、人力资源等方面对平台经济发展给予重点支持,出台《江苏省商品交易市场转型升级指导意见》,制定了《江苏省转型升级示范市场创建规范》,积极开展商品交易市场转型升级示范市场创建活动,累计认定26家省级转型升级示范市场。

(2) 完善商品市场管理体制。上海探索建立对接国际的大宗商品交易规则制度,引入社会化市场准入机制,建立"第三方清算"与"第三方仓单公示"协同监管治理体系,发布自贸试验区大宗商品现货市场交易管理规定和规则。江苏省搭建交流合作平台,推动商品交易市场、物流企业、电商企业等加强对接。浙江省建立百亿重点商品市场联系制度,制订商品市场转型专项行动,支持大宗商品储运、加工和贸易中心建设。安徽省积极推动商品交易市场优化结构、改善设施、拓展功能、培育品牌、强

化特色,探索转型发展新路径。

(3) 强化商业信息交互共享。建立涵盖18个城市的"长江三角洲城市市场信息协作网",发布《长三角城市商业发展报告》,全面梳理长三角地区18个重点城市60多个县级城市在宏观经济、商业经济运行情况,深入分析地区商业和消费市场的热点亮点。

四、聚焦打击侵权假冒和信用体系建设,构建跨区域监管治理体系

(1) 建立跨区域打击侵权假冒协作长效机制。共同制定《长三角打击侵权假冒行政处罚信息公开工作方案》,建立长三角打击侵权假冒专项行动联动机制,推进跨区域、跨部门事中事后监管协作机制落地。依托中国打击侵权假冒工作网,设立信息公开查询专栏,公示长三角打击侵权假冒行政处罚案件信息。完善区域行政执法合作措施,共同协调长三角地区工商、质量技监、食品药品监管等12家行政执法部门建立执法合作交流机制,增强了跨省市执法协作效率和水平。

(2) 共同开展长三角互联网打假协作。针对侵权假冒线上线下融合、跨区域、链条化的情况,在长三角地区推行"科技＋制度＋保护＋诚信"的互联网领域打击侵权假冒综合治理模式,加强互联网企业内部管控制度建设,强化权利人企业合法权益保护工作,引导行业诚信自律。建立互联网打假"云剑联盟",共同开展长三角"云剑"专项行动,推进"机制共建、情报共享、要案共打、品牌共护",通过大数据分析锁定涉假店铺和嫌疑账户,实现了案件线索与执法信息在区域间共享,开创了全国区域性联动打击互联网侵权假冒先河。

(3) 创新长三角信用治理模式。推进"信用长三角"建设,共同建立公共信用信息共享服务平台,开展信用联动奖惩机制建设试点,推进信用信息交换共享和开发利用。同时,将打击侵权假冒工作列为社会诚信体系建设的突破口和重要抓手,通过第三方评估、发布指数等做法,加大信用监管力度,依托公共信用信息服务平台,实现了打击侵权假冒信息对接。

第十一章 服务业管理

第一节 2017年度重大活动

一、2017上海购物节

2017上海购物节围绕"国际消费城市——新消费、潮生活、夜上海"的主题，顺应消费市场新需求、新趋势和新结构，打造了一场从老城厢到新地标，从老字号到新零售的全业态、全渠道、全方位、全天候的消费盛宴，让走过十年辉煌的上海购物节迎来了崭新的起点，同时也让上海市民在消费中获得了更多的新鲜感、体验感、品质感和潮流感，国际消费城市也增添了更多魅力。

2017上海购物节参与企业覆盖全市16个区的2 000余家商业企业、近4万个商业网点，运用场景化购物、体验式消费、微信互动、视频直播等现代科技元素和创新营销手段，推出精心策划组织的特色活动230余项，其中主场活动40项，重点活动80项，让购物节成为市民和消费者的嘉年华，为上海国际消费城市又添一笔色彩。据上海市商务发展研究中心（上海市商业信息中心）对重点商业企业的销售监测数据显示，2017上海购物节销售额同比增长9.7%。

此届购物节呈现出如下更多的亮点、更多的新意。

1. 新零售、新业态创造消费新鲜感

线上线下互动、跨界跨业融合、体验互动发展的新业态、新模式在购物节期间大放异彩。"生鲜超市零售＋餐饮消费体验"模式的盒马鲜生在上海已开业15家，所到之处刮起了"盒马旋风"，引领消费新增长。由荷兰缤纷市场创意总监范达伦操刀设计，融合国际元素和海派文化的盒马鲜生"老克勒体验店"开业即受到消费者欢迎，节日期间甚至迎来了外国游客来沪开启"探索新零售奇妙之旅"。百联集团的第一家全渠道概念店 RISO,构建了"线下场景化+体验化+产业生态链+高效供应链"的新型店铺,线上与线下的全渠道融合,美食与购物的多业态融合,也为消费者带来了生活方式的更好体验。"新零售""新业态"同时也推动着沪上商家加速转型。宝燕商城等传统餐饮企业创新经营模式,融合"大型生鲜超市+自购海鲜多样加工+亲子游乐"等元素,搭建一体化生活馆的新模式,成为家庭消费新去处。根据 RET 睿意德报告显示:随着买手店业态的迅速发展,上海的买手店已多达 200 家以上,数量在全国居首。曾经离开过上海市场,在中国内地发展至今已 10 年的买手制百货——连卡佛,2017 年销售增长明显,购物节期间销售增速达到了两位数以上。百联集团在徐家汇东方商厦新添的买手店 the bálancing,汇聚诸多国内外设计师品牌,用一种"精致"的方式,打造更个性化的时尚消费体验。快闪店给申城消费者带来了更多的新鲜感。在环球港展出一个月的"上海优礼优品"快闪店、K11 的 YA-MAN 护肤快闪店、MAIA's WONDERLAND 时尚运动快闪店等在购物节期间都有出彩的表现。

2. 跨界融合提高商圈价值感

本次购物节紧紧围绕"新消费、潮生活、夜上海"主题,开展行业联合、企业联手,促进各行业的跨界融合。作为淮海路商圈的整体时尚推广活动,"2017 淮海天地时尚月"通过"食尚月"、时尚沙龙等让消费者感受逛街购物的新乐趣,购物节淮海路商圈销售同比增长 19.6%;老牌的南京东路商圈,在市百一店、东方商厦停业装修的情况下,时装商厦、大丸百货、永安百货推出"时装商厦爱尚购物趴""大丸国际名品特卖""永安文化节"等活动,增幅分别达到 32.5%、30.4%和 21.7%;消费者对国际著名品牌、优质商品的认同和追求,使得位于浦东的佛罗伦萨小镇、奕欧来上海购物村销售同比涨幅都在 50%左右。同时,小陆家嘴—张杨路商圈、苏河湾商圈、新虹桥—天山等商圈购物节期间销售增幅均超过 10%,静安大悦城强势推出的"9·16 疯抢节",单日销售突破 2 000 万,同比增幅 87%,创历史新高;开业已近 5 年的高岛屋,销售额持续增长,整个购物节期间销售同比增长 19.1%。

3. 创新营销增强商业体验感

在上海购物节期间,各大商场推出各种主题营销活动,亲子、运动、音乐、艺术展览、AR/VR 互动体验等齐上阵,促进了顾客的消费需求,激发了消费欲望,提升了消费能级。重点监测的商业企业节日期间"互动体验类营销活动"的平均活动场次达到 6.5 次,同比增长 60%。尚嘉中心的法国摄影展,网球体验场,以及 TCL 私人影院,增加了顾客的感观体验,购物节期间销售额同比增长 21.6%,客流增长 28.5%。百联世博源的大型亲子嘉年华"亲子奇妙季"也盛装开启,4 场不同主题的活动携各种神奇、有趣、好玩的装置满足各个年龄层的宝宝的好奇心,家庭亲子消费使销售额和客流同比拉升 26.2% 和 22.1%。仲盛世界商城推出的 2017 德国文化节,搭建了商业和文化的桥梁,销售增长显著,客流增长 10.8%。环球港国庆中秋双节期间举办了一场"嗨秋游园主题趴",可以在现场画花灯,吃花饼,唱花歌,闻花香,让顾客流连忘返,黄金周期间销售额同比增长 17.4%,客流同比增长 15.2%。百联又一城整合爵士音乐节、LEME 生活鲜超、功能性商户优质资源,通过音乐、文化与商业相结合,同时借助宣传媒体资源做好活动推广,客流同比增长 26.3%。浦东百联世纪商场举办的"邂逅世纪·美食护照"活动以及 1∶1 还原部分机舱内部环境的"世纪号"小飞机体验活动,带动客流同比增长 10.6%。

4. 夜市经济增添城市魅力感

打造"夜上海"城市名片,是上海提升城市形象、增添城市魅力、增强城市竞争力的重要内容。上海市商务委在全市范围内重点选址商业集聚度较高、国内外游客集聚、夜间消费便利、轨道交通便捷等区域,确定了新天地、上海环球港、上海七宝万科广场、美罗城、正大广场等街区为首批 9 个"夜上海特色消费示范区"。2017 年起,上海地铁 1、2、7、8、9、10 号线共 6 条地铁线路延长运行时间至零时,商务部门积极引导一批地铁沿线的购物中心、商业街区顺势延长营业时间,推出"跟着地铁逛夜上海"活动,吸引了众多市民。购物节期间夜市销售同比增长 16.8%、客流同比增长 20.5%。普陀环球港将餐饮、电影院、KTV 等区域营业时间延长至 23:00 以后,并在购物中心屋顶不定期举办夜宵美食节、啤酒节等活动,购物节期间夜市销售额同比增长 24.6%,客流同比增长 22.3%;长风大悦城、大丸百货的夜间销售额同比分别增长了 41.4% 和 10.4%;豫园旅游商城国庆黄金周期间夜间销售额同比增长了 12.4%;七宝万科推出"深夜食堂"专区,整体打造"夜间灯光秀",70 多家商户营业时间延长至 23:00 到凌晨 2:00 不等,夜市的打造不仅为商家拓宽了销售经营的渠道,也为夜上海增添了亮丽的风景。

5. 国际品牌提升消费品质感

随着消费水平的不断提高,越来越多的国际品牌在上海开设门店。仅恒隆广场,2017 年就有 13 个国际品牌开设了全国首店,其中不乏 Delvaux、Mulberry 这样的低调奢华品牌,9 月底,德国顶级运动品牌 Plein Sports 进驻恒隆。伴随着世界级消费城市建设的不断深入,很多更年轻、更小众、更具话题性的国际品牌开始进驻上海。恒隆广场在 2017 年的新一轮翻新升级中,引进了意大利皮具品牌 Valextra、意大利知名时尚博主 Chiara Ferragni 的同名品牌等多个受年轻人瞩目的潮牌。9 月 8 日,恒隆广场更是举办了一场汇聚多个上海首家、中国首家甚至全球首家的国际品牌的盛大庆典,单日销售额超过了3 000多万元,掀开国内奢侈品零售市场的新一页。蛋糕界"爱马仕"Lady M、知名彩妆品牌Nars这样具有话题性的热门品牌也在9月首次登陆内地,分别进驻了国金中心、来福士广场。颇受瑜伽爱好者追捧的加拿大第一运动品牌Lululemon亚洲首家奥莱店9月也在奕欧来迎来开业。为了吸引更多的消费者,许多国际品牌也在购物节期间推出品牌折扣。伴随着对品质消费的追求、对品牌文化的认同等消费趋势推动,上海国际消费城市的范儿越来越浓,消费水平不断提升。

6. 商品消费彰显时尚潮流感

国庆中秋双节叠加,购物节在申城掀起了购物、娱乐、消费的高潮。中秋节主打商品的月饼新品迭出:肉松蛋黄月饼、腌笃鲜月饼、鲍鱼鲜肉月饼、焙熄鲜肉月饼、蟹粉明虾月饼等都成为2017年的网红月饼,第一食品店的酸菜牛蛙月饼销售同比增长了27.2%,新雅的大虾芝士月饼销售额同比上升了近15%,传统的月饼吃出了时尚的味道。以差异化产品和服务迎合了时下消费升级的需求的精品超市表现抢眼,华润万家的BLT′、OLE′,绿地的G-super等精品超市受到消费者青睐,监测数据显示,购物节销售同比增长12.9%。随着市民生活水平和消费理念提高,健康消费升温,2017年购物节期间,健身类体育用品销售业绩突出,销售额同比增长21.5%。服饰、化妆品作为购物节的明星销售商品,销售额同比分别增长了14.0%和16.3%,随着消费意愿和能力的提升,明星代言、网红效应对潮流商品销售拉升作用明显。监测数据显示,2017年上海购物节期间,百货店零售客单价达到1 414元/单,同比增长4.7%;大卖场、超市零售客单价也呈现出小幅提升的走势,增长分别为6.0%和3.2%。

7. 紧密互动增强百姓获得感

该届购物节更加注重互动性、娱乐性和传播的精准度,吸引爱"宅"的年轻人逛吃逛玩,吸引更多游客参与购物节各项活动。开幕式当天推出的全城"摇一摇"参与人数就超过18万,同比上涨34%;贯穿全程的"玩转购物地"活动,40个活动主场吸引扫码人数达到58万余人次;"最in购物地"评选投票数接近65万票。2017年首次推出的"阿拉上海购物节""跟着地铁逛商场"网红直播每天的平均受众就分别达到430万人次和408万人次,显著提高了消费者的参与性和互动性。同时,为了让购物节信息得到有效和及时的传播,通过"全媒体宣传、多角度推广、深层次联动"和分板块、分主题、分阶段的持续曝光,使该届购物节热点不断、亮点迭出。据不完全统计,整个购物节期间相关信息报道共2万余条,网络搜索访问量环比上涨79%,同比上涨13%;移动端环比上涨75%,同比上涨52%,其中微信热度环比上涨超过100%。

二、2017上海时装周

自2003年4月首次举办以来,上海时装周以秀促展、以展促市,促进了时尚产业升级,成为打响上海购物品牌、建设国际消费城市和打造品牌之都、设计之都、时尚之都的有效载体。历经多年发展,上海时装周已从以国际大牌专场为主转为对本土原创设计的扶持,从单一的作品发布平台发展为连结贯穿整个时尚产业链,集合了作品发布、商贸展会、主题活动、时尚周末等多元化形态内容,成为充满活力和能量的"城中盛事",赢得了全球时尚业界的关注与瞩目。上海时装周紧随巴黎、米兰、伦敦、纽约国际四大时装周,成功跻身全球五大时装周之列,并形成了自己的鲜明特点。

1. 多维度发布作品,成为本土设计师孵化平台

上海时装周全年发布规模达180余场次,接近国际四大时装周水平,吸引专业观众4万余名,每季超千位中外服装设计师或品牌参与,200余家媒体现场报道,吸引数十家具有国际影响力的赞助商。聚焦打造本土设计师孵化基地,上海时装周的原创独立设计师发布场次占比已达7成,培育了300余名在国际舞台声名鹊起的中国本土设计师,并通过"Design by Shanghai 设计师海外推广项目",多次赴伦敦、巴黎、米兰、洛杉矶等地展示中国本土设计师的先锋设计。

2. 凸显贸易服务功能,成为亚洲最大订货季

上海时装周展会平台总面积超过3万平方米,通过打造一站式采购订货平台,建立买手制商业模式,推动时尚消费转型,最近一季时装周的交易规模突破亿元,已成为以中高端原创设计为核心的亚洲最大订货季。作为配套展会的MODE上海服装服饰展为亚洲首创以SHOWROOM为集合体的展会平台,每季吸引30多个国家和地区的1 200余个品牌参展,3万余名渠道买家和业界知名人士观展。

3. 整合时尚产业链,构筑了时尚生态体系

聚焦原创设计的发布细分、展览展示的商业助推、国际影响力的传播等角度,上海时装周以主题论坛、专业赛事、时尚教育等多种形式,建立了联通面料、服装生产加工、创意设计、展览展示、传媒、时尚经纪、广告、演艺、商贸、出版等时尚全产业链的生态体系,推动了设计、品牌、贸易、市场、零售、人才等时尚产业价值链的有机融合,形成了多元、健康、共赢且充满活力的时装时尚产业生态模式。

4. 推出时尚周末品牌,推动了消费转型升级

创新推出了"上海时尚周末"项目板块,通过200位模特、80多位演员、95场时装展示、艺术表演和主题演讲,拉近了时装周与大众之间的距离,推动"零售＋体验"的

时尚融合消费发展,带动区域经济发展。据统计,时装周期间,人流增长率超过20%,周边店铺销售额增长超过32%,交易总额高于国庆黄金周期间交易额。

5. 开展深度国际合作,成为国际时尚产业崛起新力量

上海时装周已与米兰、巴黎、伦敦、东京等时装周主办方签订了战略合作协议,吸引了众多国际买手、时尚经纪人、国际知名设计师、国际时尚媒体的关注。2017年,上海时装周成为中意文化合作机制的中方成员单位。根据银联智策提供的数据显示,上海时装周关注度已上升成为仅次于米兰时装周的全球第二大时装周,国内舆论热度已超过四大国际时装周,成为全球时尚产业第五大最赚钱的时装周。

第二节　主副食品流通市场管理

一、2017年主副食品流通市场发展情况

2017年,上海市商务委员会为确保上海市主副食品市场供应充足、价格稳定和食品安全,扎实推进以下几方面工作。

1. 保障本市"菜篮子"量足价稳

(1) 大力推进市外延蔬菜基地建设。上海与江苏、山东、海南、云南4省共建30个规模化、紧密型外延蔬菜基地,总面积达6 666.67公顷。制订了《上海市外延蔬菜基地生产经营评价指南》,从资料要求、基地生产、批发、零售等全环节提出评价要求,提高外延蔬菜基地门槛,从源头上保障供沪蔬菜供应。与徐州市政府共同召开徐州—上海蔬菜外延基地建设专题恳谈会,上海市商务委主任尚玉英、徐州市市长周铁根出席会议致辞并揭牌,市商务委副主任吴星宝与徐州市政府共同签订建设备忘录,两地企业代表共约260人参会。

(2) 推进"一主一副"中心批发市场建设发展。市商务委会同市重大办、市规土局、青浦区政府及光明食品集团,积极推进西郊国际一期改造项目开工建设。会同市发改委、市规土局、浦东新区政府,积极推进相关选址方案、项目立项和建设主体等关键环节初步达成一致意见,为下一步工作开展打好基础。2017年3月29日,参与组织召开全国公益性农产品市场体系建设现场会并准备经验交流材料,商务部副部长王炳南同志出席会议并讲话。8月16日,应勇市长调研西郊国际农产品交易中心并召开"菜篮子工程"建设座谈会,9月15日上午,金兴明副秘书长在市政府会议室召开专题会议,推进新上海农产品中心批发市场建设。12月7日金兴明副秘书长、杭迎伟副秘书长召开市政府专题会议,进一步推进建设工作。

(3) 推进蔬菜"批零对接"。在标准化菜市场设置外延基地蔬菜直供专柜,推进蔬菜集团、西郊国际批发市场与青浦、普陀等菜市场和上蔬永辉对接,上海农产品中心批发市场与浦东新区上钢菜市场等对接,目前已进入50家标准化菜市场。

(4) 保障主副食品市场平稳运行。一是加强主副食品价格监测。完善全市主副食品价格监测网络,重点抓好100家主副食品监测网点(包括屠宰场、批发市场、超市卖场、标准化菜市场等),帮助监测点软件更新及人员培训,确保主副食品价格信息日报制度的落实;二是落实重要会议和活动市场保供工作。落实主副食品市场供应主渠道单位,通过采购、委托加工、订单合同等方式稳定主副食品市场供应,落实节日保供数量。指导各区商务主管部门对重要时段的主副食品市场价格开展巡查,对于囤积居奇、短斤缺两、哄抬物价等违法行为会同有关部门予以严厉打击,检查督促落实上海市安全属地化管理职责;三是做好主副食品流通信息发布工作。通过市商务委微博、官网以及微信等渠道按时发布主副食品市场信息,并做好每周《主副食品市场动态》《上海主副食品流通信息报告》《肉菜市场信息周报》的编制和发布工作。2017年度共发布周报近50期,为上海市主副食品流通市场分析、趋势预测,做好市场保供稳价工作提供了基础性支撑。

2. 保障上海市"菜篮子"优质安全

(1) 推进商务部重要产品追溯体系建设。组织开展重要产品追溯体系建设示范项目申报工作,委托第三方机构对申报项目进行评审;组织召开重要产品追溯体系建设示范项目申报工作专题培训会,确保申报工作有序开展;组织研究起草重要产品追溯管理平台建设方案。经评审初步确定予以立项的项目112个。启动重要产品追溯管理平台项目建设。委托中国国际电子商务中心作为第三方,制订上海市重要产品追溯管理平台技术需求及招标文件并开展平台招标工作。组织做好商务部来沪开展全国重要产品追溯体系建设示范工作调研活动,就上海市重要产品追溯体系建设成效经验交流发言。参加商务部在山东威海召开的全国重要产品追溯体系建设现场会,上海市作为全国重要产品追溯示范先行者制作展板重点展出追溯成果,并作典型发言。

(2) 成立重要产品追溯体系建设联盟。召开上海市重要产品追溯体系建设示范工作推进会暨上海重要产品追溯联盟成立仪式。正式印发《关于进一步加强上海市重要产品追溯体系建设示范工作的通知》,示范项目企业代表光明乳业股份有限公司有关负责人宣读了《上海市重要产品追溯体系建设示范项目责任承诺书》。会议成立了上海重要产品追溯联盟。联盟执行秘书处单位上海英格尔认证有限公司有关负责人宣读了《上海重要产品追溯联盟公约》。大会还颁发了全国首批重要产品追溯管理体系认证证书,中信、质溯、国兴农、仪电等4家第三方信息追溯管理平台成为首批通过的追溯认证企业。

(3)加强追溯系统建设运行管理效能。制订了《上海市肉菜流通追溯体系建设与运行实施方案》并组织实施,加强追溯系统运行管理。组织相关运维公司、企业召开上海市食品安全条例宣贯暨肉菜流通追溯运行考核培训会,分析运行考核"短板"问题,提出整改措施及意见;召开上海市食品安全条例宣贯及肉菜流通追溯运行考核工作专题培训会,菜市场管理公司、运维企业、批发市场、标准化菜市场、超市大卖场等单位近90人出席本次培训会。开展2017年食品安全主题日宣传活动。在静安区武定菜市场组织开展"追溯一下、安心万家"食品安全宣传周主题日活动,现场市民反响热烈。

(4)加强外延蔬菜基地追溯体系建设。按照"全覆盖、全过程、信息化"的上海市外延蔬菜生产基地追溯体系建设目标,推进山东、江苏、海南、云南4省外延蔬菜生产基地建立全过程二维码追溯系统,实现从源头到终端的全过程信息追溯,二维码可查询蔬菜来源、去向、检测、日期、人员等相关追溯信息。

3. 保障上海市"菜篮子"便民优惠

(1)完成市政府实事项目30家示范性标准化菜市场建设目标。全市全年新建改建33家示范性标准化菜市场(全年计划数为30家,完成率110%),以市政府实事项目为抓手,编制印发了《市商务委关于印发〈2017年示范性标准化菜市场建设工作方案〉的通知》《2017年上海市示范性标准化菜市场建设指南》并组织实施,构建全市统一的《示范性标准化菜市场评价体系细则》,从规划布局、经营规模、统一结算、电子标签、追溯完备、基地对接、价格稳定、品牌入驻、供应链完备、管理制度等方面明确要求,并会同市财政局制定《上海市标准化菜市场市级补贴资金使用管理办法》(沪商运行〔2017〕297号),从资金用途、申报条件进一步规范完善上海市标准化菜市场建设布局和补贴资金管理,为培育发展上海市示范性标准化菜市场奠定了政策基础。指导各区按照《2017年上海市示范性标准化菜市场建设指南》,保质保量完成建设任务。组织召开2017年示范性标准化菜市场建设部署工作会,落实各区建设职责;组织各区商务主管部门召开示范性标准化菜市场建设现场培训会,解读建设指南;开展4次标准化菜市场建设调研活动,市、区、企业三级联动,共同推进以上蔬永辉为代表的新型示范性标准化菜市场建设。

(2)推进社区智慧微菜场建设,让市民天天吃到新鲜菜。截至2017年末,全市完成1542家社区智慧微菜场建设,服务近100万户家庭,并形成食行生鲜、强丰、厨易时代等著名社区智慧微菜场品牌。组织召开"互联网+菜篮子"社区智慧微菜场建设工作推进会,落实应勇市长在上海市"菜篮子工程"建设工作座谈会上的讲话及"互联网＋菜篮子"社区智慧微菜场建设批示精神,对"互联网＋菜篮子"新模式、新业态加大支持和引导力度,帮助企业解决相关困难,让市民吃上、吃好更多的"放心菜"。全力推进"互联网＋菜篮子"社区智慧微菜场建设力度,力争将社区智慧微菜场建设纳入2018年的市、区两级政府实事项目,主动跟进新业态企业对社区智慧微菜场的推进情况及需求,提供政策引导和支持。

(3) 落实各区"菜篮子"区长负责制。组织召开蔬菜保供稳价专题现场推进会,会议传达了应勇市长在上海市"菜篮子"工程建设调研座谈会上关于"保障'菜篮子'供得上、供得稳、供得安全,努力实现'菜篮子'量足价稳、优质安全、便利惠民,不断提高人民群众的获得感和满意度"的讲话精神,并介绍了静安区标准化菜市场"轮流坐庄"蔬菜保供稳价的经验做法。

(4) 加大"菜篮子工程"宣传和调研工作力度。组织设计"上海市菜篮子工程(标准化菜市场)"标志,对全市33家示范性标准化菜市场予以统一编号授牌,充分发挥了其在全市菜市场经营管理中的标杆引领作用。组织开展上海市菜市场情况专项调研,对上海市标准化菜市场建设现状、经营管理、消费者满意度等进行全面调研摸底,并形成《上海市菜市场专题调研报告》,为全市标准化菜市场空间布局规划、业态分类等提供决策依据。

4. 聚焦拓展"菜篮子"和"菜园子"对接渠道,进一步推动"产业扶贫"规模化、标准化

(1) 建立蔬菜扶贫产业基地。2017年,市商务委先后4次赴贵州遵义、云南等地调研,召开两地专题座谈会20余次。推进蔬菜集团、西郊国际农产品批发市场、上海农产品中心批发市场在贫困地区建立蔬菜基地,与云南省共建11个精准扶贫、产销对接外延蔬菜基地,总面积达2 000公顷以上,带动当地农民增收脱贫。在贵州遵义市6个县建立蔬菜精准扶贫产销对接基地。在两地政府部门、企业的共同努力下,目前共有10批近200吨遵义特色生态蔬菜直接进入上海食行生鲜、强丰、康品汇、家乐宝等零售新业态市场,在丰富上海市民餐桌、提供绿色、有机、健康、生态遵义农产品的同时,可以帮助当地80户贫困户增收,预计每户可增收2 000元。

(2) 深入推进"云品入沪"项目。2017年,"云品中心"新增入驻云南企业162家,新增产品1052个,同比增长35%,成功培育了大理州云龙县诺邓火腿、文山州苗乡三七等著名品牌。经过"云品中心"孵化的云南特色产品已进入上海市农工商、城市超市、食行生鲜、都市菜园等重要农特产品销售渠道。2017年预计渠道销售收入可达1 850万元,同比增长20.9%,云品的市场占有率也显著提高。其中,上农批(入驻产品300

个)、食行生鲜(入驻产品203个)、城市超市(入驻商品198个)。积极引进云贵高原的特色农产品走进上海农产品展销会,实施"西果东送"、农超对接等项目。开展"云南高原特色农业推介会""舌尖上的云南""云品中心揭牌仪式"等一系列活动。

(3) 与遵义等地开展产销对接。2017年6月"上海外延蔬菜基地遵义农产品入沪工作站"暨"黔货出山·遵义直营店"已落户上海农产品中心批发市场。通过举办上海新春农副产品大联展等活动,76家遵义农产品企业生产的300多个商品长期在上海展示展销,在沪销售额近5 000万元,带动10余万农村群众增收。

(4) 开展国内合作交流与对口支援工作。依照"大市场、大流通、大合作、大数据、大基地"发展思路,组织全国优质特色农产品入沪流通提供服务。帮助对接云南、贵州、海南、江苏、山东、山西、陕西、广西等省市入沪展示展销当地优质特色农产品。组织上海市企业赴浙江、山东、云南等地参加相关展会,加强企业交流、促进产销对接;组织与大连市、遵义市等地签署两地商务合作框架协议,明确合作机制,推动优势互补,提升合作交流工作实效。

二、 2018年主副食品流通市场管理工作展望

1. 强化组织供应,确保"菜篮子"供需总量保持基本均衡

加强与全国主产区沟通衔接。及时发布供求信息,组织上海市批发市场、菜市场、超市、配送企业等骨干流通企业到全国采购和调运货源,丰富蔬菜供应数量和品种。确保本地"菜园子"供给保有量。确保本地产农产品保有量,调整和优化符合上海市居民消费习惯的品种。支持崇明等区增加适销对路的蔬菜生产量和上市量。鼓励专业合作社、龙头企业、种植大户与菜市场、超市等零售终端直接对接,增加直采量。做好冬季本地产蔬菜的生产保障。针对可能出现的低温、雨雪天气,落实"冬淡"生产成本价格保险,做到绿叶菜均衡播种、均衡生产、均衡上市。

2. 建立紧密型市外蔬菜生产供应基地,增强主产区蔬菜保供稳价调控能力

按照"政府引导、企业主体、市场运作"原则,继续加快外延基地建设,保障上海市"菜篮子"供应。支持外延基地农资、检验检测、产品追溯系统建设等方面享受上海政策,要求基地按照上海市产品标准、包装标准等组织生产,实现基地直供、安全可控、全程可追溯。

3. 提高蔬菜产销对接效率,改革蔬菜供应体系。支持上海市农产品"批零联盟"模式

推动区域批发市场转型成为蔬菜配送中心,以协议合作方式实现批发和零售环

节的直接对接,鼓励菜市场通过订单方式集中采购蔬菜(经初步测算,蔬菜零售价格有望降低10%左右)。推进中心批发市场建设。浦西重点建设西郊国际平台,形成"线下体验、线上订单、平台集散、区域配送、外延基地直供"的批零联动模式;浦东重点建设上农批平台,实现"线下加盟、会员注册、线上下单、批零直供"的供应体系。推动区域批发市场转型,减少中间环节。推动区域批发市场转型为区域加工配送集散中心,逐步取消交易功能。

4. 完善市场规划布局,落实各区保供稳价职责

强化"区长负责制"。推广静安、虹口、黄浦等区"菜篮子工程"建设好的做法,引导各区采取有效措施切实平抑蔬菜价格。设立区级财政专项资金,探索对市场网点布局、保供稳价措施提供补贴。加快副中心批发市场规划落地。加快浦东新区建设适应市民消费需求的农产品中心批发市场,落实配套土地和政策,提高浦东地区蔬菜等农产品吞吐能力。进一步完善菜市场布局体系。推动标准化菜市场规划落地,提高建设经营准入门槛,在菜市场布点不足的社区推动生鲜超市、智慧微菜场等新业态发展,在有条件的社区推进农产品新模式进社区的便民服务措施。

5. 加快新模式发展,逐步替代以个体经营为主的蔬菜零售模式

加快发展产供销一体化蔬菜流通模式。发挥国有企业主渠道作用,支持光明集团对蔬菜集团改革,按照集成服务商定位增强资源统筹和配置能力,以西郊国际批发市场为枢纽,以江杨、中山等区域批发市场为集散配送中心,逐步建立"上控资源、中控平台、下控渠道"的产供销一体化模式。推动传统菜市场转型升级。引导标准化菜市场与"互联网+"创新融合,推广上蔬永辉等管理经验,鼓励规模化、连锁化、公司化菜市场管理模式。推广流通新技术、新模式应用。支持社区智慧微菜场、O2O电商平台、生鲜超市等新模式新业态发展,形成线上线下相结合的"互联网+菜篮子"模式,切实降低流通成本。

案例10 "互联网+菜篮子"新模式
——食行生鲜社区智慧微菜场

一、基本情况和模式特点

食行生鲜于2012年创立,总部位于苏州,2014年6月进驻上海,是一家具有线上订购、线下社区智能冷柜自提的生鲜零售新业态企业。食行生鲜采取与传统生鲜电商B2B2C模式不同的C2B2F模式,从用户到企业再到Farm/Factory,通过反向定制路线、以销定采和订单式采购实现零库存,降低流通环节成本。目前已在上海、苏州、

无锡设立了2 000多个社区站点,覆盖上海市14个区、1 200个社区站点,服务近100万户家庭,让社区居民"买得实惠,取得方便,吃得新鲜,吃得放心"。

(1) 价格亲民——生鲜产品价格是传统农贸市场均价的九成。食行生鲜始终坚持"价格就是比菜场低"的产品定价政策,通过严控成本实现低价。采购成本低,与农场基地直接签署采购协议,减少中间环节,实现"产地直供"。物流成本低,全程冷链运输均为自营,按照区域集约配送,人工成本由7~8元缩减到4元。具有智能节能(入柜前系统自动制冷、订单取掉即关机)的冷柜系统让冷链"最后一公里"成本大幅降低。运营成本低,利用社区空余闲置的物业空间建设自提站点,与周边菜场、卖场、社区生鲜店相比,租金可以忽略不计。采用全程自营冷链,可使用普通保鲜袋、保鲜膜、周转箱等极简包装方案,大大降低了包装成本。获客成本低,社区铺设的"菜箱"本身就具有品牌宣传功能,确保用户体验和价格优势的同时,客户复购率得到保证。

(2) 品质新鲜——自建冷链运营配送确保生鲜品全程可控。从基地收购的生鲜产品通过冷链车到达配单中心,在运输途中严控车厢温度。在配单中心对所有生鲜产品实行分温冷链环境下分拣作业,确保食材全程不脱冷,损耗率是行业水平的1/5。配单中心到自提柜的配送环节由近200台公司自营标准冷链车负责配送入柜,社区"菜箱"既有5 ℃的保鲜柜,也有-18 ℃的冷冻柜,让社区居民吃上"原汁原味"的生鲜时蔬。

(3) 安全可靠——实现从田头到餐桌的全链条可追溯。食行生鲜始终坚守食品安全就是企业的"生命线"。选择经认证的供应商。依托政府力量筛选具有基地规模、检测设备和较高的风险承担能力的供应商,确保供应源头安全可靠。自建安全检测中心。坚持所有产品每天每批次必检,做到问题菜"有可能进来、绝不能出去"检测数据与当地食药监局实时共享。依托企业数据管理系统。通过终端系统实现对菜品药检、称重、包装条码可追溯,做到从认证、收货、检测、包装、分拣、物流配送到用户手中,整个链条可见、可控、可追责。

(4) 方便快捷——为客户搭起以买菜为纽带的社交平台。社区居民可以通过官网、自助终端、手机APP、微信等多种途径体验24小时生鲜订购服务,无论刮风下雨、严寒酷暑都可以像信箱收信一样从"菜箱"刷卡取菜,并可查询产品从采购到配送的全过程。食行生鲜通过手机APP建立专门服务群,为服务范围内的社区会员定期发布团购、养生、社交等服务信息,为周边的客户群搭起了以买菜为纽带的社交平台,深受老百姓欢迎。据统计,目前食行生鲜的综合好评率约在97%,退货率约在0.7%。

二、"互联网+菜篮子"模式发展的启示

近年来,以食行生鲜为代表的"互联网+菜篮子"模式以低价格、优品质、快速便

捷、安全可靠的优势,赢得了市民认可,加快推动该模式发展是大势所趋,也将为上海市"菜篮子工程"转型升级注入新动能。

(1)"以销定采""产地直供"有利于为市民供应更多"量足价稳"的生鲜时蔬。在采购和供应环节中,以食行生鲜为代表的"互联网+菜篮子"企业采用"以销定采""产地直供"模式,即从需求端出发确定订单量,而后在种植基地进行规模化批量直采,从源头上确保了供货足量和价格稳定,实现了传统产销模式的转型升级,值得在全市生鲜企业中推广复制。

(2)"冷链自营""全链追溯"有利于为市民提供更加"优质安全"的产品保证。食行生鲜自营的全冷链配送系统实现了生鲜产品从生产基地到配单中心,再到社区自提柜等各环节的无缝对接和不脱冷状态,极大地提高了产品"保鲜度"。此外,还采用源头筛选供应商、全程质量安检、全链条追溯管理,为生鲜产品筑起了安全屏障。"互联网+菜篮子"模式成功推动传统行业改革向信息化、专业化、标准化纵深发展。

(3)"网订店取""社区直投"等有利于为市民开通更多"便捷惠民"的购物渠道。食行生鲜采用网订店取、社区直投模式,比传统农贸市场和超市更为便捷,可实现提前一天下单,第二天就可以刷卡取菜。此外,严控采购成本、物流成本、运营成本、获客成本,确保社区居民更加便捷地购买到"物美价廉"的产品;形成与传统业态互为补充的新业态新模式,满足了居民消费的多元需求。

三、未来发展

民以食为天,加快建设与国际化大都市发展相适应的农产品供应市场体系,努力实现"菜篮子"量足价稳、优质安全、便利惠民,不断提高人民群众的获得感和满意度,这是最大的便民工程、最实在的民心工程之一。而大力支持以食行生鲜为代表的"互联网+菜篮子"模式加快发展,不仅可以使"菜篮子"这一工程更得民心,也可以借助资本的力量使民心工程更具市场生命力,全市"互联网+菜篮子"模式社区站点数量近3年也以年均50%的速度快速增长,社区站点已从2015年的500个发展到目前的1400多个。但"互联网+菜篮子"这一新模式,在扩大社区覆盖面、提升物流配送时效性等方面也面临一些瓶颈制约,可继续从如下三个方面加大支持力度。

(1)努力缓解突破"互联网+菜篮子"新模式企业发展面临的瓶颈。市区联动、部门协同、政企携手,跟踪解决企业在创新中遇到的规划、安全、消防等问题。要优化全市"互联网+菜篮子"新模式布局规划,将其纳入全市主副食品供应体系,并列为年度市政府实事项目重点推进。各区要因地制宜,出台鼓励各类区域和居住社区吸引新模式企业入驻的政策措施,加大对具有带动、示范作用的"互联网+菜篮子"企业物流配送的支持力度。着力推动更多类似食行生鲜的新模式企业站点进驻社区、办公楼宇及商务园区等,力争每年推动开设500家,进一步使新模式成为"菜篮子工程"转型升级的有力支撑,形成以"互联网＋菜篮子"常态化供应模式。

(2) 支持企业与外延蔬菜基地相互对接。支持食行生鲜等"互联网＋菜篮子"企业与本市蔬菜外延基地建立直采关系,积极开展质量安全全链条溯源试点、上游农产品标准包装和物流标准化试点、订单式农业试点,从而使新模式企业获得更加稳定、更加安全、更加优质的供应。要在继续鼓励上海市蔬菜外延基地对接西郊国际、上农批等批发市场的同时,支持蔬菜外延基地主动对接"互联网＋菜篮子"企业,从而使基地农产品以更低的成本、更快的渠道直供社区家庭。

(3) 加大"互联网＋菜篮子"新模式应用推广力度。支持社区智慧微菜场、O2O电商平台等新模式新业态发展,鼓励传统业态企业向线上线下相结合的"互联网＋菜篮子"模式转型拓展。总结宣传类似食行生鲜这样的新模式企业的发展经验,通过媒体、协会、信用平台等加强复制推广,让更多的消费者,尤其是中老年居民逐渐享受到新模式"菜篮子"带来的实惠。

第三节 药品流通市场管理

一、2017年药品流通行业运行主要特点

1. 销售增长压力加大,批发零售有增有减

2017年"两票制"的全面推开,对商业的药品批发销售造成冲击,批发销售额为850.07亿元,比上年下降1.48%,其中市内批发销售额为274.96亿元,比上年增长3.59%;市外批发销售额为554.48亿元,比上年下降3.63%。由于上海药品流通中药品批发销售一直占较大的比重,批发销售额下降对行业总销售产生较大的影响,上海药品销售增长远低于全国水平。

受医院控制药占比、药品价格下降等因素的影响,2017年对医疗终端销售增幅放缓,销售额为570.09亿元,比上年增长7.44%,增幅下降7.74个百分点,其中二级及以上医院销售额为397.33亿元,增长7.80%,占医疗机构销售比重为69.70%;一级及以下医院销售额为172.77亿元,增长6.63%。

零售市场方面销售呈小幅增长,商品零售总额为91.19亿元,比上年增长1.56%,增幅比2016年同期下降13.98个百分点。药品网上销售受处方药禁止上网销售的监管政策影响,企业关注度下降,投入减少,销售大幅下降,2017年全年网上药店销售

3.49亿元,比上年下降17.49%。在电子商务高速发展的大形势下,上海药品企业正探索运用互联网信息系统,实现线上咨询线下售药(O2O),医院处方延伸服务等模式,加强"互联网+医药"的结合。此外,实施"两票制"后集团企业间正探索B2B模式,B2B业务将快速增长。

2. 药品流通行业兼并重组加快,行业集中度进一步提高

实施"两票制"后,上海药品流通集团企业加快并购步伐,面向全国范围进行布局。2017年,国药控股与控股股东国药集团签订股权转让协议,以现金方式收购浦东药材股权。至此上药和国药两大集团企业已经完成对上海市大部分区属公司的兼并重组。通过重组后行业集中度不断提高,其中上海医药(集团)股份有限公司(以下简称"上药集团")和国药控股股份有限公司分别占了总销售额的39.45%和30.13%,比上年有所提高。销售排前20名的企业销售额达1 378.23亿元,占总销售的85.39%。

上药集团通过收购康德乐马来西亚100%股权并间接控制康德乐中国全部业务,是近年来全国最大的药品流通收购案之一。通过此次收购,上药集团的销售规模将占据全国第2位,对上海医药发展具有里程碑意义。上药控股与康德乐中国整合协同,不仅将显著提升上海医药分销的产业优势,还将进一步巩固上海医药在多个细分业务与创新领域的领先优势,加速整体战略目标的实现。同时这两家企业分别拥有中国排名第一和第二的DTP(医生对患者)网络渠道,两者整合工作启动后,以上海医药"益药药房"为品牌的特大型新特药服务网络版图将进一步延伸。华润医药集团在上海市收购了国邦后,在上海地区已经拥有4家药品流通企业。

3. 零售市场稳中有升,注重结构调整

2017年药品零售继续保持小幅增长,医保定点药店仍占主要份额,经市、区两级医保经办机构组织评估,又有171家零售药店纳入医保定点药店,目前上海市的医保定点药店为885家,占零售药店总数的23.19%。医院控制药占比政策对零售药店带来利好,零售药店的处方药销售有增长趋势,特别是医院周边的药店和DTP药店,抗肿瘤药、免疫抑制药、血液制品等销售均有不同程度上升。

药店数量增长继续向外环线周边及以外拓展。2017年零售药店数量3 817家,比上年增长5.21%。零售药店增长多为外环线以外,而市中心因市政建设、原居民区改建,零售药店数量呈下降趋势。

上海药品零售连锁率一直保持全国领先,2017年达到89.36%。受网上药品销售必须是连锁企业的规定影响,药品零售连锁企业数量有所增加,2017年底药品零售连锁企业达到47家。

大型医药商厦仍然保持稳步的增长,但由于历年来积累的基数较高,发展速度减缓。部分商厦通过设立中医门诊带动门店的销售取得不错的效果,名医效应和便捷服务受到消费者的认同,中医门诊也受到更多企业的关注和重视,2017年共有24家中医门诊取得医保定点资质。

4. 医药物流持续发展,仓储扩容效能提升

现代医药物流建设是衡量药品流通发展水平的标志之一,现代医药物流在上海药品流通中提升企业周转效率,降低运行成本,提高药品储运安全发挥重要的作用。企业在现代医药物流建设中,结合信息系统运用,广泛采用新技术,现代医药物流上了新台阶。如国药物流完成二期建设后,康宁路库区达到6.7万平方米,在保税区建成2.4万平方米现代化仓库。整个物流仓储中冷库面积达到6370.5平方米。物流所采用OSR零拣系统,采取货到人的拣货方式,减少了人员行走的时间,是传统拣货方式效率的3倍。国药物流自主开发赛飞云供应链管理云平台,打造安全、可及、可视、高效的信息平台,提供药品全程可视化追溯服务,以及供应链智能优化服务、商业咨询服务。上药物流仓库采用高位立体货架、穿梭式货架等符合国际标准的货架,以自动堆垛机、自动分拣机、数码拣选系统、电子标签和RF等现代化设备进行作业,引入先进的WMS/WCS,与公司的ERP无缝对接,实现了药品验收、存储、分拣、配送等环节的自动化、信息化和实时化。2017年完成嘉定区丰功库的改造建设,启动本部库区二期工程及新库区的规划工作,并深化冷链运营体系建设,实现上海市冷链客户的全覆盖。九州通、康德乐等现代医药物流充分发挥各自的特长,在供应链配送服务以及第三方物流方面发挥积极作用。

5. 创新业务模式,"互联网+医药"新突破

上药云健康与腾讯公司签署战略合作协议,双方在电子处方流转、医保在线支付、医疗金融创新支付模式及大健康管理等领域建立战略合作伙伴关系。上药云健康旗下的益药金融携手阿斯利康,推出针对肺癌靶向创新药品泰瑞沙的金融分期服务,切实为患者及家庭减轻支付压力和治疗负担,帮助患者提高生活质量。作为国药集团零售转型战略的载体——国药健康在线,该公司以执业药师团队提供一系列专业的在线用药咨询、医疗及健康管理咨询等服务,同时整合集团公司多方数据,通过多地的合作线下药房进行销售,充分利用国控分销零售药房和国大药房在全国各地的布局,形成品规齐全、物流便捷的OTC、处方药零售网络。针对慢性病患者逐步完善患者服务搭建平台,为医疗机构复诊续方互联网化提供一体化解决方案。2017年完成A轮融资1.2亿元人民币。

二、2018 年药品流通行业发展趋势

1. 大健康战略推进药品流通发展

2018 年总书记习近平在海南考察调研时强调要大力发展健康事业,并指出:实现"两个一百年"奋斗目标,要坚持以人民为中心的发展思想,经济要发展,健康要上去,人民的获得感、幸福感、安全感都离不开健康,要大力发展健康事业,要做身体健康的民族。李克强总理在全国人大会议上承诺降低进出口税率,抗癌药品力争降到零税率。大健康事业必将给药品流通带来发展契机,社会办医、中医药发展、社会化医疗保险制度等利好将不断推进药品流通的发展。

2. 药品流通行业转型升级向纵深发展

《国办发〔2017〕13 号:国务院办公厅关于进一步改革完善药品生产流通使用政策的若干意见》发布,对改革完善药品生产流通使用明确了方向。药品流通行业转型升级将进入快车道,批零业务一体化,信息技术广泛运用,多仓协同资源配置更趋于合理。分级诊疗、药品供应保障和监管制度等变化将对药品流通体制带来重大的影响,上市许可持有人制、仿制药一致性评价、医保付费方式改革、医保总额控制等政策,颠覆了现有的药品流通供应链体系,加快了药品流通转型升级的步伐。"两票制"加速了企业兼并重组进度,同时也带给重组企业诸多挑战。

3. 资源整合模式创新医药供应链服务升级

随着医改带来新变化,分级诊疗、"两票制"等政策的推进,要求药品流通供应链也随之而改变。医药分销渠道的扁平化,企业需要改变内部和外部的信息孤岛状态,有效地规划和管理供应链上的供应、采购、运营、分销和所有的物流活动,特别是供应链中上下游之间的协调和合作,实现物流、信息流和资金流的有效整合。医药企业在重组兼并过程中,集团性企业内部的物流网络布局将进一步优化,多仓协同、跨区域配送将更有利于发挥提升效率、整合资源、保障药品质量安全的优势。"互联网+"背景下的医药供应链借助于互联网技术和云平台技术,通过产业供应链运营的可视化、智能化、自动化和集成化,提高库存管理、装卸运输、采购、订货、配送、订单处理等的自动化水平。

国务院取消从事第三方药品物流业务的行政审批,鼓励拥有完整质量体系的大型医药商业流通企业向供应链各方开放其物流资源,提高医药物流效率。中国邮政等物流企业或将进入药品物流领域,通过合作和重组,进一步促进医药物流优化升级,提高配送效率。

"批零一体化"改变药品批发、零售分开许可的现有制度,有利药品企业降低成本,提高效率。同时也部分解决了长期以来集团购买批发、零售无法界定的政策障碍。此外,搭建以企业为主体、第三方参与、政府监管的包括药品、器械的全程追溯平台,将成为供应链体系中保证药品安全重要组成部分。

4. 药品零售服务传承与创新

零售药店正酝酿推行"分类分级管理",随着医改进一步深入,医保配套措施出台,"医药分开"或将到来,药品零售企业如何提升药学能力来承接"医药分开",将是今后一个时期竞争焦点。零售药店也逐步细分化,经营以专科新特药的DTP药店,以慢病管理为主要特色的慢性病药物药店,以健康保健为特色的护理品药店,以母婴保健为特点的母婴产品药店,以及传统品牌中华老字号的中医门诊药店等,通过"消费者为中心"的药学服务理念建立可持续发展业务模式。

5. "互联网+医疗健康"推进药品流通发展

在国家确定发展"互联网+医疗健康"措施的带动下,为药品流通创造了良好的政策环境。药品流通将加快研究利用互联网、大数据、支付方式等技术,提供增值服务,融合电子处方、医保在线支付手段,实现线上线下融合发展。未来B2B将快速发展,特别是集团内企业间由于信息的畅通,B2B将成为企业间交易的重要方式。

第五篇

服务业布局

第十二章　各区服务业发展

第一节　浦东新区

一、2017年浦东新区服务业、商业发展基本数据

2017年浦东新区服务业、商业发展基本数据见表12-1。

表12-1　2017年浦东新区服务业、商业发展基本数据

指标名称	2017年	比上年增长/%
生产总值/亿元	9 651.39	8.7
♯第三产业增加值/亿元	7 206.13	9.1
♯商业*增加值/亿元	1 470.13	7.3
商品销售总额/亿元	36 454.44	12.7
社会消费品零售总额/亿元	2 201.34	8.1
地方税收总额/亿元	3 555.01	8.4
♯第三产业税收总额/亿元	2 585.85	2.7
年末户籍人口数/万人	298.96	1.1
年末常住人口数/万人	555.65	0.1

＊商业口径为批发零售业

二、 2017年浦东新区服务业、商贸业经济运行情况及特点

（一）服务业运行情况

2017年,浦东新区第三产业增加值实现7 209亿元,比上年增长9.1%;第三产业占生产总值比重达74.7%,比重显著提升。其中,主要服务业情况如下。

1. 金融业

2017年,浦东新区的金融增加值实现2 698.71亿元,比上年增长11.0%;金融增加值占全市的比重达50.6%,占新区生产总值的28.0%,占新区第三产业增加值的37.5%,保持较为平稳的增长。全年对新区经济增长的贡献率达34.6%,金融业在浦东经济发展格局中的作用依然显著。

2. 航运业

2017年,浦东新区实现港口货物吞吐量32 918.5万吨,比上年增长7.8%。浦东机场旅客吞吐量达7 000.12万人,比上年增长6.1%,占上海市62.6%,是继北京首都机场、香港国际机场之后,中国第3个年旅客吞吐量突破7 000万人次的机场。全年完成货邮吞吐量382.43万吨,增长11.2%,占上海市90.4%,连续十年保持世界第三。

3. 总部经济

2017年,浦东新区总部经济持续健康发展,总部企业能级规模持续提高,运营环境不断改善。全年新获认定跨国公司地区总部16家,占全市(45家)的35.6%,其中投资性总部6家,管理性总部10家。有5家总部企业提升管理能级,获得上海市亚太区总部认定。截至2017年末,浦东新区历年累计获认定的跨国公司地区总部达到281家,占全市(共625家)的45%。其中112家投资性总部,占总数的39.9%;169家管理性总部,占总数的60.1%。

2017年,浦东新区"十三五"总部政策出台,新增营运总部、高成长性总部、国际组织(机构)地区总部三种总部类型。截至2017年末,浦东新区新认定营运总部10家、高成长性总部14家、国际组织(机构)地区总部1家。

4. 文化创意业

2017年,浦东新区文化创意产业结束了连续4年的低速增长,所有门类都实现了增长。尤其在软件计算机、工业设计和休闲娱乐等行业强劲发展带动下,增速重回5年前的两位数,增幅达19.9%,增加值历史性突破千亿元,达1 056.03亿元,占全区增加值比重10.9%。

5. 软件和信息服务业

2017年,浦东新区软件和信息服务业实现经营收入3 146.3亿元,比上年增长12.5%,软件和信息服务业已成为浦东新区地区经济发展的有力支撑。目前,浦东已形成10个特色鲜明、具有较高影响力的国家级和市级信息服务业产业园区,形成"芯片设计、行业应用、移动互联、电子商务、互联网、文化创意"等六大产业集群,相关产品和服务覆盖"大、物、移、云"等新兴行业门类。

(二)商贸业运行情况

1. 流通规模进一步扩大,领先各区保持第一

商品流通规模领先各区,增速排名第六。2017年,浦东商贸业受金属材料、汽车、石油等主力商品销售增长拉动,流通规模进一步扩大,增速快速提升,全年实现商品销售总额36 454.44亿元,比上年增长12.7%,增速较2016年同期回升4.2个百分点。浦东新区商品销售总额占全市的32.2%,增速高于全市0.7个百分点。

商品销售呈现"两高两快"。从商品大类看,浦东新区全年商品销售规模占比最高行业为金属材料类商品,实现商品销售额超1.3万亿元,占浦东新区商品销售总额的37.5%,比重较去年同期上升2.7个百分点;同时,金属类商品全年销售额增速达21.3%,是对浦东新区商品销售额增长拉动贡献最高的行业,增长贡献度达59%;全年增速最快行业为建筑及装潢类商品,受2016年地产市场火爆拉动,装潢行业回暖,新区建筑及装潢类商品全年实现商品销售额157.63亿元,增长40.2%;全年回暖最快行业为煤炭及制品类商品,受黑色能源大宗商品交易市场回暖拉动,煤炭及制品类商品全年实现商品销售额533.97亿元,比上年增长14.3%,增幅较2016年同期回升15个百分点。

金属材料、汽车、黑色能源类商品增长领先。从重点批发贸易企业看,浦东新区前10家规模最大贸易企业销售额达8 203.03亿元,增长30.2%,占浦东新区商品销售总额的22.5%,占比较2016年进一步扩大。其中,一是受深化供给侧改革、有色金属价格持续上涨、大宗商品市场回暖等多种因素推动,金属类商品企业2017年业绩全面高速上涨,泰智金属、枣矿新能源、迈科金属、中铜矿业、铜陵有色全年实现商品销售额分别同比增长277.5%、120.9%、57.8%、43.3%、35%,上海宝钢2017年转型成效凸显,公司依托各类项目合作,借助信息化建设倒逼业务整合,通过对人力资源、企业文化、投资管理、审计、运营进行改善,充分实现了协同效益的预期,全年实现商品销售总额同比大涨63.6%;二是新区三大汽车龙头企业稳步回暖。2017年通用汽车加速新能源和车联网战略目标推进,积极探索共享化领域,以创新科技引领市

场发展,全年销售汽车突破200万辆,实现商品销售额比上年增长11.9%;保时捷受新款车型Panamera插电式混合动力车热销拉动,2017年实现商品销售额同比增长7.8%;捷豹路虎继续保持稳步回暖,全年在中国销量已超越欧洲,中国已成为捷豹路虎全球最大市场,2017年实现商品销售额比上年增长7%;三是受国企改革红利进一步释放、去除过剩产能、去除僵尸企业等因素刺激,煤炭石油行业市场呈现供不应求的态势,拉动新区煤炭、石油类商品销售分别同比增长14.3%、8.9%,行业企业业绩表现突出、盈利大幅改善。

2. 商品消费、服务消费实现双增长,规模保持各区首位

2017年,浦东新区实现社会消费品零售总额2 201.34亿元,比上年增长8.1%,增速较2016年同期回落0.1个百分点,保持平稳增长。浦东占全市社会消费品零售总额(11 830.27亿元)的18.6%,增速与全市持平。其中1号店与京东合并后撤离浦东,2017年四季度起公司自营业务转移,10月份后零售额趋于零,受此影响新区吃类商品全年实现零售额同比仅增长5.1%,增速较2016年同期回落3.4个百分点。

服务消费规模、增速超过商品消费。2017年,浦东新区实现规模以上社会服务业营业收入6 047.64亿元,比上年增长11.7%,浦东占全市规模以上社会服务业营业收入(23 766.35亿元,增长10.5%)25.5%,增速高于全市1.2个百分点。服务消费的规模和增速分别超过商品消费(社会消费品零售总额)3 846.3亿元、3.6个百分点。

3. 零售业态复苏回暖

新零售表现不俗,呈高速增长态势。2017年被喻为新零售元年,各类新零售消费市场逐渐成为商业消费市场增长的新亮点,新区范围内新零售企业表现不俗,均呈现高速增长态势。

阿里巴巴旗下盒马鲜生自2016年开业以来完美融合了"互联网+零售"商业模式,已成为新零售市场标杆企业,2017年在全国范围内开店数量已达29家,浦东已开店4家,全年实现零售额超17亿元,同比增长7.5倍,其中通过互联网实现零售额超9亿元,同比增长5.4倍。

新能源汽车特斯拉坚持开拓线下体验店加网络直营模式创新,成为汽车业的新零售标杆,2017年全年实现零售超40亿元,比上年增长96%。

体育快消品牌迪卡侬近年来采用的商业模式与盒马不谋而合,公司追求以用户体验为中心,重视体验式消费,同时整合物流仓储、供应链金融服务等产业链,形成线上线下相融合的新零售模式,2017年全年实现零售额超37亿元,同比增长42%,其中通过互联网实现零售额超10亿元,增长35.4%。

传统实体零售业小幅回暖。在经受了2016年经济环境低迷、网络零售冲击、同质化竞争等因素的影响之后,传统零售在2017年积极谋求转型升级,逐渐呈现触底回暖的态势。

从百货业看,受第一八佰伴全年增量因素拉动,新区百货业全年累计实现零售额59.35亿元,同比增长4.2%,2017年重新开业的第一八佰伴整体表现突出,业绩增长好于预期,全年实现零售额超30亿元,比上年增长46%,并在年末跨年营销18小时营销活动中,实现零售额7.46亿元,增长20.25%,全程客流17.8万人次,增长15.2%。巴黎春天浦东两家百货店全年实现零售额超9亿元,微涨0.1%。

从大卖场超市行业看,受家得利法人搬至浦东带来的增量因素拉动,2017年新区大卖场超市行业累计实现零售额140.69亿元,增长8%,其中:家乐福、易初莲花全年实现零售额分别下降13.1%、12.5%;大润发、乐购全年实现零售额分别微跌2.8%、0.8%;沃尔玛、欧尚全年实现零售额分别增长4.2%、2%。

从购物中心看,据浦东新区商业信息中心监测显示,新区范围内26家购物中心全年实现零售额243.43亿元,增长11.5%,其中:汇智国际、世博源、长泰广场全年实现零售额分别增长30.8%、22.1%、21.6%,中房金谊、96广场全年实现零售额分别同增长17.5%、13.5%,金桥国际、文峰广场、正大广场、万达广场全年实现零售额分别增长4%、2.8%、2.7%、0.68%。

新兴重点零售企业增长较快。随着1号店撤离浦东,日上免税行成为新区零售规模排名第1位的企业,受中免集团参股日上、出境游人数屡创新高、境外消费日趋增长等因素拉动,日上免税行2017年全年实现零售超85亿元,比上年增长37.3%。凭借着2017年下半年推出的新款手机iPhone8及十周年纪念款手机iPhoneX的上市热销,其销售量及销售额继续保持行业领先,2017年实现零售额超76亿元,增长7.4%,排名浦东新区零售企业规模第2位。高端奢侈品商业综合体国金中心全年零售额突破65亿元,增长16.7%,其中专业专卖奢侈品店全年实现零售额超55亿元,增长36%,国金中心现已稳居全市奢侈品店龙头地位。2017年浦东两家奥特莱斯店业绩表现突出,随着今年Prada、Burberry等招牌主力店的开业,佛罗伦萨小镇迎来新一波的业绩高峰,全年实现零售额突破16亿元,增长37%;奕欧来开业一年以来集聚人气,商场接近满租,2017年实现零售额超5亿元。迪士尼小镇2017年全年实现零售额超5亿元,国际主题乐园餐饮全年实现零售额超4亿元,增长104.9%,陆家嘴迪士尼旗舰店2017年实现零售额超1.5亿元,增长28.2%。

汽车类商品销售稳中趋缓。2017年浦东新区汽车类商品实现零售额603.53亿元,增长8.3%,增速较去年回落0.7个百分点。其中12月实现零售额68.07亿元,增长12.1%。

二手车市场方面,受2016年交易量基数大、二手车限迁政策红利被市场逐渐消化等因素影响,浦东二手车交易增速趋于平缓,全年实现交易额150.38亿元,增长12.6%。

在新能源车方面,2017年全市对新能源汽车补贴政策逐渐限制收紧,包括补贴车辆排量门槛提高、补贴金额减少等。受此影响比亚迪品牌新能源车全年销量骤减,永达威荣(荣威品牌)全年实现销售仅增长8.5%,增速较去年同期大幅回落60个百分点。

在进口车方面,全年进口车销售呈现稳中趋缓的态势,宝诚(宝马)、东昌凌志(雷克萨斯)、汇之星(奔驰)全年实现销售分别同比增长13.5%、13.3%、7.2%。

韩系车方面,2017年受"萨德事件"引发的中韩紧张局势影响,韩系车品牌销售持续低迷,业绩呈现大幅下滑趋势,上海红悦汽车(起亚)、上海联诚汽车(现代)全年实现零售额均大幅下滑超过30%。

家居建材业持续回暖。受2016年楼市火爆行情带动,2017年装潢行业持续回暖,新区家居建材装潢业实现零售额57.19亿元,增长27.4%。从具体企业看,红星美凯龙、百安居业绩继续保持大幅增长,全年零售额分别增长68.6%、42.2%。

住宿餐饮业稳中有升。2017年浦东新区全年实现住宿餐饮业营业收入221.24亿元,增长9.1%,增速较去年回升0.4个百分点。

从住宿餐饮业在网络零售方面表现看,宾馆企业长荣酒店、香格里拉、浦东星河湾全年通过互联网实现营业额比上年增长137.4%、70.4%、45.7%;餐饮企业月之兔、海上黔香阁全年通过互联网实现营业额增长54.1%、3.1%。

从餐饮类别看,大众化连锁餐饮继续保持较高速增长,是拉动餐饮业增长的主要贡献,其中连锁正餐企业釜山料理、王品西提、避风塘、呷哺呷哺、望湘园全年实现营业收入分别增长21.3%、15.2%、13.2%、11.3%、7%;连锁快餐业绩稳步回暖,西式快餐必胜客、星巴克、达美乐、棒约翰全年营业收入分别增长19.3%、17.9%、14.2%、13%,中日式快餐丸龟制面、永和大王全年营业收入分别增长53%、10.5%。

三、2018年浦东商贸业发展形势判断

2018年,中国经济将继续保持稳中向好的增长趋势,浦东商贸流通市场将进一步扩大,商业消费市场由于需要消化1号店撤离造成的影响,将呈现稳中趋缓的态势,预计浦东新区商贸业2018年一季度实现社会消费品零售总额543亿元,同比增

长5%,商品销售总额9 136亿元,增长8%。

1. 批发贸易方面

有色金属、汽车、黑色能源三大主力商品销售仍将保持稳定较高速增长的态势,是新区批发贸易业的主力增长点。从商品类别分析如下。

(1) 有色金属类商品进一步增长。2018年,供给侧改革去产能政策将进一步深化,在供应端缩紧的刺激下,有色金属市场需求预期将保持强劲增长,从而拉动铜、锌、铅等有色金属价格及销量上涨,预计2018年新区金属类商品销售将保持两位数快速增长。

(2) 汽车类商品稳中趋缓。2018年,小排量车购置税优惠政策将全面退出,新能源车补贴政策也将进一步收紧,受此不稳定因素影响,预计2018年汽车类商品销售将出现稳中趋缓,缓中有跌的情况。

(3) 黑色能源类商品销售上升。受煤炭、石油市场需求持续增长的有利刺激,黑色能源类商品价格将进一步上涨,拉动2018年新区煤炭、石油类商品销售增长。

2. 零售市场方面

(1) 新零售业态规模将进一步扩大。2018年,新零售业仍将保持快速发展的态势,盒马鲜生、迪卡侬、特斯拉等已开业的新零售仍将谋求进一步发展,预计实现零售额继续保持两位数增长。另外浦东将出现更多新零售业态,其中包括京东全球首家"无界零售"线下店京东汇,选址外高桥森兰。

(2) 传统零售实体店稳中趋暖。传统零售实体店为了应对网络冲击、同质化竞争等挑战,近年来一直在谋求转型发展,随着市场经济环境逐渐回暖,线上线下融合日趋明显,实体店将呈现稳中趋暖的态势,预计2018年购物中心、百货、大卖场超市、家居建材等实体零售企业业绩继续回暖。

(3) 汽车消费市场增速放缓。2018年,随着小排量汽车购置税减半政策结束、新能源车补贴政策收紧等因素的影响,预计全年浦东汽车类商品零售增速将呈现明显放缓的态势。

(4) 住宿餐饮业方面。大众化连锁餐饮仍将是拉动餐饮业稳定增长的主要贡献,而住宿餐饮业在线上零售方面由于前两年爆发式的增长,受基数过大拖累将出现一定程度的下滑,预计2018年浦东新区住宿餐饮业消费市场将保持个位数平稳增长,增速仍将高于零售消费市场。

3. 服务业方面

(1) 金融业。2018年一是要提升金融产业发展质量,进一步深化自贸区金融开放创新,进一步完善金融市场和机构体系建设,增强金融核心功能区的集聚辐射和全球资源配置能力;二是要增强金融服务实体经济能力,深化"双城联动",大力培育独角兽企业和上市公司,增强"一带一路"金融服务功能;三是要提高金融风险防控水平,完善金融风险监测、预警、防范和处置制度建设,构建金融风险防范的长效机制;四是要打响"上海服务,金融引领"品牌,加大宣传力度,主动策划推介,塑造浦东金融品牌形象,提升知名度和影响力。

(2)航运业。2018年将进入浦东国际航运中心建设的攻坚冲刺阶段,紧紧围绕航运业典型的"国际化、市场化、专业化"特点,对标国际先进国家和地区,推进自由贸易港、自贸试验区航运创新事项,扩大航运领域对外开放;推动临空经济发展,推进产业基地及重大项目平台的建设;发挥航运产业财政扶持政策作用,合作建立浦东航运要素国际招商网络,推进航运战略招商和精准招商,促进各类航运要素集聚;加强国际交流合作,加大航运人才引进和保障力度,优化国际营商环境;积极培育新兴航运业态,建立完善浦东航运政策咨询、人才和法律服务平台,提升现代航运服务水平,进一步夯实浦东国际航运中心核心功能区的地位,持续提升国际航运资源配置能力。

四、 2018年浦东商业发展相关举措

1. 积极协调未开业商业设施建设,推进新开业商业项目对接工作

(1)重点对接新开业商业项目。对新开业的唐镇阳光天地、尚悦湾、上海中心做好重点情况对接、信息追踪、数据统计等相关工作。

(2)推进未开业的增量商业项目。做好陆家嘴中心L+Mall、置汇旭辉广场、前滩太古里、世纪汇广场、周浦永乐广场等尚未开业的增量商业项目的建设、配套、协调等工作。

2. 积极探索商贸行业新亮点

(1)探索浦东消费指数后续跟踪、应用、推广。做好对浦东消费指数发布后的跟踪、研究、完善,积极推广浦东消费指数应用到实际工作中,加强对与零售业相关的重点服务业监测分析。

(2)加强新零售业态拓展。争取将浦东范围内新零售企业纳入监测会员单位,采集相关销售数据,更加全面熟悉、掌握、了解新零售业态发展情况,对商业消费市场的新亮点进一步探索和研究。

3. 延续系列传统节庆营销活动,开拓创新浦东品牌活动

在延续桃花节、购物节、旅游节、跨年迎新等系列传统节庆活动的基础上,结合

会、商、旅、文、体联动,努力开拓创新,打造浦东新品牌营销活动。

五、主要商业中心介绍

"十三五"期间,浦东新区要在现有中心商业圈、特色商业圈、地区商业中心、居住区商业4个层次布局基础上,进一步优化全区商业布局,打造"两区、十圈、一网、多点"的多层次商业体系。

1. "两区"

是指陆家嘴商贸区、国际旅游度假区商贸区两个市级商业中心。"十三五"期间,要更进一步促进这两个地区商贸开发和要素集聚,发挥对浦东新区商贸业的支撑作用。

(1) 小陆家嘴—张杨路商业中心:以世纪大道为轴,通过扩大小陆家嘴地区、张杨路沿线以及轨道交通枢纽周边地区商业规模、优化业态结构、增强综合功能,商业商务融合发展,发展成为浦东新区商业的地标,成为上海体量较大、集聚度较高、业态较全的综合商业功能区。完善高端商务商业、餐饮娱乐、都市观光、文化休闲等城市综合功能,探索高端商业与高端商务集聚互动的发展模式,形成具有国际影响力的商业中心,打造世界级中央商务区。做强总部经济和国际贸易服务功能,成为大宗商品交易市场总部基地。

(2) 国际旅游度假区商业中心:以国际旅游度假区为核心,整合川沙新镇的商业资源,与周边旅游联动发展,建成休闲、娱乐、购物功能突出的特色商业集聚区。核心区商业主要为旅游区服务配套。核心区周边集中发展具有主题特色的商业旅游综合体,以满足国内外各类游客多样化消费需求。

2. "十圈"

是指世博前滩、张江、航空城、外高桥、金桥、南汇新城、周浦、惠南、唐镇、御桥等10个地区级商业中心。

(1) 张江地区商业中心:以传奇广场城市更新试点项目为契机,打造高端商务办公和体验式消费为一体的城市商业综合体;以长泰广场和汇智国际商业中心为载体,打造集一流办公研发环境、商业商务环境、人文生活环境于一体的产业社区;推进广兰路地铁站商圈建设,为张江集镇居住区提供完善的社区商业配套;着力打造张江中区居住社区商业配套,重点体现张江科学城特色,营造优质的居住环境。

(2) 航空城地区商业中心:争取海关政策支持,拓展空运货物国际中转集拼,推进上海火车站东站建设,促进空铁联运,打造跨国贸易商务区;发挥国际国内客运、货运优势,在浦东机场综合保税区建设跨境电子商务展示、分拨和交易中心;在祝桥建设临空农产品展示集散中心。

(3) 世博前滩地区商业中心:在原世博轴改建的"世博源"商业区域,围绕顶级国际交流核心功能,以"体验"为核心元素,形成时尚购物、文化博览创意、总部商务、高端会展、旅游休闲和生态人居为一体的综合性商业中心。完善会展商务区与城市最佳实践区配套商业服务设施。前滩地区立足于服务新兴总部商务区及周边大型社区,主要依托轨道交通站点及钱家滩路两侧集中布局综合性商业设施,以商务配套、文化休闲、时尚购物为主要功能,包括商务餐饮、品牌专业专卖店、特色零售等商业设施,形成高品质的地区商业中心。

(4) 外高桥地区商业中心:借助自贸区建设的契机,以洲海路两侧、杨高北路周边地块为重点,进一步明确功能定位及主力业态,有序建设商务楼宇、会展设施、星级酒店等设施,形成外高桥地区商业中心。拓展贸易结算功能,成为跨境电商商业中心;推动大宗商品国际现货交易市场和大宗商品电子商务物流基地建设;构建"Mall of Mall"商业创新平台模式,全力打造森兰平台,在消费功能之外提供商业创新孵化空间、开设商业创客中心。

(5) 金桥地区商业中心:以金桥开发区三角地区域城市更新试点项目为契机,打造集"商业商务、总部办公、技术研发、教育培训、会展交流"为一体的综合型公共服务中心;以啦啦宝都商办项目、金桥太茂国际商业广场等为载体,打造集高端商业商务环境和人文生活环境于一体的产业社区;促进生产性服务业向专业化和价值链高端延伸,推进跨境电子商务产业基地建设。

(6) 南汇新城地区商业中心:主要布局在新城一环带内,集中建设高品质、现代化的商务楼宇、星级酒店和商业设施,突出商业与商务相融合、商业与旅游相配套、商业与轨交相结合,形成充分体现独立新城核心城市功能、凸显滨海文化特色的新城商业商务中心;要依托原南汇农业提升发展,形成"农旅文"融合的特色农产品商业中心。此外,要以临港为试点区域,加强自贸试验区(FTZ)和国家间自由贸易区(FTA)的对接,打造跨国贸易承载区和大宗商品现代流通产学研基地。

(7) 周浦地区商业中心:以万达为中心,以年家浜路周边区域为载体,发展周浦区域商业中心。

(8) 惠南地区商业中心:优化原有商业设施的基础,加快16号线地铁上盖商业建设,惠南民乐大型居住区的商业建设,提升惠南商业竞争力和吸引力。

(9) 御桥地区商业中心:围绕沪南路、御桥路、康衫路、临御路等区域,结合宜家、红星美凯龙和东郊百联等大型商业设施,进一步提升能级,完善配套,形成功能齐全的地区商业中心。

（10）唐镇地区商业中心：依托已建、新建重点地块和重点项目，以高科东路、唐陆公路为主轴，以大型都市购物中心为核心，形成地区商业中心。

3."一网"：轨交沿线现代商贸延伸网

利用2号、6号、9号、10号、13号、14号、16号地铁，沿站建立商贸网点，形成地铁沿线现代服务业延伸网。

4."多点"：特色商业街区和社区商业

一是布局特色商业街。引进稀缺性商业元素，形成浦东特色商业。

二是加快建设社区商业。重点建设曹路、周浦、川沙、惠南、大团、宣桥、航头、书院、新场、合庆等社区级商业中心。

第二节 黄 浦 区

一、2017年黄浦区服务业、商贸流通业发展基本数据

2017年黄浦区服务业、商贸流通业发展基本数据见表12-2。

表12-2 2017年黄浦区服务业、商贸流通业发展基本数据

指标名称	2017年	比上年增长/%
生产总值/亿元	2 104.4	6.2
♯第三产业增加值/亿元	2 041.9	6.3
♯商业*增加值/亿元	344.9	4.1
商品销售总额/亿元	6 230.0	8.6
社会消费品零售总额/亿元	814.1	1.9
地方税收总额/亿元	193.8	3.0
♯第三产业税收/亿元	182.8	2.3
♯商业税收/亿元	40.9	10.0
年末户籍人口数/万人	84.7	-1.6
年末常住人口数/万人	65.5	-0.2

* 商业口径为批发零售业

二、 2017年黄浦区服务业发展概况

2017年,黄浦区紧紧围绕"四个标杆、四个前列、四个进一步"的总体目标,积极适应经济发展新常态,聚焦供给侧结构性改革,以"稳、破、立"为工作主线,全力以赴稳增长、调结构、补短板、惠民生,全区经济和社会保持健康平稳的发展态势。

1. 总体概况

2017年,黄浦区实现地区生产总值2 104.44亿元,比上年增长6.20%。其中服务业实现增加值2 041.89亿元,比上年增长6.30%,占地区生产总值的97.00%(表12-3)。

表12-3　2017年黄浦区服务业增加值情况

行业名称	增加值/亿元	增幅/%	比重/%
批发和零售业	344.86	4.10	16.90
交通运输、仓储和邮政业	95.94	12.50	4.70
住宿和餐饮业	67.41	3.50	3.30
信息传输、软件和信息技术服务业	50.61	5.20	2.50
金融业	844.42	9.90	41.40
房地产业	95.69	−28.50	4.70
其他服务业	542.85	9.50	26.60

数据来源:黄浦区统计局。

2. 投资情况

2017年,黄浦区引进内资207.29亿元,合同利用外资14.61亿元。全年引进现代服务业企业1 002家,其中高端服务业企业156家;引进重点金融机构、类金融机构60家;引进总部型企业10家。

高端服务业发展不断取得新突破。要素市场功能进一步完善,上海票据交易所股份有限公司、上海场外大宗商品衍生品协会落地黄浦。高端服务业产业结构进一步优化,凯石基金管理公司、中电投先融(上海)资产管理有限公司、上海电气商业保理有限公司、天谷源基因科技上海有限公司、上海涅槃影业有限公司等相继落地。"1+N"式企业集群不断强化,浦发系浦惠数字金融及投贷联动平台浦江浦银国际股权投资公司,中民投系中民普惠金融服务公司、中民财智、民投小贷公司,泛海系泛海资管,平安系上海平安万家健康管理有限公司,复星集团复星康健融资租赁公司

等陆续落户。

3. 税收情况

2017年,第三产业完成区级税收182.83亿元,占全区总量比重达到94.30%;六大重点产业完成区级税收136.36亿元,占比为70.30%;涉外经济完成区级税收84.36亿元,占比为43.50%。

高端服务业稳步发展,六大重点产业总税收占比达到77.30%,区级税收同比增长6.50%,占比为70.30%,较去年同期上升2.30百分点;五大新领域区级税收同比增长8.20%,占比为20.20%;区域经济对房地产依存度进一步下降,较去年同期回落2.60百分点(表12-4)。

表12-4 2017年黄浦区服务业税收情况

行业名称	税收/亿元	增幅/%	比重/%
一、现代服务业	491	2.40	77.30
1. 金融服务业	137	−14.10	21.60
2. 专业服务业	110	10.70	17.30
3. 商贸流通业	140	11.60	22.00
4. 文化创意业	73	22.80	11.60
5. 休闲旅游业	16	−2.50	2.50
6. 航运物流业	15	−22.10	2.40
二、房地产业	109	−2.60	17.20
三、其他	1	−53.60	0.20

4. 总部经济发展情况

2017年总部经济保持良好发展势头。总部型企业(166家)完成区级税收57.23亿元,同口径增长1.40%,占比为29.50%,新增快乐蜂、蕾碧裳、恩梯梯等跨国公司地区总部3家。楼宇经济贡献进一步增强,全区165幢重点商务楼宇完成区级税收113.90亿元,占比为58.80%。总税收亿元楼达到67幢,其中区级税收亿元楼30幢。

三、服务业重点领域发展情况

围绕打造高端服务业发展标杆,提升发展金融服务业、专业服务业、商贸流通业、文化创意业、休闲旅游业、航运物流业六大产业,聚焦发展新金融、新消费、创意2.0、大健康、"互联网+"五大新领域,培育发展新兴服务业。高端服务业发展引领地位逐步显现、主导作用持续加强、优势领域不断巩固、新兴领域持续拓展。

1. 金融服务业

金融服务业持续拓展。积极落实"维护金融安全、去杠杆"精神,一手抓内生动力提升,一手抓外延传导压力化解,金融服务业规模持续壮大,对接自贸金融创新取得阶段性进展,投资类企业放管服试点工作有序开展,金融发展研究不断深化,风险防范处置和维稳力度进一步加大,金融发展更加规范。

要素市场结构能级强化,服务功能提升。2017年清算所推出上海碳配额远期交易中央对手清算业务;上海票交所正式发布电票系统业务制度新规则;黄金交易所加快国际黄金市场拓展培育;全球对手方协会发布CCP12量化披露实务标准。

传统优势金融行业能级不断提升,黄浦目前有持照的金融机构有580多家,金融、类金融机构有3 000多家,形成了传统的金融,如银行、证券、保险等,以及新的金融,如信托、公募基金、私募基金等,新旧并存的集聚效应。

新型金融服务业态不断丰富,以资产管理、资本运营、专业金融服务为重点,目前股权投资、商业保理、融资租赁、财务管理、私募基金、金融信息服务等新金融企业已有1 100多家。

民营金融和互联网金融发展迅速。在金融科技的支持下,网络保险、跨境支付等多个领域一批民营互联网金融企业获得牌照并领跑行业。同时,行业组织、高端智库也不断在外滩滨江集聚。

受上年高基数和部分权重行业产出下滑影响,虽然金融服务业面临压力,但降幅逐月收窄,完成区级税收33.87亿元,同比下降7.00%,占比为17.50%。证券、资本投资、金融租赁业等权重行业呈现阶段性下滑趋势,同比分别下降30.60%、3.90%、15.80%;金融信托业增长依然强劲,同比增长32.90%;互联网金融延续增长势头,136家企业同比增长31.90%。

2. 商贸流通业

2017年实现社会消费品零售额814.1亿元,比上年增长1.86%。实现商品销售额6 230.0亿元,增长8.55%。2017年,商贸流通业完成区级收入40.87亿元,增长9.96%,占全区税收收入的21.08%,位居全区六大行业首位。

黄浦区深入推进"国际消费城市示范区"建设,以推进商业结构调整、优化公共空间环境和提升服务水平质量为主要抓手,全力推动商圈整体转型升级。商业结构调整方面,聚焦重点项目,维多利亚的秘密旗舰店、外滩·中央一期、新天地无限极荟等项目已按照预定计划开业迎客;加快推进一百商业中心(A、B馆已试营业)、世茂国际广场、淮海南丰荟等一批项目调整工作;积极推动锦江国购、市百一店淮海店、永安百货、尚贤坊等项目的前期准备工作。优化公共空间环境方面,已完成淮海中路(思南路—茂名南路)试验段的灯光景观改造,并在淮海中路、瑞金二路完成城市家具试点布置工作,慢行导视系统也已经完成落地安装并加紧调试运行。服务质量方面,深入开展"服务质量年"活动实施方案,落实第三方评测监督,开展服务明星评选活动,以打造"最放心商品、最优质服务"的品质消费示范区为目标,不断提升服务质量,发挥商业街区的体验性优势,增强商业服务软实力。

(1) 社会消费品零售总额。2017年,全区共实现社会消费品零售额814.1亿元,比上年增长1.86%,规模继续保持中心城区首位。

(2) 商品销售总额。2017年,全区共实现商品销售额6 230.0亿元,比上年增长8.55%。

3. 专业服务业

专业服务业发展强劲,2017年完成区级税收33.12亿元,比上年增长20.10%,占比为17.10%,产业高附加值属性更为明显。

加快高层次、多门类、规模化专业服务体系建设,提升服务能级、拓展服务领域、扩大服务半径,把黄浦建设成为上海最具标志性和影响力的专业服务集聚地。

巩固发展会计、审计、法律、人力资源等优势行业,加快集聚全球行业品牌。支持会计审计业领军企业加快产业链延伸步伐,提升发展高端人力资源管理服务,支持律师事务所开拓服务新领域。

大力发展信用评级、资产评估等中介服务,加快发展商标版权代理、无形资产评估等知识产权服务,扶持发展新技术应用、新能源服务、船舶检验检测相关的专业技术服务,培育国内行业领军企业。

专业服务八大子行业增速稳定。资产管理行业持续扩张,同比增长40.50%;商务服务业同比增长15.40%,在全区经济总量中占比达1/8;其中会计、审计、法律服务及税务服务等行业延续增长势头;租赁服务、国际组织、技术服务等专精尖行业持续拓展。

4. 文化创意业

文化创意业平稳发展。完成区级税收19.26亿元,比上年增长17.95%。

大力发展广告设计、建筑设计、时尚设计、动漫制作和数字出版等优势行业,提升发展文化演艺、文化交易和文化金融等资源释放类行业,推动文化创意与科技、金融、贸易等行业跨界融合。完善文化创意园区布局,不断提升园区能级,巩固提升八号桥、江南智造等创意园区优势,加快推进世博最佳实践区创意园区建设,进一步增加亿元园区规模,推动创意园区向创意街区、创意社区拓展延伸,形成一批具有广泛知名度和影响力的文化创意产业地标。

专业细分行业稳步发展,创意设计、科技创新、专业服务等行业税收均保持两位数以上增幅,以咨询服务、创意设计为主的高端行业优势地位进一步巩固。创意园区贡献度提升,主要创意园区保持高速增长,增长达28.61%,其中江南智造继续保持多年高增长态势,规模稳居各园区首位。

四、黄浦区服务业发展布局

(一)总体发展布局

黄浦区以提升区域功能、增强发展后劲为核心,形成了"一带引领、四组团联动"的发展格局,以重点项目为抓手,推动功能区联动融合发展,优化高端服务业功能布局。

1. 一带引领:外滩金融集聚带

以打造上海国际金融中心核心功能区为目标,按照"一城一带"的国家战略布局,加快推进商业商务项目建设开发,拓展发展空间;积极推动老大楼改造利用,重现外滩金融经典魅力;提高金融要素集聚度,进一步集聚国家级要素市场、机构和企业总部;加强金融生态环境塑造,进一步提升外滩金融的国际影响力与号召力。2017年,中山南路地下二层主通道顺利通车,594地块、复兴地块等商业商务项目实现竣工产出,外滩·中央一期正式开业。

2. 组团联动:南京东路—人民广场功能组团、淮海中路—新天地功能组团、南外滩—豫园功能组团、打浦桥—世博浦西园区功能组团

南京东路—人民广场功能组团。以"会商旅文"联动为纽带,推动南京东路商业街和人民广场文化商务区的联动融合发展,打造繁荣繁华的世界级商业街区和世界知名文化演艺集聚区。2017年,大世界传艺中心正式对外营业;一百商业中心、世贸商城完成整体改造。完成北京东路区域功能调整规划,制定并实施北京东路转型三年行动计划,大力推进沿线十大转型项目、七大民生项目、三大环境项目。

淮海中路—新天地功能组团。以国际化、高端化为方向,推动淮海中路商业街和新天地国际高端商务区的联动融合发展,打造时尚高雅的世界级商业街区和国际高端商务区。2017年,"维多利亚的秘密"旗舰店、新天地无限极荟正式开业,淮海商都已环评验收,瑞安广场、中环广场正在进行升级改造,淮海路灯光景观改造工程有序推进,启动大上海时代广场、人民坊等建筑的灯光改造试点施工,黄陂南路站与尚贤

坊保护性改造项目地下结构同步施工,茂名路风井施工有序推进。

南外滩—豫园功能组团。以传承、融合为引导,推动南外滩和豫园地区的联动融合发展,基本建成国际一流的南外滩中央活动区、上海最具民俗特色的文化旅游区和国内外高端品牌集聚的国际黄金珠宝商贸功能区。2017年,14号线黄浦区段三站一并完成征收腾地任务,南浦大桥W3匝道改造工程按时完成并通车,推进董家渡金融城、198/199/200街坊地下空间建设前期工作。

打浦桥—世博浦西园区功能组团。以创新、创意为重点,推动打浦桥和世博浦西园区的联动融合发展,打造具有国际影响力的创新创意集聚区和极具人气的商业商务中心。2017年,65#地块(南块)建设有序推进,北块已完成竣工备案。

(二)主要服务业集聚区发展布局

1. 外滩滨江高端服务业创新发展示范区建设进展情况

加强组织领导和政策设计,推进外滩滨江高端服务业创新发展示范区建设再上台阶。发布《外滩滨江高端服务业创新发展示范区三年行动计划(2018—2020)》,组建示范区建设领导小组,促进以金融和创意产业为代表的高端服务业项目相继落地。进一步提高示范区高端要素集聚度、高端服务辐射度和创新示范力度,坚持以高端化、国际化、专业化为导向,着力将外滩滨江高端服务业创新发展示范区建设成为上海自贸经验率先复制推广区、金融综合监管与服务实体经济先行示范区、最优营商环境创新实践区。

2. 全力推进北京东路地区转型升级

与专业机构紧密合作,精心编制北京东路地区城市更新整体方案,多方征询、不断细化,制定完成以十大转型项目、七大民生项目、三大环境项目为主的北京东路转型三年行动计划。加大沿线十大转型项目推进力度,其中,爱姆意项目已实现转型升级;大东海项目已由专业公司开展资产评估;建材集团项目将于年底前完成设计方案并开工建设;新世界五金公司项目一期已开业,五金公司和金外滩集团正在设立合资公司对项目二期进行开发运作,万国五金市场等其他项目已形成初步方案,正在研究、完善方案。

3. 有序推动小商品市场转型升级

会同专业机构,完成斜土路鞋城、豫园地区功能转型设计方案。形成黄浦区小商品市场转型升级三年行动计划纲要并经区政府专题会议原则通过。正在加紧编制三年行动计划,明确工作重点、工作原则及具体措施。加快启动卢南鞋城的改造,积极引进微视频文化产业园区等一批示范性项目。

(三) 服务业重点项目建设情况

发布外滩新金融发展指数。研究制订《黄浦区金融企业专项统计普查工作方案》《外滩金融发展指数方案（讨论稿）》，召开指数工作动员会和6场金融业专项调查培训会，对黄浦区1 610家金融企业开展专项统计调查，最大限度地确保调查数据的完整性和真实性。2017年外滩金融发展指数首次发布，系统反映外滩物理环境、人才发展、政策环境、传统金融机构、新型金融机构以及核心要素市场等多方面的发展。

营造金融服务生态环境。复旦泛海国际金融学院、上海新金融研究院、互联网金融协会先后落户黄浦。每年举行多场围绕金融主题的国际论坛或国际峰会，形成了很好的金融环境和氛围。

五、 2018年黄浦区服务业发展思路和重点

1. 全力提升城区能级和核心竞争力

深入贯彻中央和市委决策部署，主动服务全国和全市发展大局，努力在上海代表国家参与国际合作与竞争中发挥支撑引领作用，加快构筑新时代黄浦发展的战略优势，全面增强城市"心脏、窗口和名片"功能，努力强化城市经济集聚辐射功能，推动高质量发展；强化城市治理标杆示范功能，创造高品质生活；强化城市文化传播引领功能，彰显文化软实力，建设黄浦区成为高质量发展的核心引领区、高品质生活的标杆示范区、彰显文化软实力的新高地。

2. 打响"上海服务"品牌

积极贯彻市委、市政府关于全力打响"四个品牌"的要求，落实区委、区政府相关工作部署，全面准确演绎"上海服务"品牌内涵，以"经济服务"、"公共服务"和"开放服务"为主线，对标国际最高标准、最好水平，进一步增强服务经济的示范作用和协同效能，进一步提高公共服务的公开化、便利化、法制化水平，进一步优化开放协作的企业感受，提高企业获得感。持续推进质量变革、效率变革、动力变革，不断彰显功能优势、争创先发优势、打造品牌优势，提升黄浦核心承载区、品牌标识区独特战略优势，实现"上海服务，黄浦领航"。

3. 深化外滩滨江高端服务业创新发展示范区建设

以供给侧改革为主线，深入推进外滩滨江高端服务业创新发展示范区建设，大力提升服务业发展能级，稳步实施国资国企改革，通过拓展新需求，做大新亮点，培育新

动能,在促进升级发展中取得更多新成效。积极创建国家级高端服务业创新发展示范区,努力提升金融服务业能级和影响力,进一步集聚国家级要素市场、跨国公司地区总部、行业龙头企业和功能型机构,积极承办各类国际会议和论坛、开展合作项目;提升发展文化创意业,聚焦不同细分行业发展需要,进一步强化集聚、优化环境、提升服务,巩固咨询服务、创意设计等行业优势。支持创意园区发展,强化园区品牌化发展趋势,提升江南智造品牌集聚区影响力;推动园区商业机构调整,提升园区密度和能级。

4. 优化综合营商环境

着力把简政放权、放管结合、优化服务推向纵深,推进基础性关键领域改革取得新突破,进一步优化产业发展环境,进一步降低企业办事成本,进一步增强企业扶持的针对性,进一步加强政府服务的及时性有效性,打造全市最优综合营商环境。

第三节 徐 汇 区

一、2017年徐汇区服务业、商业发展基本数据

2017年徐汇区服务业、商业发展基本数据见表12-5。

表12-5 2017年徐汇区服务业、商业发展基本数据

指标名称	2017年	比上年增长/%
生产总值/亿元	1 573.94	6.7
♯第三产业增加值/亿元	1 409.35	7.1
♯商业增加值/亿元	268.18	10.3
商品销售总额/亿元	5 281.38	18.1
社会消费品零售总额/亿元	666.74	5.0
地方税收总额/亿元	186.02	7.0
♯第三产业税收/亿元	258.22	2.7
♯商业税收/亿元	98.58	27.1
年末户籍人口数/万人	92.12	0.05
年末常住人口数/万人	108.83	0.2

二、2017 年徐汇区服务业、商业发展特点和运行分析

2017 年,徐汇区继续推进产业转型升级,经济综合实力显著增强,创新驱动发展的积极效应进一步显现。徐汇现代服务业全年实现营业收入 2 295.06 亿元,比上年增长 13.0%;实现税收 258.22 亿元,增长 2.7%,占全区税收总额的 45.3%。

(一) 现代服务业

1. 发展概况

(1) 重点子行业主导产业发展。专业服务业保持强劲发展势头,依然占据行业领头羊地位。全年实现营业收入 1 113.86 亿元,比上年增长 13.5%,占全区现代服务业营业收入的 48.5%。其中,投资与资产管理、其他企业管理服务、社会经济咨询、其他人力资源服务 4 个行业的营业收入占专业服务业的比重逾 90%。信息服务业实现较快增长。全年实现营业收入 428.32 亿元,增长 13.7%,占全区现代服务业营业收入的 18.7%。基于移动互联网技术的数字内容服务、开放式云平台、集成电路设计等行业增长迅速。科研服务业呈现良好增长势头。全年实现营业收入 248.52 亿元,增长 11.9%,占全区现代服务业营业收入 10.8%。其中质检技术服务、工程勘察设计、工程管理服务、其他技术服务推广 4 个行业的营业收入占科技服务业的比重超过 80%。金融服务业保持平稳增长。全年实现营业收入 325.60 亿元,增长 10.0%,占全区现代服务业营业收入 14.2%。始终坚持服务区域发展、服务实体经济、服务国家战略。积极对标上海国际金融中心和中国(上海)自由贸易试验区建设,主动对接国家大众创业万众创新示范基地建设,不断增强做好金融服务的责任感、使命感,进一步激发金融在区域经济和社会事业中的作用。

(2) 总部经济发展势头良好。作为现代服务业的重要组成部分,总部经济继续保持良好的发展势头,自"十三五"开局以来,徐汇在引资过程中抓大引强,重质量,重水平,重效益,重功能,聚焦总部经济,积极吸引更多的跨国公司在徐汇设立高层次的研发中心,同时加强对总部机构的服务。年内新增外资总部经济机构 5 家,其中跨国公司地区总部 4 家,研发中心 1 家。外资总部经济机构新批和增加合同外资 2.02 亿美元,占年度引进合同外资的 17.5%。截至年底,外商在徐汇区累计设立跨国公司地区总部 76 家(其中亚太区总部 7 家)、投资性公司 51 家、研发中心 16 家、总部型机构 2 家。外资总部机构数量自 2008 年起在中心城区中持续位居第 1 位,在全市仅次于浦东新区位居第 2 位。

(3) 商务楼宇贡献度稳定提升。2017年,徐汇区列入统计的146幢楼宇税收增长较快,户数属地率为35.58%,共产生累计税收184.37亿元,比上年增长23.90%。楼宇单位面积产出4 456.16元/平方米。税收超亿元楼宇达到42幢,较2016年增加2幢。

2. 2017年重点推进工作

(1) 持续推进重点产业化、公共服务平台项目的建设。完成2016年度53个区级现代服务业重点建设项目评审工作,重点聚焦"互联网+"、科技创新和产学研对接,推动企业运用科技创新等手段提升产业化能力与服务水平,最终立项29个项目,扶持资金2 380万元,预计达纲后企业营收240亿元,项目收入达到14.1亿元,企业实现税收17.8亿元。

(2) 跟踪推进两个市级集聚区建设工作。其一,漕河泾开发区现代服务业集聚区。总规划建筑面积约84万平方米,目前建成总建筑面积53万平方米,在建面积32万平方米。其中首期工程、二期工程中的总部区、综合配套、星联科研产业区、集聚区总部区(二期)工程已竣工并完成招商,目前入驻企业约160余家,入住率超过90%,其中有500强企业11家;2015年底开工的集聚区商贸区,总建筑面积32.5万平方米,将继续引进"一部三中心"(即地区总部、研发设计中心、运营结算中心和管理服务中心)项目和战略性新兴产业入驻集聚区。

其二,徐家汇中心现代服务业集聚区。徐家汇中心现代服务业集聚区主要分4个地块,目前都在建设中,其中徐家汇中心华山路地块项目于2017年3月底竣工完成,占地面积1.43公顷,建筑面积6.45万平方米,总投入17.6亿元;恭城路地块项目2016年底封顶;虹桥路地块项目地下施工中、宜山路地块项目2017年下半年开工。

(3) 推动产业园区提质增效、转型升级。确定2015年星级评定结果以及开展2016年产业园区星级评定(复核)工作,引导强化园区管理服务功能的提升。同时,为园区管理公司提供全方位服务,积极引导园区争创上海市品牌园区、示范园区。完善创意产业园区入驻企业备案登记管理系统。调整优化园区扶持政策,结合各园区的现状,与15家园区就提高贡献率、属地率、行业集聚率等签订"一园一策"协议。及时服务园区登记备案工作。发挥功能区平台公司作用,加强产业园区招商动态信息跟踪分析,梳理园区入驻企业清单,统计产业业态情况,跟踪重点园区的业态调整。建信息交流共享平台和招商资源信息共享平台,为园区负责人、联系人搭建平台,通过微信、QQ等即时通信网络发布政策、活动、动态。

(4) 牵头区生产性、生活性服务业工作的推进。推进市生产性服务业专项统计工作;组织部分样本企业培训、沟通统计工作,了解企业需求,对接相关政策。顺利完成74家样本企业的季报2017年前三季度生产性服务业统计工作,并被授予"优秀集体奖"。按照市商务委的要求,做好家政人员灵活就业证明办理以及家政服务业上门证培训动员工作,总计报送600名家政人员参加本年度上门证培训。

(二)商业

2017年,区商业实现线上线下消费深入融合,商业回升明显。全年实现商品销售总额5 281.38亿元,比上年增长18.1%。其中商品销售总额超过100亿元的企业有迅销、必胜食品、雀巢、瑞表、国能、滔搏投资,合计实现商品销售总额856.72亿元,比上年增长18.5%。年内,全区实现社会消费品零售总额666.74亿元,比上年增长5.0%。实现税收98.58亿元,比上年增长27.09%,占全区税收总额的17.30%。从主要行业来看,批发和零售业实现社会消费品零售总额597.53亿元,比上年增长5.3%。

1. 持续推动徐家汇商圈能级提升

太平洋数码二期重建项目、港汇恒隆广场改造工程、新鸿基徐家汇中心项目顺利推进,其中徐家汇中心宜山路、恭城路、虹桥路项目规划方案通过审批。商圈6个主要商场调整和引进品牌432个,东方商厦"买手制"新业态试运营。深化商圈"互联网+创新项目"建设,推动徐家汇商圈建设全市智慧商圈示范点。区商务委会同区文化局、商城集团等单位,开展"徐家汇艺术商圈"项目,举办上海购物节等市级商业节庆及元旦、"五一""十一"等重大节假日营销活动。

2. 不断提升社区商业业态

开展全区社区商业布局规划,委托第三方专业机构,通过实地调研、大数据分析、需求模型分析等专业手段,对13个街道(镇)进行社区商业资源规模、消费需求、人口结构分析,提供个性化商业布局意见。巩固衡复地区业态整治成果,制定《衡复历史文化风貌区沿街低端商业业态认定意见》,提供业态调整参考标准。建立联席会议制度,推进衡复地区业态调整常态化。

3. 聚焦重点区域开展业态调整

对中山医院周边两纵七横沿街商业开展调研规划并制定业态调整方案。通过引进盒马鲜生、铭言生鲜、清美鲜食、智慧微菜场等一批民生项目和精品项目缓解民生需求矛盾。推动徐汇日月光中心新社区商业中心开业,推进保利时光里、汇阳广场等一批未开业和已开业社区商业中心项目建设及招商工作。完成粮油市场供应检查和粮油帮困指定供应工作,保障粮油市场稳定。

三、2018年徐汇区现代服务业、商业发展重点工作

（一）现代服务业

2018年徐汇区将坚持稳中求进的工作总基调，贯彻创新发展理念，主动适应经济发展新常态，坚持改革和创新双轮驱动，聚焦制度创新、系统集成，深化供给侧结构性改革，经济发展的质量和效益不断提高。2018年徐汇区现代服务业将在总量规模不断扩大的前提下，仍然保持平稳增长，确保营业收入完成2 595亿元，同比增长13%的目标，逐步实现现代服务业由主导地位向主体地位转变。具体将做好以下工作：

1. 充分发挥好国家、市区相关产业政策的作用

根据区"十三五"规划的产业导向、重点发展领域，重点聚焦信息产业、生命健康产业、文化创意产业，发挥科技服务业的产业撬动作用。加快现代服务业高端化集群化国际化发展的扶持意见政策落地与兑现，结合重点子行业发展需求，存量优质企业、创新成长性企业的特点，制定有针对性的扶持计划，在招商引资、项目培育、载体扶持、环境营造等方面打好"组合拳"。以降低成本类补贴和费用补贴类为主，通过开办费、购房租房补贴、业务补贴、贴息贴费等资金补贴形式，减轻初创企业资金压力。对于成长型企业，采用综合扶持方式。采用科技创新扶持、项目合作、专项资金、活动奖励、人才奖励和荣誉奖励等形式对成长型企业进行综合扶持。积极培育专精特新、隐性冠军企业。采用点对点的个性化服务模式，通过上市补贴、上市培训、融资扶持、专利和著名商标保护等方式对成熟型企业进行扶持。并利用各种渠道对企业进行推介、宣讲、辅导，扩大新的产业政策的知晓率与覆盖面。

同时，多渠道、多平台积极引导企业对接国家、市级相关产业政策、财政资金，按一定比例给予配套支持，使政策效应得到最大化。

2. 加快产业升级，推动高端化、集群化、国际化发展

"十三五"期间，专业服务业、信息服务业依旧展现着强劲的发展动力，拥有了一批特色企业、领头企业，对整个行业起到了强劲的支撑作用，引导了行业发展的走向，市场占有率较高，显现出强劲的发展态势。在此基础上整合产业链相关企业的服务功能，聚集特色，凸显品牌，打造若干产业联盟，推动现代服务业向高端化、集群化、国际化发展，形成更有特点、更具显示度的产业体系。

推进科技创新，通过龙头企业、标杆项目带动，加快产业升级。

要遵循"大企业—大项目—产业链—产业集群"的路径,重点引进拥有核心技术、集群辐射能力强的龙头企业和引领颠覆式创新、爆发式成长的"独角兽"企业,形成"引进一家、带动一批"的联动效应,推动产业高端化集群化发展。要瞄准国内外500强、行业前10名,锁定一批重点目标企业,进一步研究细分,建立项目清单,逐一制定个性化、差异化的引进方案,特别是金融、人工智能、生命健康等领域,要精准研究、精准发力、精准突破。

3. 聚焦重点项目,加强政府的扶持和引导力度

做好历年扶持项目的跟踪监管服务工作。对在建中的40个区现代服务业扶持项目,做好项目建设进度、扶持资金使用情况、中期评估、项目验收考核等管理工作。

进一步完善扶持项目立项、管理、跟踪流程。修订《徐汇区现代服务业专项资金扶持项目管理流程及标准文本》,既体现产业的培育引导作用,又凸显产业发展的效益性。

扶持一批新的产业化建设或升级项目,重点聚焦运用新技术、新模式、新业态的项目。主动联手并依托功能区公司,加强功能区招商引资联动,落实重点企业和项目政策,挖掘具有行业地位、成长性良好、发展潜力大的企业,给予项目扶持。

4. 提升产业园区能级,促进载体与产业联动发展

纳入区商务委管理和服务的园区数量由31家扩展到33家,聚焦园区产业定位和产业布局,重点培育"诚达"等新建的高端创意设计、文化传媒、工业设计园区。

完善产业园区考核评价体系,研究产业园区经济和贡献指标分区域指导意见。探索建立产业园区优胜劣汰机制,鼓励存量园区转型升级,充分发挥政策性资金在园区建设、园区管理、园区发展等方面的杠杆作用和引导作用,促进产业园区提质增效;推进存量园区功能提升工作,着力发挥园区的产业集聚服务平台功能,投融资、招商管理、企业培育、交流合作、人才培训、法律服务、品牌推广等企业服务功能,不断增强园区的产业集聚和竞争力。

5. 整合各方资源,精准化服务企业

持续做好重点企业走访跟踪工作,加强信息沟通,了解企业发展情况、困难和需求,协调企业发展中的重大问题,做好政策宣传以及政企对接。特别是在服务这些行业龙头企业的过程中,注重拓展产业链,培育产业集群。

落实新"市区合作协议",联手市、区现代服务业促进中心开展送现代服务进园区、进企业活动等系列活动和高峰论坛,借助交流活动,宣传和推广徐汇的投资环境和政策优势。

（二）商业

2018年,徐汇区商业工作将围绕以下工作展开。

1. 推进徐家汇中心建设

2018年内,继续推进徐家汇中心项目建设。作为徐家汇商圈升级更新最重要的项目,徐家汇中心由香港新鸿基地产投资运营,以"城中城"概念为建设基础,总建筑体量约94万平方米,共分4期,计划2018年实现部分开业,2022年整体竣工。项目包括超过30万平方米的上海最大商场、370米的浦西第一高楼以及一座超五星级酒店,定位于集高档商场、办公楼宇、高端酒店、活动中心、枢纽中心等功能为一体的大型城市综合体。一期华山路地块已于2017年竣工。

2. 推进"上海购物"品牌相关工作

包括推进与打响上海购物品牌相关的"首店"引进、国际品牌引进、体验型消费模式落地、商旅文活动组织、重点商业项目建设等工作。包括商洽中的超级物种、领克体验店、盒马先生等项目,继续开展2018上海艺术商圈相关活动,开展"十一"商圈整体活动,组织开展上海购物节等一系列商业文化活动等。

3. 创新商业消费模式

积极引进新零售、新模式和新业态。6月,位于裕德路南洋1931项目的徐汇区第2家盒马鲜生开业。与湖南街道共同探索与为老助餐点相结合的具有一定时段性的便民早餐供应示范点开业,并拟申报市级早餐工程示范点。尝试引入"万有集市"社区综合服务网点模式,推进美罗城引进"超级物种",配合兄弟科室协调百脑汇引进"领克体验店"等。另,做好园区配套商业,鼓励漕开发园区、仪电园区等设立新型品牌集合式"白领食堂"等。此外,重振老字号品牌。重新梳理区内老字号、老品牌企业,藉以中国品牌展、老字号博览会等老字号推广计划使其发扬光大,协助国资企业在合适地点做好老字号企业门店扩张工作。

四、徐汇区主要功能区介绍

（一）市级商业中心

1. 徐家汇地区

1984年,时任上海市市长的汪道涵在《政府工作报告》中提出:在徐家汇建立上海市第二个商业中心。翌年,《上海市城市总体规划》把徐家汇地区确定为市级副中心。《上海市经济和社会发展规划纲要》又把徐家汇定为市商业中心之一。1993年10月15日,"徐家汇商城国际研讨会"召开。同年,市规划局批准了《徐家汇地区城市设计规划》。这一设计首次运用城市设计理论,将徐家汇地区的建设范围从广场四周向外扩展,使建设突破了传统的建筑管理模式,做到建筑形态、建筑群体、空间场所、城市景观和路径组织的和谐统一。徐家汇商城第一期工程从1992年开始,一共10个项目,当年规划,当年设计,当年开工,当年竣工。这项目中,有东方商厦、太平洋百货和大千美食林(后改为太平洋数码二期,现已拆除待重建)等。之后的徐家汇数期建设均在20世纪末完成,总面积超过200万平方米(含商业、办公、住宅等),总投资在160亿元左右。由此确定了徐家汇城市副中心的地位。

早年的徐家汇,东起漕溪北路,西到徐虹路,南临南丹路,北至今天的虹桥路,至20世纪初,其区域范围内有天主教大教堂、天文台、土山湾之工艺院、妇女修道院等,与1951年的《上海市交通全图》中"徐家汇镇"位置相符,即所述的"镇前河道通松江枫泾,船只往来颇形热闹,亦沪上之大镇也"。1993年确定的徐家汇的范围为1.2平方千米,其中核心区域0.24平方千米。现在的徐家汇根据沪府(2005)7号文提出的徐家汇知识文化商务区的功能定位,主要指:东起宛平路、宛平南路,至宜山路、南自中山南二路,北至淮海西路,总面积4.69平方千米。区域内有大小各类商业服务业销售网点千余家,商业建筑面积近80万平方米(含宜山路专业特色街及各支马路)。徐家汇年客流总量1.6亿人次,日均客流量近40万人次,节假日间日均客流量近70万人次,并在业态上构成融购、娱、赏、食、游为一体的综合消费的商业布局,其中百货、餐饮、娱乐、文化成为主力业态。

商圈目前较大的商业企业有:百货商店5家(东方商厦旗舰店、汇金百货徐汇店、第六百货、汇联商厦、太平洋百货徐汇店);购物中心5家(港汇、美罗城、百联徐汇、腾飞、光启城);大型电子电器专业专卖市场及自营店5家(太平洋数码一期、百脑汇中金店、国美肇嘉浜路店、苏宁肇嘉浜路店、宏图三胞电脑);大型休闲娱乐城(街)2家(星游城、永新坊)。另外,商圈内还有近千家开设在商厦内或沿街门面的餐饮、食品、电器、计算机、医药、运动器械、金银饰品、服饰鞋帽店和影院(永华影院、新衡山电影院)、书店、咖啡馆等。

根据《徐汇区打响"上海购物"品牌 营造文商融合新体验三年行动计划》,徐家汇商圈定位为"文商"融合体验式消费的世界级商圈。将徐家汇打造成以"文商"融合为特色的国内领先、国际知名的世界级商圈,逐步实现徐家汇商圈一流购物商品集聚、品牌旗舰店、新品"首店"云集、最新最潮业态引领、最优最便捷市场供给的国际体验式消费之都,要使徐家汇的优势更优、特色更特、强项更强。一是城市更新,完善城市功能,通过新建与改造并举拓展徐家汇发展空间;二是业态提升,焕发商业活力,"减"传统落后业态,"增"创新体验业态,"促"线上线下融合发展;三是"文商"融合,重塑核心价值,充分利用徐家汇丰富的文化、体育、旅游等资源,提升徐家汇品牌的内涵和附加值。

2. 淮海中路(徐汇段)

淮海中路是一条跨区商业街,横跨了新黄浦和徐汇两区,从道路长度来看,两区大致各占一半。徐汇区境内的淮海中路长 2 730 米;东起陕西南路,西至华山路。该路段东与淮海中路(新黄浦段)的高档商业圈接壤,西邻上海最高档的住宅区域,经过历史的沉淀,逐渐发展成为淮海路上的"时尚购物圈"。

淮海路筑路在 1901 年,它起先是条泥石路。从 1849 年的法租界,到 1906 年的宝昌路,再到 1914 年的霞飞路,历经风风雨雨,饱经历史沧桑。这条栽满梧桐树的马路在殖民时期曾是住在东方的西洋人生活的地方,也曾为一众政商名流、绅士名媛穿梭其间的所在,直到新中国成立后的第二年,为纪念淮海战役,夺得这场胜利的指挥者之一陈毅,也是新政权下这座城市的首任市长将其改名为淮海路并沿用至今。

经过 20 世纪 90 年代初的改造以及近 20 年的发展,淮海中路(徐汇段)如今已是一条宽畅繁华、闻名遐迩的商业街。虽然这里没有淮海中路(新黄浦段)那样繁华,但作为淮海中路的时尚购物圈,在这里消费更多呈现出的是一种品位,一种风格,一种时尚。

淮海中路沿线商铺种类齐全,集餐饮、购物、金融服务、娱乐休闲、文化艺术于一体。这里不仅有环境优雅的特色餐厅、高层次的购物场所,还有精致奢华的专业专卖店,富有文化内涵的艺术馆、画廊古玩店等。据统计,该路段共有各类沿街商贸服务类网点 83 家,其中,涉及金融(主要为银行网点)类 8 家,涉及母婴中心 1 家,涉及大小各类中西餐饮网点 20 家,涉及宾馆 1 家,涉及文化娱乐(包括画廊、古玩、照相器材和俱乐部等)5 家,涉及其他类(服饰、灯具、家具、食品、眼镜、药品等)网点共 48 家。这里,正以丰富的中西交汇的人文底蕴,引领着上海时尚精品消费和休闲生活的潮流。

当前,淮海中路(徐汇段)商业街正积极演变为上海市高档商业商务集聚区,2013 年下半年开业的新鸿基 IAPM 商办综合体项目,由 12 万平方米的高级商场、两幢写字楼及两幢住宅组成,项目以糅合上海优美城市特色及大都会活力为设计蓝本,并巧妙结合欧陆风情与现代气息,该项目将成为淮海中路商务商贸集聚区的地标性项目。

（二）地区级商业中心

徐汇滨江

徐汇滨江位于徐汇区西南域，北起日晖港，南至关港，东临黄浦江，西至宛平南路—龙华港—龙吴路，紧邻徐家汇、龙华历史文化风貌区，与世博园区、后滩花园隔江相望，面积约达9.4平方千米，岸线长约11.4千米，是目前上海黄浦江两岸可成片开发面积最大的区域，区域开发总量约达900万平方米。

徐汇滨江地区曾是中国近代民族工业的摇篮之一，因其紧邻黄浦江岸，地势开阔，河道纵横，曾集聚了包括龙华机场、上海铁路南浦站、北票煤炭码头、上海水泥厂等众多工业设施和重要的民族企业，是当时上海最主要的交通运输、物流仓储和生产加工基地，承载了中华百年民族工业历史。2010年，上海市启动包括世博会场在内的"黄浦江两岸综合开发计划"，徐汇滨江成为上海市"十二五"规划六大重点建设功能区之一。参照德国汉堡港、英国金丝雀码头等"棕地"复兴成功经验，徐汇滨江地区创造性地运用"上海CORNICHE"的设计理念，结合对历史遗存的保护性开发，构建出整体开放空间的故事线索，完成了旧工业的搬迁以及公共开放空间的打造。2011年末，徐汇区第九次党代会提出"文化先导，产业主导"的徐汇滨江整体开发理念以及打造"西岸文化走廊品牌"工程战略，"上海西岸"正式作为上海徐汇滨江地区的新称谓被广泛使用。

2012年起，遵循"规划引领、文化先导、产业主导"的总体开发思路，徐汇滨江围绕"西岸文化走廊"品牌工程、"西岸传媒港"等核心项目，着力打造汇集国内外顶尖文化艺术、信息传媒、时尚设计、创新金融等业界领袖的国际级滨水文化金融集聚区，目标成为与巴黎左岸、伦敦南岸比肩的，独具魅力与活力的世界级滨水新城区。

经过一轮的发展建设，徐汇滨江目前已成功吸引了龙美术馆、余德耀美术馆、上海摄影艺术中心、香格纳画廊等众多知名文化艺术机构，以及上海梦中心、腾讯、湘芒果、申银万国、华鑫证券等优质文化及金融产业项目的入驻。与此同时，在西岸音乐节、西岸建筑与当代艺术双年展、西岸艺术与设计博览会等品牌活动的引领下，徐汇滨江正在成为沪上高品质文化、商业和体育活动的聚集区。在新一轮的发展进程中，徐汇滨江还将着力推进西岸传媒港、星美术馆、油罐艺术公园、西岸美术馆、水边剧场等更多文化载体建设，扩大"美术馆大道"版图，并借由产业聚集优势，进一步深化艺术品、娱乐传媒及文化金融三大核心产业板块的建设和发展。

2018年9月17日至19日，世界人工智能大会将在徐汇滨江举行。举办2018世界人工智能大会是上海打造国家人工智能发展高地、构筑徐汇"一核一极一带"科创空间布局、打造 AI 应用全球试验场的重要举措。大会将以"人工智能赋能新时代"为主题,以"高端化、国际化、专业化、市场化"为办会方针,分论坛峰会、特色活动、展示应用、创新大赛四大板块,重点突出"产学研用投"相结合的办会方式。大会期间将举办近 20 场主题论坛和峰会,对脑机融合、群体智能、智能芯片、智能驾驶等开展讨论。

(三)社区商业、特色街

1. 武康路—安福路慢生活街区

武康路位于上海市徐汇区,原名福开森路(Route Ferguson),以美国传教士约翰·福开森命名,由上海法租界公董局修筑于 1907 年(光绪三十三年)。武康路被誉为"浓缩了上海近代百年历史"的"名人路",沿线有优秀历史建筑总计 14 处,保留历史建筑 37 处。2011 年 6 月 11 日,上海市徐汇区武康路入选由文化部与国家文物局批准的第三届"中国历史文化名街"。

武康路上有分量的名人故居"密度"较高,沿线西班牙式、法国文艺复兴式等风格的建筑极富特色,是对上海历史的反映。其最大的意义在于这个是一个文化遗产,可以说是反映上海历史文化结点的典型的一条道路。它最大的作用是让人们感觉一个城市在发展进程当中,它的历史,它的一些文化是怎么沉淀下来的,一个城市是怎么一步步发展的。它反映了一个城市发展的轨迹,所以保留一些风貌道路,和风貌相关的沿街的建筑,实际上是保留了城市的历史。

安福路与武康路相交,近年来发展成为慢生活休闲商业特色街区,与武康路的历史人文无法分割。武康路—安福路慢生活特色街区的特色商业大多集中在安福路上,武康路以风貌保护为主。该街区中较具有特色的商业项目是武康庭。

武康庭又名武康新里,主楼建于 20 世纪 70 年代,是上海仪表局的办公楼。外表相当朴实规矩的老楼在多年前被香港一家投资集团相中并开始华丽转身。武康庭的外围是三层高的红色小洋房,里边就是原仪表局的办公楼了。进驻了一些公司、工作室,当然更有提供游人休闲的咖啡吧、餐厅、服饰店等。一楼的 Coffee tree 人气很旺,露天位和室内始终坐得满满的,客人以老外居多。咖啡以及当日出炉的点心均手工烹制。D.I.S.是一间由荷兰设计师开的女装小店。黑白配色,隐藏在大楼一楼的弄堂深处,低调又华丽。另外还有 A Cote 意式餐厅,"邻"家的简洁设计,一如它的比萨一样,简单却值得回味。武康庭中还有 Sense of Touch 水疗馆,作为香港首屈一指的品牌,入驻上海之后便吸引了不少女性朋友。

"武康庭"提倡的理念是优雅生活。这里的狮语画廊,定期会有小型展览在这里上演。红色砖墙上的喷绘涂鸦显露着这里的年轻与活力。武康庭里随意摆设的艺术品及雕塑,均是出自狮语画廊的精心设计,将当代艺术美感与优雅现代的生活理念完美结合。

2. 新乐路时尚街区

新乐路位于淮海路以北,陕西路以西,东湖路以东,长乐路以南,总长不足500米,是徐汇区湖南路街道辖区内一条独具特色的一类风貌保护道路。法式梧桐张扬的枝叶、沿街林立的小店,每一个细节都足以让你驻足,消磨一天美好的时光。新乐路的圣母大堂,东湖宾馆,首席公馆和沿街法式洋房的浪漫气息,渲染出一条典雅、亲切的老派上海马路。

作为上海时尚的前沿阵地,新乐路沿街花园洋房汇聚了130余家买手店铺、独立设计师店、时尚名牌和餐饮休闲店,其中服饰店98家(74%),餐饮店9家,其他各类商户25家。那些从世界各时尚之都带来的与国际接轨的流行服饰,从几百到上万的衣服都可以在这找到。比如坐落于新乐路167号的时尚买手店MMC是一家集结了众多世界级顶尖品牌的最新潮品,而又充满艺术空间的时尚买手店,店主精心打造的水吧体验空间让整个店面充实、精致又随意;又比如新乐路158号,是继伦敦及纽约之后,全球第3家Nike潮流概念店铺X158,集限量鞋款发布、创意交流、艺术作品展览以及Nike运动科技展示多种功能于一身。除大牌商家外,嗅觉敏锐的时尚店主们还把各种小店开到静谧的花园深处,无论店面也好,还是店里的摆设也罢,都充满了生机盎然的设计气息,犹如一个个微缩的舞台、设计师的秀场。

近几年来,湖南路街道办事处根据新乐路优越的地理位置和逐渐形成的商业特色,从整个历史文化风貌区的业态规划着手,逐步引导、培育新乐路成为一条自身特色显著,又能与周边淮海路等大商圈互补共赢的商业小街。如今,无论是白领小资,还是时尚潮人,逛逛新乐路都是一件有意思的事情。在新乐路到处散发着异常浓郁的时尚气息,洋溢着老上海的经典品位——私密、亲切、令人心动。

(四) 智慧商圈:徐家汇商圈

徐家汇商圈2015年7月被市经信委、市商务委确定为上海首批智慧商圈创建活动试点区域。经过两年的投资建设,徐家汇商圈在业态和形态两个方面改造提升商圈整体环境,再造整个区域的商业模式,提升商圈能级,推进徐家汇智慧型商圈建设,打造商旅文特色商圈。

徐家汇智慧商圈建设,通过积极整合商圈资源及系统改造,将线下传统实体百货拓展到线上,从而为消费者提供了"衣、食、住、娱乐、文化"等一站式综合服务体验,把新消费生活方式与传统商业模式进行融合,打造了集"购物、旅游、人文"为一体的共享共赢的数据生态系统。通过覆盖全商圈的"@徐家汇"免费WiFi接入商圈平台,搭建O2O线上平台(www.xjh.com)与手机APP(徐家汇VGO)、预付卡(徐家汇E卡通)等六大智慧工具,组成大数据分析入口,为消费者提供最优质的服务,为商圈百货搭台,促进线上线下良性互动。

1. 徐家汇智慧商圈的六大板块工作

1) 无线WiFi系统搭建

第一期WiFi已经覆盖了汇金、六百、汇联、美罗、太平洋百货、东方商厦、徐汇百联等7个商场4个广场。第二期在覆盖斯波特、天平两个宾馆、唯新百货、汇金南站的基础上,从核心商圈向周边辐射。用户可以使用手机通过查找无线WiFi,搜索到中文的@徐家汇,登录后免费使用。同时达到了通过一键登录,在各个商场漫游使用的功效。截至目前已经拥有100多万WiFi会员,在线用户月均10多万人。

2) O2O平台建设

2012年12月18日上线PC端网站WWW.XJH.COM,公司经过近5年的探索和实践,制定了O2O模式的平台顶层架构,明确www.xjh.com从B2C向O2O的转变。新系统与其他PC平台不同的是具有独特的三层架构,分别为商圈、商场和商户,各有分层的独立管理后台,分别实现运营、管理、结算等相关功能。为徐家汇商圈内线下实体百货提供线上销售渠道,在传统营销活动和重大电商节中,真正实现"百城万店无假货,同品同价同促销"的目标。

3) APP 2.0版徐家汇VGO

2017年初,改版上线的2.0升级版APP"徐家汇VGO",增加的摇一摇功能和利用云端技术实现的AR虚拟现实功能,是线上线下时尚营销的手段。同时APP中的"来此购"功能,让用户在指定时间来到指定地点以超低的价格购买指定商品,这种必须基于现场购买的限制条件是提升线下百货人气促进二次消费的不二法宝。2017年5月商户端APP"徐家汇VGO"也成功上线。

4) 预付费卡E卡通

作为用户的电子钱包和商户的管理工具,已经实现了1.0向2.0版的升级,陆续研发了个性卡、景观卡和定制卡,还计划将E卡通打造成一张集成型的综合会员卡,并将通过系统升级,将实体预付费卡2.0升级为虚拟电子卡3.0版,实现定向转账、资金清分、金融理财、数据分析等更多的功能。

5) 微信服务平台搭建

2017年初,为了更好地服务徐家汇功能区、徐家汇商圈企业,徐家汇商城电商的订阅号及服务号进行全面升级、改版。完成"智汇徐家汇"服务号的调整,以鲜知道、

嗨起来和抢购吧3个频道,针对人群徐家汇商圈的粉丝。同时调整"智汇徐家汇|汇玩吧"的频道以商务服务、直通车和吃喝玩乐,针对人群集中在徐家汇功能区和功能区企业的高级白领。通过2个微信平台发布各类商圈及功能区企业的资讯、活动信息的推文,从而扩大影响力,提升平台知名度。微信服务平台不仅服务消费者,更转型为政策指导、咨询发布以及为徐家汇功能区实现企业资源共享的平台,为企业和用户提供更多、更优、更快的服务。

6) 大数据分析

通过WiFi、PC、APP、E卡通、微信等后台的信息抓取,获得多纬度、一人千面的大数据,针对一个用户做多维度深层次的数据分析,从衣食住行各方面入手,以立体数据预判推送消息。在满足商圈用户各类需求的同时,进行智能聚合、形成线上新的商圈入口。2017年利用沉淀的数据,经过综合分析,为太平洋百货等完成5次定向推送,年底前计划再进行5次定向推送,多品类交叉营销效果显著。

2. 徐家汇智慧商圈的三大创新模式

1) 文化营销

"文化营销"模式,整合徐家汇乃至徐汇区的各类文化资源,通过互联网的手段与消费者有效互动,将传统营销在节假日打价格战,消费者单向接受相关信息的格局转变成为一种常态化、精准化的文化营销价值战,集文化、体验为一体的营销专享服务。

2017年全新打造"汇萃徐家汇"品牌,将更多文化元素引入徐家汇商圈文化营销的品牌。通过举办约会厨房、靓妆学院、戏曲见面会、文化集市等活动,吸引喜欢美食、化妆、戏曲、传统文化的粉丝,从而打造一个喜欢徐家汇的粉丝社群。结合徐家汇智慧商圈已建设的技术工具,与消费者有效交互,达到充分的信任和黏性,最终转化成订单和销售。2017年共举办"汇萃徐家汇"活动17场。

2) 场景运营

2017年创新"场景运营"模式,运用多种创新技术为载体,开展新体验、增强现实、汇玩家等特色活动。新体验,在商圈范围内开展高精尖商品的定时配送服务,在指定的时间,组织特色商品集中向徐家汇商圈范围内的商务楼进行配送;增强现实,通过发起领养宠物的趣味活动,引导消费者到各实体百货指定的场所领养专属各百货的宠物,以宠物为介质发放相关优惠券或折扣券;汇玩家,发起特色抽奖活动,在吸引消费者关注的同时,更好地推广了合作的商家品牌。2017年共完成新体验等活动3场,利用AR技术展示企业形象1场。

3) 事件营销

徐家汇商圈定向挑战赛是以互联网式、"商旅文"体验式、互动交友式为特点的周期性赛事活动。结合徐家汇已建设的六大工具,组织选手在徐家汇商圈内通过徒步的方式完成任务。从而扩大徐家汇商圈知名度,提高大众对徐家汇商圈的喜爱,为各实体百货增加人流、聚集人气。通过不同的主题活动吸引不同的人群参与,经过12届的沉淀,已有近百万的选手关注赛事,定向赛也已成为徐家汇商圈的知名品牌。2017年已成功举办徐家汇商圈定向挑战赛3届,年底前计划再举办1届定向赛。

2017年,为提高徐家汇商圈知名度,通过网站平台、移动APP、WiFi、微信、自媒体、平面媒体等多渠道发布商圈资讯、品牌故事、商圈交通等信息,达到多频次发布,大型活动转载发布量达到百万次。

第四节 长 宁 区

一、2017年长宁区服务业、商业发展基本数据

2017年长宁区服务业、商业发展基本数据见表12-6。

表12-6 2017年长宁区服务业、商业发展基本数据

指标名称	2017年	比上年增长/%
生产总值/亿元	1 317.52	7.8
♯第三产业增加值/亿元	1 229.92	8.5
商品销售总额/亿元	7 495.02	15.1
社会消费品零售总额/亿元	316.88	7.3
年末户籍人口数/万人	58.07	−0.45
年末常住人口数/万人	69.37	0.73

二、2017年长宁区服务业、商业发展特点和运行分析

(一)总体发展态势

2017年,长宁区实现第三产业增加值1 229.92亿元,比上年增长8.5%;社会消费品零售总额316.88亿元,比上年增长7.3%,商品销售总额7 495.02亿元,同比增长15.1%。社会消费品零售总额月平均值26.41亿元,前4个月同比增速放缓,全年增幅呈现季节性波动。

（二）主要运行特点

1. 节庆日效应显著

2017年长宁区围绕重点节庆，策划丰富活动，节日效应明显。元旦、春节、"五一""十一"重要节庆日销售统计同比分别增长21.27%、29.98%、25.15%、29.80%，其中春节、"五一"销售统计增速位列全市中心城区第1位；"十一"销售增速位列全市各城区第1位。

2. 调整转型企业业绩明显提升

2017年区商务委引导重点商业项目落地；推动重点企业通过整体调整转型、局部业态升级或引入优质品牌等多种形式提升商场品质，吸引客流并转化为销售业绩。

位于虹桥商圈的虹桥南丰城、尚嘉中心通过整体转型实现了销售客流两旺。尚嘉中心突出奢侈品集成，针对当下奢侈品消费人群趋于年轻化的市场动向，不断调整优化，引进具有吸引力的品牌，提升消费者服务体验，增强自身竞争力。虹桥南丰城始终坚持亲子家庭的定位，持续引入各类文化、互动活动，已发展成为上海亲子娱乐、家庭休闲的新地标。2017年两商场累计销售增幅超过25%。

中山公园商圈的长宁来福士广场2017年开业，商场在张爱玲母校——圣玛利亚女中的基础上修复重建，集古典、时尚、精品、潮流为一体，为商圈营造精致消费体验注入新动力。龙之梦购物公园利用地铁上盖的优势，加强快销品的集成，引进了ZARA上海最大规模旗舰店。同时增设了超1 000平方米的墙面绿植布展覆盖、3 000平方米以上绿色创意空间，超1万盆绿植分布在商场公共区域。升级为龙之梦购物公园，成功将枢纽人流转化成为消费流，带动商圈整体提升。

3. 特色商业拉动增长

"文商"结合成为提升顾客黏性的重要营销方法，高岛屋的"阿拉蕾"、虹桥南丰城的"萌趣趣"等活动为企业带来良好效益的同时，也提高了商圈的知名度和影响力。长宁来福士广场自开业以来利用其绿地、钟楼等硬件优势，推出特色文创活动，并与体育活动结合，成为长宁半程马拉松的重要赞助单位，实现了商文体绿充分融合。

ART愚园生活美学街区持续调整，引入特色美食、工艺品、体验式DIY等特色商业，精准定位消费群体，提升消费黏性，与中山公园商圈形成联动，带动了商圈及周边商业的发展。

(三) 存在的主要问题

1. 部分存量企业转型意识和方向不清晰

从消费市场的大环境看,传统商业升级转型是大趋势。部分企业对转型升级目标和方向明确,措施有力,取得了不错的成效。但另一部分企业出于转型带来的成本以及预期不确定的考量,在是否转型、转型方向和转型时机上举棋不定,业绩持续低迷,难见起色。

2. 商场调整升级不同步

2017年长宁区部分企业进行了整体调整升级,均取得了不俗的业绩,活跃了商圈的商业氛围。但商圈内商场调整升级不同步的问题也开始显现。在一家商场完成调整,通过新引进品牌和高密度活动吸引人气、集聚消费的关键时期,周边商场开始改造调整,必然对商圈的整体商业氛围和调整效果产生不利影响。商场调整的不同步会拉长商圈整体调整时间,不易形成具备区域特色的商业积淀。

三、2018年长宁区商业发展的重点举措

2018年长宁区88中心和来福士两个大型购物中心进一步完善,从一定程度上进一步带来人流和消费。区内的转型企业尚嘉中心、虹桥南丰城等通过转型升级,销售基数提高很多,预计将进入平稳增长阶段。2018年,长宁区没有大型商业载体等重要增量,而周边区有若干大型购物中心开业升级,届时会对长宁商业起到分流效果。综合来看,两种因素长消相抵,2018年长宁区社会消费品零售总额将平稳增长。

1. 促进商圈提升,引导企业转型调整

进一步引导、推动新虹桥商圈和中山公园商圈重点商业企业优化升级,增强市场竞争力,培育新增商业项目发展;推动存量商业企业继续实施改造调整,在加快品牌开业的同时,挖掘和彰显自身的特色。多维度、多层次拓展商业空间,提升商圈氛围和消费体验。借鉴虹桥南丰城和尚嘉中心转型开业的成功经验,探索继续引导具有人文特色和时尚潮流的业态、品牌进驻商圈,聚集商圈人气。

2. 与国际进口博览会相结合,推动商场特色营销

借助首届中国国际进口商品博览会开展的良好契机,做好会商融合,引导企业借好东风,开展文化、生态主题体验活动。围绕"五一"、购物节等传统节日,继续策划开展系列主题活动,引导企业开展景观营销,并积极牵线协调,力争引入在全市有影响力的"热点"活动,带动综合消费不断增长。

3. 推进"商旅文"进一步融合,放大宣传效应

结合中博会开展契机,区商务委正牵头筹备开展商圈商旅文联动营销活动,继续发挥艺术商圈的作用,引入更多商场需要的文化品牌活动,放大商圈和商业的影响。同时,继续通过报纸、广播、广告灯箱、新媒体等全方位立体化的宣传途径,做好商圈的整体宣传推介,提升商圈的知名度和辐射效应,吸引长三角的消费客流。

第五节 静 安 区

一、2017年静安区服务业、商业发展基本数据

2017年静安区服务业、商业发展基本数据见表12-7。

表12-7 2017年静安区服务业、商业发展基本数据

指标名称	2017年	比上年增长/%
生产总值/亿元	1 703.7	7.0
商品销售总额/亿元	5 815.49	16.5
社会消费品零售总额/亿元	720.37	15.6
地方税收总额/亿元	685.59	5.8
♯第三产业税收/亿元	645.52	7.3
♯商业税收/亿元	173.87	25.38
年末户籍人口数/万人	93.93	/
年末常住人口数/万人	106.62	/

二、2017年静安区服务业、商业发展概况

2017年,静安区商贸服务业、专业服务业、金融服务业、文化创意服务业和信息服务业等五大产业累计完成税收收入483.01亿元,占静安税收收入比重为70.5%。

其中,商贸服务业全年实现三级税收175.84亿元,同比增长21.0%,占全区三级税收比重25.6%;其中区级税收49.27亿元,同比增长20.1%,占区级税收比重23.1%。

专业服务业全年实现三级税收134.49亿元,同比增长13.0%,占全区三级税收比重19.6%;其中区级税收37.20亿元,同比增长15.6%,占区级税收比重17.4%。

金融服务业受金融严监管、去杠杆的影响,金融产业贡献较2016年有所下滑。全年实现三级税收88.00亿元,占全区三级税收比重12.8%;其中区级税收19.62亿元,占区级税收比重9.2%。

文化创意服务业全年实现三级税收40.52亿元,同比增长9.3%,占全区三级税收比重5.9%;其中区级税收11.79亿元,同比增长10.4%,占区级税收比重5.5%。

信息服务业全年实现三级税收44.17亿元,同比增长9.4%,占全区三级税收比重6.4%;其中区级税收12.79亿元,同比增长11.4%,占区级税收比重6.0%。

三、2017年服务业、商业发展改革的相关举措

1. 抓引领,明确重点区域、重点产业发展思路

(1) 建立"国际消费城市"示范区工作推进机制。制定"国际消费城市"示范区建设实施方案,成立区"国际消费城市"示范区建设工作领导小组,明确五大类39项重点推进项目,组织"国际消费城市"示范区建设工作推进会;协助市商务委举办上海市国际消费城市示范区建设媒体通气会,提升工作影响力;研究编制南京西路商圈消费指数体系并对外发布。

(2) 积极制定总部经济发展政策。2017年,静安区在全市率先出台了《静安区促进总部经济发展的实施办法》,明确规定了符合条件的跨国公司地区总部、跨国公司总部型机构、外资研发中心可以享受装修资助、人才公寓、升级资助、国际发明专利资助等一系列区级配套扶持政策,并通过召开"汇聚全球总部 建设国际静安"总部政策发布暨招商推介会,第一时间对总部政策进行了亮点解读。

2. 抓服务,优化企业发展环境

(1) 积极破解产业发展体制机制瓶颈。在商贸服务业方面,落实国检、海关便利服务措施,静安国检窗口3月起在区行政服务中心全新启用接受咨询业务。争取进口服装面料预评估,支持静安区知名品牌企业获得进口服装质量预评估资质,享受高等级的检验监管模式,推行绿色通道、快速放行等便利举措,路易威登、迪奥等13家企业或品牌顺利取得预评估资质,成品通关速度大幅提高。在检测认证服务业方面,落实市质监局与静安区合作协议,进一步将检验检测机构资质认定告知承诺制的适用范围扩大到计量认证的复查和扩项等。

(2) 积极深化"放管服"改革。一是推动商事制度改革。巩固企业"五证合一、一照一码"及个体工商户"两证整合"改革成果;推进注册登记全程电子化和电子营业执照试点;开展集中登记试点工作,合理释放各类场地资源;推行简易注销制度改革,全

面简化申请事项、提交材料和登记时限等流程;二是完善事中事后监管。推进事中事后综合监管平台建设;全面推进年报公示工作;做好企业经营异常名录管理工作;积极推进"双告知、双反馈"工作;编制静安区2017版公共信用信息"三清单"目录,推动建设静安区公共信用信息服务子平台;三是推进网上政务大厅建设。完成审批事项、服务事项、事中事后监管等网厅框架搭建,实现73个审批事项网上全程办理功能。完成"税务登记号网上自动赋码""网上发票应用""网上自主办税""网上审批备案"等税收服务便利化举措。

3. 抓特色,促进产业园区转型发展

(1) 创新园区开发模式。在园区开发建设中,勇于创新,建立"好人家"名单,将具有一定产业背景和经验,拥有自主品牌或者成功案例的园区开发和运营公司纳入其中,进行优选,同时尝试"市区合作、品牌联动"的开发新模式。在静安新业坊、宏慧·视界BOX、金岸610、创邑SPACE|愚园等新晋园区的改造过程中,尝试园区建设新模式,加强了产权方、区政府、运营管理方联动发展,呈现出由专业团队开发运营、能级效益高、社会带动可持续等特点,进一步提升土地资源集约节约利用效率,实现产业园区开发模式的升级换代。

(2) 优化营商环境提升服务能级。一是坚持市区联动,提供优质服务。2017年6—7月,区商务委、区中小企业服务中心与上海市中小企业发展服务中心共同举办的"第四期上海创业园区高级管理者培训班(静安专场)",吸引了来自区内各产业园区的52名高级管理人员参加,帮助静安园区得以更好地融入上海产业创新发展。作为全市首个市区合作开展的项目,该项目也在上海形成了"可复制、可推广"的经验;二是持续开展文创园区评定工作,推进品牌园区建设并形成长效机制。2017年,对2016年度获评的6家园区进行了复评,同时又有7家园区分获示范、优秀、特色园区称号。通过评定工作,搭建园区与企业、园区与园区之间的沟通交流平台,实现信息资源共享,提高园区出租率、税收属地率和产业集聚度,增加园区的经济效益和社会效益,提升整体竞争适应能力;三是发挥园区之间的共建力量。新慧谷、新华园、龙软、E构空间、上大科技园等园区在2017年共同举办了多场实务培训讲座,内容涉及劳动法、品牌命名与商标注册等企业较为关心的主题,通过园区与园区之间的资源共享、优势互补,构建更加高效、有序、融合的服务模式,实现园区合作的互利共赢。

4. 抓成效,提升国际静安知名度和影响力

(1) 积极提升重点商圈能级。推进重点商业项目业态调整和品牌引进,兴业太古汇已正式开业,特斯拉、蔚来汽车体验店等项目纷纷吸引众多消费者;818广场改

造工程已基本完成;芮欧百货B2美食广场升级改造已开业;大宁音乐广场和协信星光新引进了多家餐饮品牌企业;星巴克臻选咖啡烘焙工坊(全球第二家)已正式开业。协助商家筹备开业及新品发布活动,协助恒隆广场筹办Home to Luxury(奢华之家)活动、GAP的国内最大旗舰店举办开业活动、Prada荣宅项目开业活动、Porsts为爱而生新品发布活动等。协调推进中服免税店发展。推进中服免税店与海关、商检等监管部门建立沟通机制;免税店推出"CNSC中服上海免税店"微信公众号,开展营销活动宣传,销售额一路上升。积极发展跨境电商,指导宝尊、洋码头2家获批国家级电子商务示范企业,6家获批上海市电子商务示范企业;协调市北园区成功获颁"上海市电子商务示范园区"称号。加快智慧商圈建设。完成静安南京路智慧商圈项目一期建设,项目将通过大数据对商圈的商品流、客流、交易流等进行分析,并已对外发布。

(2)积极营造商业浓厚氛围。一是开展主题营销活动。开展"精彩四季"系列活动和国际嘉年华系列主题活动,举办静安国际美食节、世界咖啡文化节、静安国际起泡酒节活动;二是启动2017上海市艺术商圈工作,6家商场参与艺术商圈活动项目;三是精心策划时尚活动。举办2017顶级品牌高峰论坛、上海时装周静安主题活动、2017设计之都活动周等,还将举办2017年福布斯·静安南京路论坛。

四、2018年服务业、商业发展重点

1. 深入推进国际消费城市示范区建设,提升国际静安的影响力

积极发挥区国际消费城市示范区领导小组办公室职责,加强部门合作,推进实施方案各项具体工作目标完成。推进社会消费品增长。加强对行业整体趋势和社零数据的分析,及时预判可能出现的情况,确保完成年度社零指标任务。完善区域商圈的商业生态结构,指导、协调、服务好商圈品牌调整和能级提升,重点推进大融城、星光耀项目开业和兴业太古汇、丰盛里、大宁音乐广场、协信星光等项目品牌引进和调整。推进电子商务发展,推动商业新业态发展,聚焦新零售、生鲜电商和B2B优势门类项目,打造区内电商发展的新亮点;推进电子商务企业集聚,充分发挥市北园区"上海市电子商务示范园区"集聚辐射效应,提升区域电子商务发展能级。推进区域品牌经济发展。贯彻落实《市商务委等8部委关于本市老字号改革创新发展的实施意见》,挖掘区内老字号品牌历史文化内涵,促进企业转型发展;鼓励品牌企业积极应用推动新技术,发展新业态、新模式,提高市场竞争力。组织一系列商旅文联动的商圈活动,联合商旅文体相关单位,进一步优化静安国际嘉年华系列活动,开展具有影响力的主题

性营销活动,促进消费。全力推进市级"艺术商圈"项目的落地,提升商圈品质。举办一批具有国际影响力的时尚活动,举办顶级品牌高峰论坛、福布斯·静安南京路论坛;举办上海设计周和上海时装周活动;推进"米兰国际家居展"、米兰国际设计体验周活动;协调推进意大利红酒节活动。

2. 持续推进总部经济发展,提高区域外资利用水平

一是继续加强总部引进和培育。拓宽招商渠道,加强市区联动、第三方合作机制,增加项目信息来源。发挥政策吸引力,加大对静安区总部政策和市商务委支持外资研发中心建设等政策的宣传力度,充分挖掘潜在项目。提升服务品质,加强总部项目、大项目跟踪服务机制,积极开展"以商引商、以情留商",做大做强存量。主动对接上海服务国家"一带一路"建设,积极参与中国进口博览会,推进服务贸易创新发展;二是深化合作,提升区域贸易便利化水平。深入推动静安区政府和上海海关、上海出入境检验检疫局合作。积极推进海关在静安区办事大厅增设窗口,进一步扩大检验检疫局办事窗口的服务功能。推动海关、检验检疫自贸区试点项目在静安区推广复制,让区内重点企业享受通关便利;三是管服并重,加强外资项目事中事后监管。做好市商务委部署的实到外资统计工作,积极引导企业提升实缴金额的到位率及到位时间。做好市商务委有关外资备案、外贸进出口的新下放业务,规范操作流程,加强外商投资企业备案事中事后监管。

3. 统筹推进产业规划布局,提升区域经济发展能级

积极发挥产业政策引领作用,推进静安区文创专项资金、企业技术中心实施意见、上市工作实施意见等产业政策出台与实施。加快推进产业园区转型升级。按照"四个一批"的工作思路,持续推进全区产业园区转型发展、内涵升级。做强一批:做好重点园区及重点入驻企业的服务沟通工作,推进园区税收稳步增长。做优一批:重点关注环上大国际影视园区、新业坊文化创意产业基地、宏慧·视界 BOX 影视产业园区建设。培育一批:加强与上汽集团、纺控集团等市属国资企业合作,盘活区内土地资源,为建设一批高标准、高品质的产业园区做好资源储备。调整一批:对经济效益落后、业态产能落后、硬件形象落后的产业园区,结合土地收储、租赁房建设、产业园区升级改造等工作推动落后园区的调整转型。加快推进中小企业发展。依托中小企业服务联盟开展特色服务工作,探索实施"六个一"服务方案,即"一个线上管理平台、一支规范的志愿者队伍、一批园区咨询服务点、一本中小企业服务指引、一系列创新服务活动、一本服务案例汇编"。深化中小企业创业创新服务,将创业创新工作做深做实。

五、主要功能区介绍

（一）市级、地区级商业中心

1. 南京西路商业中心

南京西路商业中心，由成都北路—威海路—延安中路—乌鲁木齐—万航渡路—愚园路—南阳路—奉贤路—凤阳路围合而成的区域，总用地面积约118.3公顷。

按照"高起点、外向型、国际化"的发展思路，规划形成以南京西路为主轴，吴江路、威海路、陕西北路、铜仁路等支马路为支撑，纵横条状发展的空间格局。进一步提升高端商务商业的集聚度和影响力，建设成集国际商务活动、精品服务、时尚生活消费、繁荣城市景观于一体的综合商业功能区，具有国际影响力的商业中心。

2. 大宁商业中心

以广中西路为界分为南北两块，其中南块由南北高架路—延长中路—大宁支路—广中西路围合而成的区域，用地面积33.8公顷；北块由南北高架路—灵石路—大宁支路—广西中路—万荣路—永和路围合而成，用地面积70.6公顷。

紧扣"生态、文化、体验、人性化"主题，以打造商业繁荣、商务繁盛、文化繁华为目标，进一步优化布局、完善功能、提升能级、强化配套，整合商圈及周边的文化、商业、旅游资源，成为以现代商业商务为主导、融合文化、娱乐、消费、居住功能为一体的现代化生态及体验型都市商业中心。广中西路以北区域，打造现代商务区，满足地区商务人群和居民的消费需求。广中西路以南区域，形成文化演艺与休闲体验融合的消费时尚新地标。

3. 苏河湾地区商业中心

依托区域苏州河水资源和沿岸历史文化建筑资源的开发，以国际商务、商业、居住为主要功能，着力突出文化创意、商务商贸、休闲旅游、生态宜居四大功能，建设上海中心城区集聚海派文化和民族工商业历史底蕴的新兴商业商务中心。

空间布局以南北高架为中轴氛围东西两片，东片区以华侨城、中粮大悦城、规划华兴地块等为重点，依托苏河湾四行仓库、福新面粉厂等历史建筑的保护性开发和高端现代化商业商务载体建设，鼓励各类新型体验消费业态，配套餐饮、文化、娱乐等服务设施，充分利用苏河湾景观水岸线，加快滨水旅游项目开发，形成上海中心城区重要的滨水休闲活动区之一。西片区以恒丰路商务大道为发展轴，以现代和规划新建商业商务项目为重点，发展品牌专业专卖店、特色餐饮、商务配套等商业服务设施，满足地区商务人群和周边居民的消费需求。

4. 曹家渡地区商业中心

素有"沪西小上海"之称的曹家渡商圈位于武定路以北,苏州河以南,江苏路以东,武宁南路以西,面积约1.5平方千米。交通便利,四通八达,拥有10多条公交车线路和地铁13号线武宁路站,周边地铁2、3及11号线环绕。商业总面积已超过150万平方米,覆盖范围达到1.5~2千米,辐射超过250万人流量。

曹家渡地区商业中心以万航渡路和长寿路为十字发展轴,以长宁88广场、悦达889广场、芳汇广场等大型商业设施为核心,重点推进周边长寿路、武宁南路、安远路、余姚路和万航渡路沿线商厦的功能置换开发,加强硬件建设,调整经营结构,着力引进知名品牌专业专卖店,与现有百货店、大型餐饮娱乐设施形成联动错位发展,形成现代化、高品质的曹家渡地区商业中心。

5. 市北中环商圈

市北中环商圈位于江场路以南、寿阳路以西、汶水路共和新路两侧区域,周边地铁1号线沿线站点以及多条公交车线路,交通便利。

依托新开业协信星光耀、新建体育馆、祥腾财富广场、悦盛时代广场等商业设施,注重多元复合,着力提升商业商务、文化体育等综合配套服务功能,形成与市北高新园区以及周边静安府等高端住宅相适应的商业配套。彭浦机器厂地块商业功能和业态以体验式商业为主,同时为市北园区商务办公配套品牌零售、特色餐饮等商业设施。推进悦盛时代广场、祥腾财富广场等一批商业项目业态功能调整。促进二手车交易市场的调整转型。力争将市北中环商圈打造成为集购物、餐饮、酒店和休闲娱乐于一体的时尚购物中心,满足园区白领以及周边社区居民的日常生活需求。

6. 彭浦商圈

彭浦商圈位于彭越浦河以西、灵石路运城路以北、沪太路以东、阳城路以南区域。

依托大融城14万平方米商业项目、新普荟、雅悦新天地等商业设施,发展体验购物、特色餐饮等现代商业,建设商务酒店、引进影剧院以及休闲娱乐设施,集聚中高端餐饮品牌,力争打造成为商业商务功能集聚、商业业态丰富多样的综合性消费中心,填补彭浦西南区域商业空白。积极推进大融城商业项目开发建设。推动商业街区进一步集聚特色化发展,完善功能、提升品质。运城路美食街发展餐饮、休闲、娱乐等业态,如快餐简餐、便利店、咖啡吧等。阳城路商业休闲街发展特色餐饮、老字号零售等业态,并配套一定的文化、娱乐、休闲设施。灵石路餐饮休闲街发展特色、亲民品牌餐饮,形成优质餐饮产业链,辅之配套休闲、时尚等特色品牌。

（二）社区商业

1. 武定菜市场

武定菜市场位于武定路 1140 号，是全市首批三星示范菜市场之一，不论是硬件设施还是规范经营、管理服务，在居民中均拥有较高的口碑和美誉度，是区内居民最满意也是最常去的菜市场。在 2015 年原静安年度菜市场满意度综合测评中，武定路菜市场排名第一，功能分区、环境卫生、明码标价、智能化建设等均在静安区各大菜市场遥遥领先，市场营运和建设规范化、现代化特征明显。

2. 五月花生活广场

五月花生活广场，建筑面积 3.2 万平方米。北临芷江西路，西面是普善路，东侧为大统路，南面对着普善路。地下一层有乐天玛特超市，地面商业业态有零售、餐饮、娱乐、教育、生活配套等。

作为芷江西路街道的核心社区生活广场，五月花生活广场满足了周边社区居民生活购物、休闲、教育、亲子等服务需求。

第六节　普　陀　区

一、2017 年普陀区服务业、商业发展基本数据

2017 年普陀区服务业、商业发展基本数据见表 12-8。

表 12-8　2017 年普陀区服务业、商业发展基本数据

指标名称	2017 年	比上年增长/%
生产总值/亿元	933.46	4.8
♯第三产业增加值/亿元	829.10	6.3
♯商业增加值/亿元	234.20	8.8
商品销售总额/亿元	10 818.41	9.0
社会消费品零售总额/亿元	606.04	3.6
地方税收总额/亿元	93.00	−2.6
♯第三产业税收/亿元	83.01	−2.1
♯商业税收/亿元	18.99	21.0
年末户籍人口数/万人	89.55	−0.1
年末常住人口数/万人	128.47	0.2

二、 2017年普陀区服务业、商业发展特点和运行分析

2017年,普陀区实现商业销售营业额10 818.41亿元,比上年增长8.96%;实现社会消费品零售总额606.04亿元,增长3.55%;实现商贸业区级税收18.99亿元,增长21.04%,在全区区级税收中的比重为20%。

2017年以来,区商务委积极贯彻落实《中共上海市普陀区委常委会2017年工作要点》以及十届区委三次全会重点推进项目,坚持创新驱动发展、经济转型升级,围绕"科创驱动转型实践区、宜居宜创宜业生态区"目标,切实推进各项重点工作。

(一) 聚焦重点项目推进,推动商贸业能级提升和规范发展

1. 携手推进中环商贸区国家电商基地建设

推进"互联网+"商务创新实践区建设,携手中环推进办,加快推进基地展示馆建设,重点展示基地发展环境、未来发展规划以及电商龙头企业发展成果。优化对龙头企业的服务,邀请专家进行走访,为重点企业提升发展出谋划策;指导基地内的重点企业"拉扎斯"成功获评2017—2018国家电商示范企业。协助基地产业招商,加快集聚电商企业及产业平台。

2. 推进智慧商圈建设

做好协调服务,推动中环商贸区智慧商圈试点项目完成市级评估。强化"金中环"微信号的运营并加强宣传推介。组织开展第二批智慧商圈试点工作,指导上海环球港成功获批第二批上海市智慧商圈试点区域。在全市已有两批次的12家智慧商圈试点中,普陀区占得两席,数量在全市各区中名列前茅。跟踪推进环球港智慧商圈按照方案开展智慧化建设,尤其是推进优化停车导航系统建设,扩展微信公众号功能。目前,微信公众号中的商场内部导航功能已开发完成,新的停车系统已经启用。

3. 推进重点地区及项目的提升与改造

探索重点地区商业品质提升路径。先后编写完成《长风生态商务区商业发展能级提升研究报告》和《长寿地区商业提升计划》,明确发展目标、主要任务和保障措施,探索进一步提升重点地区商业品质的路径。开展商业转型升级课题研究,编制商业转型升级三年行动计划。推进重点项目的提升与改造。联合区文化局,推选上海环球港和长风大悦城成功入选上海市艺术商圈联盟成员单位,引导企业将艺术风格融入商圈建设。推荐上海环球港成功入选"夜上海特色消费示范区",挖掘普陀区商圈夜间消费潜力。联合区相关职能部门,跟踪协调长风大悦城实施整体改造,提升商业

消费环境,该项目9月15日B1层正式对外亮相。邀请专家指导曹杨商城探索改造提升,推动社区商业转型发展。跟进、指导百联中环实施业态调整,整合功能性区域,并对东方商厦品牌进行整体升级。

4. 策划组织购物节系列活动

配合市商务委全力做好市购物节启动仪式主会场相关筹备工作,整合区域内的"商旅文会体"资源,为主会场营造热烈氛围,2017上海购物节启动仪式首次来到普陀区,在环球港顺利举行,获得市区领导好评。根据上海购物节主题,会同区内相关部门,组织策划、推进落实以"走进精彩普陀,畅享潮流生活"为主题的购物节普陀区系列活动。该次系列活动聚焦"吃出情怀""玩出精彩""购出潮流""晒出时尚"4个板块,推出金中环杯2017普陀购物消费主题日等10余项特色营销活动,其中有4项主办活动、2项协办活动列入市购物节重点活动,各项活动有序、安全进行,有效拉动内需、扩大消费。同时扩大宣传渠道,利用新闻通气会、各大网站、微信、移动公交视频等开展宣传,并首次运用广播电台(899驾车调频)进行了2次普陀区活动直播,扩大普陀商业影响力。据抽样数据显示,购物节期间普陀区营业额同比增长10.56%,比上海市平均增幅9.70%高出0.86个百分点。

5. 做好清理整顿大宗商品交易场所"回头看"工作

会同区金融办等部门,落实上海市工作要求,制定方案、逐步推进、开展检查、加强督促,截至目前,新华和中鑫已关闭交易系统,会员及自然人完成平仓;华通完成自然人交易权限关闭、平仓,交易系统升级实现全款实货、取消经纪会员。同步做好大宗商品交易场所维稳工作,排摸重点上访人员,编制预案、方案,上报专报,委内成立工作小组,向相关部门及时沟通信息,并实地检查交易场所督促落实主体责任。尤其是在十九大召开之际,会同区委政法委、区信访办等相关部门形成工作方案;区商务委对信访投资人一人一档做到全覆盖、精细化排摸并梳理汇总重点信访投资人名单报送区委政法委、市商务委对其进行稳控,对监控信息做出迅速行动,牵头相关部门约谈交易场所,进一步加强维稳工作力度。截至10月17日,共收到并处理12345投诉56件、人民来信63件、信息公开56件;信访接待13次共190余人次。

(二)推动新旧动能转换,加快产业结构优化和调整

1. 推进智能制造与机器人产业发展

持续跟踪协调国家机器人检测与评定中心(总部)大楼项目顺利推进。承办工博会"中国制造2025"国际合作——智能制造论坛,对接"2017首届国际科创园区(上

海)博览会"活动,依托国家级平台不断提升普陀区智能制造与机器人产业知名度和影响力,更有针对性地开展投资环境和产业政策的宣传推介,促进产业集聚。推进智能制造与机器人产业园参加国家级展会、与国评中心开展协作、赴外省市考察调研等,多方式促进园区积极推介投资环境、产业合作和项目对接。全年智能制造与机器人产业园新增入驻12家企业,总入驻企业达48家,其中智能制造及机器人相关领域的入驻企业35家,占入驻企业总数的73%。

2. 推进桃浦地区转型发展

(1) 稳妥推进桃浦地区产业结构调整专项。专项第一期区域,77家重点企业已调整完成70家。专项第二期区域,90家重点企业全部完成调整,并通过了市级验收。专项第三期区域,66家企业已调整完成20家。

(2) 跟踪同济大学桃浦创新创业园建设。联手相关部门,密切关注中车研究院及创新中心项目建设,协调该项目与绿地集团开展产业合作;指导园区完善产业定位及产业布局规划,依托同济大学在轨道交通、建筑设计等方面的学科优势,集聚发展新兴产业,融入桃浦地区转型发展。

三、 2018年普陀区商业发展趋势和热点分析

1. 智慧商圈进一步发展,成为商业综合业态进化代表

中环商贸区获评国家级电商示范基地,并入选首批上海市智慧商圈试点区域之一;上海环球港入选第二批上海市智慧商圈试点区域之一;在全市迄今12家智慧商圈试点中,普陀区占得两席,通过试点积累经验,加快商圈内技术改造。中环商贸区以近铁城市广场为试点示范开展改造,完成了近铁城市广场的微信公众号的应用改造、智能车场的线上寻车及缴费、商铺销售数据采集等功能的数字化智能系统,进一步便利消费者、提振人气。此后,百联中环购物广场也开展智慧化改造,实现了智能停车缴费等功能。上海环球港在智慧商圈建设中,实现了停车场系统、微信服务号、支付环境升级,成为上海第一家在联营租户及公共收银台设立支付宝和微信支付的购物中心。

2. 人工智能催生零售新业态

近几年互联网电商的发展对传统零售业的冲击尤为强烈,为了应对目前的萧条,零售业将迎来更大规模的变革与创新浪潮,越来越多顺应消费升级和基于无界零售而诞生的各类新型业态业种复合体应运而生。在新兴科技的帮助下,无人便利店、人工智能实体店等新颖的零售业成为可能。

3. 企业转型升级行动,满足消费多元需求

区内各大百货、购物中心不断调整转型,通过整合营销资源、产品资源、文化资源、服务资源,挖掘新的经营手段,精准营销、高效转化,不断形成更有特色的商业定位和新的经济增长点。同时推进结构优化升级和发展模式创新,促进商贸业发展向数字化、网络化、智能化、服务化转变。

四、2018年普陀区商业发展重点工作

1. 推进商旅融合发展

跟踪指导规划布局。聚焦天安阳光半岛、星光耀广场、高尚领域、智创Top、英雄天地、中信泰富科技财富广场等新建大型项目,提前介入招商环节,指导"商旅文"融合的功能布局和业态引进,提升项目对区域的贡献度。服务以桃浦地区转型为引领的重点功能区建设,合理布局商业业态,推动"产城"融合。协调相关部门,编制并落实社区商业网点优化方案,推进社区商业网点的优化升级和科学、合理规划。加快商旅市场主体培育。支持连锁型商旅企业发展,加快成为总部型、品牌型企业。支持创新型商旅企业发展,联合相关部门实施政策聚焦,加强示范引领。支持规模型商旅企业发展,关注业态调整,推动企业发展更上一层楼。积极推动企业探索发展新零售。争取市商务委支持,在重点商圈先行先试,开展上海市新零售试点。推进商旅重点项目改造提升。围绕城市更新、功能再造,依托历史街区、特色风貌建筑、特色商业空间、特色人文艺术资源,深入挖掘普陀区工业文明和文化旅游资源。以"长寿湾"为代表,聚焦支持核心项目建设,形成商业消费集聚区,联合打造有竞争力、有特色的普陀品牌商业商务区。推动长风大悦城完成改建,促进亲子、"研学游"功能打造。深化上海环球港"商旅文"项目建设,加快近铁城市广场业态提升,支持百联中环购物广场开展外立面形象及设施调整,整体提升区域商业、商务、文化、旅游等一体化服务能级。持续激发商旅消费潜力。对接"2018年中国国际进口博览会",落实中环商贸区、上海环球港、长风大悦城等商圈商场以及西北保税物流中心自贸示范区等作为线下展示展销载体的功能,对接主宾国国别商品消费促进日、消费促进周等活动,拉动消费潜力。结合"互联网+"策划组织开展2018年普陀区购物节、旅游节("水岸普陀")系列活动,推进购物节与旅游节双节联动,进一步扩大普陀区商旅节庆活动的美誉度和影响力。做好"乐游普陀"微信公众号的维护运营,加快推广"苏州河旅游"品牌,打造"四季普陀"旅游新品牌,不断扩大"乐游普陀"品牌影响力,集聚商旅消费人气。

2. 推进产业园区转型升级

(1) 牵头推进园区转型。推动"普陀区产业园区转型发展工作领导小组"成立，部门联动、条块结合，合力推进产业园区转型。以"普陀区产业园区转型发展五年行动计划"为指挥棒，牵头相关部门明确并落实体制机制、考核激励、规划落实、投资促进、政策聚焦等各项年度重点任务。

(2) 推动工业园区加快转型。按照"统筹谋划、分类施策、分步实施"的原则，推动中环国际总部社区、未来岛、新曹杨等6个工业园区编制并落实"一园一策"，明确各园区主导产业、转型路径。积极牵头协调未来岛、铁三角等工业园区产业调整，承接智能制造等新兴产业。

(3) 落实工业园区评价考核工作。牵头做好园区信息梳理排摸和运行分析工作，协同推进园区信息系统建设，推动园区资源统筹。聚焦税收产出率、企业显示度、产业集聚度等核心指标，做好工业园区的评价考核工作。通过正向激励、硬性约束等多种方式激发工业园区主体转型发展的主动性，促进硬件环境和软件服务提升，提升园区发展能级。

(4) 推动新兴产业发展。部门联动，加强产业布局规划与土地利用等规划的协调性与整体性，以"一轴两翼"总体布局为引领，推动各园区之间产业、功能、形态的协调发展。密切跟踪、协调推进普石医疗、康鹏科技生命产业园、顺灏总部研发中心等重点产业项目，服务推动智能制造与机器人产业园二期开发。

(5) 推进桃浦地区产业结构调整。按照时间节点，继续稳步推进桃浦专项一期、三期范围内的企业调整，组织开展验收工作，并规范做好专项资金使用。争取一季度完成桃浦专项一期77家重点企业关停，通过市级验收；2018年底完成桃浦专项三期66家重点企业关停，通过市级验收。

3. 优化外向型经济发展质量

(1) 推进实到外资质升量增。锁定近年来合同外资新增额度较高，但实际到位率较低的企业，联合相关部门主动上门、优化服务，促进企业加快投资资金实际到位。联手发挥招商引资服务网络作用，深化与海外、市服务机构、区内部门、重点地区、功能平台的招商协作关系，吸引优质外资企业来普陀区投资。用好"2018年中国国际进口博览会"国际重大展会平台，协同相关部门积极对接参展主宾国、做好接待保障工作、开展投资推介活动，争取参展企业来普陀区投资。

(2) 推进外资总部发展。完善操作流程，推进区域总部政策加快出台。依托各重点地区，进一步深入挖掘具有总部潜力的企业，通过政策宣讲、培训交流、企业走访等形式加大政策宣传力度。锁定重点目标企业，形成一企一策，实施精准服务，强化企业地区型总部、研发中心的功能配置意愿,促进企业与行业相互驱动,提升总部经济对区域经济的贡献度。

(3) 推进外贸业加快发展。对接"2018 年中国国际进口博览会"活动"6+365 平台",推动西北物流园区保税物流中心发挥功能优势,积极参与"跨境电商进口联盟""综合贸易服务商联盟"等专业联盟渠道,为各国企业提供精准的渠道对接服务,推动全区进口贸易加快发展。做好相关市级审批事项下放的衔接,推动服务贸易发展。

五、普陀区主要功能区介绍

(一) 功能区四至范围

(1) 中环市级商业中心:以中环线为中轴,东到丹巴路、西到万镇路、南到同普路、北到曹安路,其中,丹巴路、真光路、同普路、曹安路围合的范围为核心区域。

(2) 真如市级商业中心:东至真华路、南至北石路、西至兰溪路、北至上海西站北侧富平路及规划边界。

(3) 长寿地区级商业中心:由昌化路—澳门路—万航渡路—长寿路—新会路—苏州河围合的范围。

(4) 长风地区级商业中心:东起长风公园,南临苏州河,北到金沙江路,西至真北路中环线,规划开发土地面积约 220 公顷。其中,同普路—光复西路—丹巴路—大渡河路围合的范围为核心区域。

(5) 现代服务业集聚区——长风生态商务区位于普陀区南部,内环和中环线之间,靠近虹桥国际机场和沪宁高速公路,东起长风公园,南临苏州河,北到金沙江路,西至真北路中环线。

(二) 功能区发展内容

1. 中环市级商业中心

作为全市规划的市级商业中心之一,依托商业商务设施建成体量大、大型知名商贸企业集聚度高的独特优势,不断优化配套环境,提升商业能级,发展新兴业态,正逐步建设成为引领消费生活、凸显城市功能、辐射能级较高的上海新兴地标性都市商业中心之一,对外集聚力和辐射力明显增强。

功能定位:依托中环地区连接辐射长三角独特区位、商业商务设施体量大、大型知名商贸企业集聚度高的优势,围绕新兴商贸、科技服务、文化创意等产业定位,加快调整结构、优化布局、集聚功能、提升能级,进一步推动向综合性、体验型、智能化商圈发展,形成特色鲜明、布局合理、配套完善、具有较强集聚和辐射力的上海西部重要的市级商业中心。

重点发展业态:规划商业建筑面积约110万平方米。以大型综合购物中心、百货店、大型专业店为主力业态,引进更多国际知名品牌旗舰店、品牌集成店和时尚品牌专卖店。大力发展新兴商业业态,鼓励线上线下融合发展,鼓励发展主题型、体验式、文化类消费相关的服务业态。中环商贸区智慧商圈建设中,以近铁城市广场为试点示范开展改造,完成了近铁城市广场的微信公众号的应用改造、智能车场的线上寻车及缴费、商铺销售数据采集等功能的数字化智能系统,进一步便利消费者、提振人气。

商贸区经过艰苦努力,成功创建成为第二批国家电子商务示范基地。2018年,继续培育核心电子商务企业,确定一批核心电子商务企业进行重点关注,支持核心电子商务企业做大做强;继续深化传统商贸企业电子商务转型,制定中环商贸区传统商贸企业、市场等业态的电子商务转型规划;继续推进智慧商圈建设,利用智慧商圈公共服务平台开展商家活动推广、营销互动;继续推进智慧社区建设,利用智慧社区公共平台,开展社区公共服务;推进电商公共服务平台建设,推动建立网上投诉、调解、仲裁机制和电子商务企业评价标准公共服务平台,规范电子商务市场经营主体及其交易行为,建立健全消费者权益纠纷信息公布机制,及时发布相关消费警示和指导信息。

未来,中环商圈内,百联中环城市更新项目规划建筑面积约75万平方米,计划以总部经济为龙头、以商贸服务业为基础、以专业服务业为支撑、以大健康产业为特色、以科技文化产业为亮点,今后将开展形象重塑、产业更新、环境重建,前期已开展方案设计,2018年将进一步深化方案。百联中环购物广场也将配合该城市更新项目做好商场内部设施、外立面优化改造。

2. 真如市级商业中心

依托上海真如城市副中心开发建设,通过完善发展规划、有序推进土地储备、加快建设基础设施、积极引进功能性引领性项目,特别是加快推进上海西站综合交通枢纽综合开发,高·尚领域、星光耀广场、天汇广场等重点项目建设,真如市级商业中心已显雏形。

功能定位:依托城市副中心规划建设,坚持绿色生态、智能低碳的发展理念,加快载体建设和品牌引进,以商务办公为引领,以休闲娱乐为亮点,完善商业购物功能,融合文化体验功能。建设成为集城市综合商业中心、现代商务中心、交通枢纽中心于一体,功能复合、空间集聚、形态优美的商业商务中心。

重点发展业态:规划商业建筑面积约50万平方米。以大型购物中心为核心,集聚国际知名品牌专业专卖店、大型餐饮和文化设施,突出儿童游艺体验和电影文化体验主题,集中多家IMAX影院,完善为商务配套的生活服务业态。

未来,以铜川路和曹杨路交汇处为重要节点,以高·尚领域、星光耀广场、天汇广场等重点项目为依托,建设成为高端商业商务集聚地、文化休闲体验目的地。稳步推进上海西站综合交通枢纽的建设,基本形成地下南北通道、南广场及地下空间、铁路还建楼等空间与载体。长江商业项目"love@大都会"作为该商圈核心项目,商业建筑面积22.4万平方米,定位为中高端大型购物中心,打造一站式消费体验,拥有imax超大屏的UME影院、精品超市、咖啡街、健身休闲等体验业态,预计2020年开业;星光耀广场商业建筑面积5万平方米,定位为体验式家庭生活中心,以社区家庭消费为主并辐射周边白领人群,涵盖精品超市、影院、书店、餐饮、零售等,预计2018年9月开业。

3. 长寿商业中心

长寿地区级商业中心位于内环内苏州河以南区域,是普陀区发展条件和基础最为成熟的地区之一,也是最能展示都市繁荣繁华的地区之一。围绕打造生产、生活、生态融合发展的示范实践区目标,长寿地区级商业中心着力发展都市商业,聚焦发展楼宇经济,大力发展水岸经济,集聚和辐射能级进一步提升。

功能定位:着力发展滨河现代服务业和文化娱乐创意产业,进一步拓展功能、完善服务、深化联动、提升形象,形成普陀区内独具都市滨河景观、文化休闲功能与科技创新产业汇集特色鲜明的地区商业商务中心。

重点发展业态:规划商业建筑面积约45万平方米。以时尚主题购物中心、时尚百货店等为核心,大力发展商务餐饮、休闲餐饮等餐饮业,鼓励发展艺术画廊、文化展览等文化休闲业态,完善各类配套生活服务业态。

长寿商圈内,长寿湾城市更新项目计划以商业、创意、文化、休闲、娱乐为特色功能,联动3A级旅游景区M50创意园、商旅文新型综合体天安阳光半岛、高端家居体验店月星家居茂、百年餐饮名店红子鸡、苏州河畔大型公共绿地梦清园、文化体育演艺中心浅水湾,着力打造苏州河沿线的"文化创意休闲区",目前正在方案研究深化中。同时曹家渡地区开展产业升级,在原曹家渡花鸟市场地块引入电子竞技特色项目,集文创、休闲、购物于一体,争取成为上海市电子竞技新业态标杆,方案正在研究中;未来还将通过地上连廊联通三区商业,打响上海购物。

未来,将依托已建、新建地块及重点项目,按照产业融合、商圈互动、楼宇联动、园区带动的发展原则,加快载体建设,调整提升商业业态,引入知名品牌。

4. 长风商业中心

长风地区级商业中心依托长风生态商务区建设,形成了以跨国采购中心基地和跨国采购大会为引领的商贸会展服务板块,以长风景畔广场、"一园十馆"和苏州河国际水上旅游为引领的文化旅游板块,以"长风金融港"和股权投资、私募企业为引领的商贸金融服务板块,区域功能集聚效应进一步显现,对外辐射能力逐步增强。

功能定位:依托区位交通便利、生态环境优美、总部企业集聚等优势,突出生态、景观、公共活动、产业、居住、文化等特色,建成以现代化的都市购物中心、大型会展设施、总部商务楼宇为核心载体,成为集零售餐饮、文化娱乐、专业会展、都市旅游等多功能于一体,具有会商旅文融合特色的地区级商业中心。

重点发展业态:规划商业建筑面积约35万平方米。积极引进国际知名百货店、精品超市、品牌专业专卖店等零售业态,发展大型品牌餐饮、休闲餐饮等餐饮业态,鼓励引进影院、剧场等文化休闲业态,完善超市、便利店和其他生活服务业态。

长风大悦城改造焕新于2018年5月开业。延续"年轻、时尚、潮流、品位"的大悦城品牌属性,长风大悦城为沪上女性提供一个"穿高跟鞋也可以溜娃的地方"。除了正在屋顶打造国内首个粉红凌空跑道,长风大悦城还在室内装饰和品牌组合上下足了功夫,比如打造首个女性艺术暖心街区 Queen's Lane(女王小径)、首个购物中心女性艺术体验空间 Herstory,引入全国首店 Agatha cafe、奇客巴士等,集聚大量的时尚女装品牌、设计师女装品牌和众多亲子娱乐体验业态等。同时,为推进长风商圈"商旅文"资源整合,包括大型综合性购物中心——长风大悦城、乐高探索中心、国家级4A旅游景区——长风公园、长风海洋世界、成龙电影艺术馆、上海国丰酒店等在内的长风城市微度假区于2018年5月正式启动,推动"商旅文会体"的进一步融合。

5. 长风生态商务区

长风生态商务区位于普陀区南部,内环和中环线之间,靠近虹桥国际机场和沪宁高速公路,苏州河岸线长约2.7公里,整体绿化率超过50%。傍绿面水,交通便捷,区位优越,是未来上海浦西地区高级商务楼宇最为集聚的商务区之一。

长风生态商务区实际可规划开发的土地面积约220公顷,规划建筑面积290万平方米,其中高档商办楼宇170万平方米,商业娱乐设施30万平方米,高档住宅70万平方米,学校、医院等各种配套设施20万平方米。长风生态商务区列入《上海加速发展现代服务业实施纲要》和上海市"十一五"规划纲要,作为全市首批重点推进的九大现代服务业集聚区之一,今后将服务"长三角",辐射国内外。从以项目建设为主逐步转为以招商运营为主,增强文化旅游、商务休闲功能,努力形成以跨国采购中心基地为引领的商贸会展板块,以长风娱乐中心为引领的文化旅游板块,以长风金融港引领的金融服务板块,力争在大虹桥的发展初期,获取先发优势,承担更多的城市功能,建成上海西部商务城市地标。

第七节 虹 口 区

一、2017年虹口区服务业、商业发展基本数据

2017年虹口区服务业、商业发展基本数据见表12-9。

表12-9 2017年虹口区服务业、商业发展基本数据

指标名称	2017年	比上年增长/%
生产总值/亿元	780.49	6.8
♯第三产业增加值/亿元	708.32	8.3
♯商业*增加值/亿元	150.34	7.8
商品销售总额/亿元	5 119.67	11.6
社会消费品零售总额/亿元	309.26	4.2
地方税收总额/亿元	97.84	1.7
♯第三产业税收/亿元	64.54	13.6
♯商业税收/亿元	13.18	23.4
年末户籍人口数/万人	74.42	−2.0
年末常住人口数/万人	79.90	−0.8

* 商业口径为批发零售业。

二、2017年虹口区服务业、商业发展特点和运行分析

2017年是全面贯彻落实十九大精神的开局之年,虹口区服务业在电商崛起、市场竞争加剧、经营成本快速上涨等因素的冲击下,主动适应经济发展新常态,不断进行自我调整,创新商业模式,通过发展体验消费、特色餐饮、电子商务等业态,完善社区商业配套保障民生,保持全区现代商贸业经济稳定发展的良好势头。

(一) 服务业概况和经济运行情况分析

2017年,虹口区服务业对经济增长拉动作用明显。现代服务业实现区级税收44.4亿元,比上年增长14.2%。航运服务业坚持高端引领,成立上海北外滩航运服务中心,引入中远海运旗下重工板块,全区集聚航运功能性机构35家、各类航运企业4 452家。北外滩金融港建设有序推进,全区金融企业和机构超过1 400家,管理资产规模超过4万亿元,公募基金公司达12家,在行业发展环境总体收紧的大背景下,金融服务业保持了平稳发展。积极推动商旅文体融合发展,新增商业载体面积16.5万平方米,新增贸易型总部企业5家。专业服务、文化创意、绿色环保等产业继续保持良好发展势头。

1. 社会消费品零售总额总体平稳

2017年,实现社会消费品零售总额309.26亿元,比上年增长4.2%;商业商品销售总额5 119.67亿元,增长11.6%。

从结构看,"吃的商品"和"用的商品"依然是虹口区社零的主要组成部分,共占总额的82.07%。

从增速看,"吃的商品""穿的商品""烧的商品"分别增长4.8%、12.9%、17.0%,"用的商品"和2016年同期基本持平。

从规模看,限额以上批发零售总额105.95亿元,下降11.7%;限额以上餐饮总额21.38亿元,小幅增长1.1%。

2. 限额以上商业商品销售总额略有下降

从商品构成看,以贵金属、有色金属为代表的金属材料类大宗商品交易在虹口区限额以上商业商品销售总额中占据主导地位,占比近75%。但自2017年第三季度起,受部分金属交易企业销售额增速减缓影响,全年限额以上商业商品销售额较去年下降了3.0%。

从影响因素看,受国家"三去一降一补"政策影响,煤炭价格自2016年起恢复性上涨,目前仍处于涨价周期内,带动虹口区煤炭制品类大宗商品销售额大幅增长64.2%;而烟酒、服装、鞋帽、针织品、建筑装潢材料等商品销售总额均处于明显下降态势。

(二) 虹口区服务业、商业发展特点

1. 商业消费市场稳步上升

2017年,虹口区依托各传统节庆假日,借助岁末迎新、上海购物节等活动契机,

以市场为主体、企业为主角陆续举办了主题为"畅享生活·悦购虹口"的上海购物节虹口系列活动、2017第十三届上海酒节。同时,虹口区各商业企业围绕"三八"妇女节、"六一"儿童节、圣诞节积极开展商业促销,与"上海旅游节·四川北路欢乐节"等其他重点活动形成联动,整合商业、旅游、文化资源,提升消费热情。根据对区内定点商业企业的抽样统计显示,元旦、春节、"五一"和国庆四大节日销售收入分别同比增长11.0%、15.7%、14.9%、13.7%。

2. 商业新载体打造消费新亮点

创新树立"音乐娱乐"标签的瑞虹天地月亮湾自2017年6月13日正式开业以来,就不断在商业活动中融入艺术文化元素。年内,"摩登时代·摇摆一'夏'"、teamlab水晶烟花点亮仪式、世界探戈日舞会、圣诞音乐会、"给我一个吻"灯光表演秀等一系列活动在月亮湾举办,极大地满足了消费者对高品质、多元化生活方式的追求。在北外滩,随着虹口滨江全面贯通,上海外滩W酒店下半年正式开业,酒店主打年轻、时尚的营销理念,成为北外滩地区正在崛起的新地标。此外,上海市首家盒马鲜生f2便利店年底前亮相白金湾广场,为打造北外滩消费新亮点提供了助力和支撑。

3. 民生服务水平不断提高

2017年,虹口区坚持长效管理机制,在农副食品供应、粮油副食品补贴(以下简称"副补")发放、再生资源回收等方面坚决保障居民合法权益,提供更为便利化的服务。研究制定《虹口区农贸市场设置和管理标准(试行)》,推进运光菜场的示范性标准化菜市场的转型改造,三角地微信菜场也开通"平价菜"专区,全区已建成社区智慧微菜场40家,其中2017年建成13家,初步形成"互联网+菜篮子"新模式。虹口区22家联华超市纳入区粮油应急储备体制,全区享受副补人数68 560人,62 200人领取补贴5 646 897元,发放率90.7%。回收帮困券55 851张,总金额3 690 922元。嘉兴街道基本实现"副补进卡",为居民领取副补提供便利。关闭2家废旧物资回收企业,全区尚存合法传统废旧物资回收企业8家。

4. 贸易发展能级逐步提升

在全区1 000多家外贸企业中筛选建立"522"重点企业库,推行"一企一策"企业服务模式,为"522"重点企业提供对外贸易"绿色通道"、政策优先试点和优先支持等全方位服务。虹口区贸易企业每单原产地证签证时间缩至5分钟。鼓励并服务苏宁云商、上港物流、宝钢资源等企业申报贸易型总部企业。开展2017年度虹口区现代商贸业发展专项资金申报受理。配合区交易场所清理整顿办,落实主管交易场所的整顿"回头看"工作。

三、2018年虹口区服务业、商业发展趋势和热点分析

"十三五"以来,虹口区商业体量虽然有所增加,但后续发展仍然面临挑战。一方面,新增商业载体多位于非传统商业区内,由于大面积的旧区改造和施工建设,人流集聚难度较大,且缺少对标的商业企业,使得招商运营团队难以对区域内的商业潜力做出分析评估;另一方面,在"四违一乱"整治、教育资产回收、部队"停偿"整顿等多重因素影响下,沿街商铺面积大幅度减少,短期内造成了社区便民商业资源的供给不足。此外,实体商业受电商冲击影响仍在持续。2018年,上海白玉兰广场、星荟中心、彩虹湾、金融街海伦中心等新增商业载体将逐步建成或开业,商业消费总体仍将延续缓中趋稳、稳中有升的趋势,社会消费品零售总额增长率预计基本与2017年持平,商业商品销售总额预计同比增长约5%。

四、2018年虹口区服务业、商业发展重点

2018年是"十三五"规划承上启下的关键之年,也是虹口实施"高标准管理、高水平发展、打造高品质生活"的重要一年。虹口区将主动深化改革,坚持转型创新,整合优化资源,全面推动服务业、商业发展迈向新台阶。

1. 提升招商工作的质量与产出

借势北外滩地区的"区域营销"和高端楼宇项目推进,加强与白玉兰广场、星荟中心、星港国际中心等运营商的合作,推进外资"精准化"招商。积极探索和推进"以商招商""院校合作""会展招商"等外资招商新模式,提高外资引进的实效性。加强外资总部企业增量,2018年力争引进和培育1~2家跨国公司地区总部或总部型机构。夯实外资各项基础性工作,优化外资服务软环境,整体提升外资业务管理水平。做好企业"最后一公里"的跟踪服务,确保项目落地。加大产业联动力度,吸引行业领军企业、知名外资企业以及总部型企业落户。提高载体的税收产出率,派驻专人负责北外滩、四川北路以及大柏树三个分支点,全面覆盖南中北区域,丰富招商活动,坚持"走出去、引进来",制定招商活动计划,有针对性地开展国内外招商推介。

2. 提升城区的发展活力与魅力

推进业态调整升级,积极关注星荟中心、金融街、彩虹湾等重点商业载体的招商进展,做好存量商业载体转型升级。深化与百联集团等大型国有企业的互动合作,推动百联集团项目落地。探索模式创新,加快社区商业平台化、集成化、精细化发展。

以节兴市,继续以"上海旅游节·四川北路欢乐节""上海购物节虹口区系列活动""上海酒节""上海时尚周末"等品牌节庆活动为抓手,扩大商业影响力。围绕北外滩滨水岸线优势,推动邮轮、游艇、游船与北外滩码头设施、岸上相关产业的衔接与资源整合,促进"水上旅游"发展。深化与关检、税务、中信保等部门的合作,共推贸易便利化"绿色通道"。主动做好中国国际进口博览会的承接工作,联合海关、商检和商务发展研究中心等开展专项调研,积极探索国别中心建设方案。在现有功能性平台、海关数据资源的基础上逐步建立虹口区重点外贸企业数据库,不断扩大国际贸易企业数据库的覆盖面。

3. 强化都市产业的优势与亮点

发掘优势项目和潜力企业,在"四新"经济领域开展产融结合的尝试,搭建金融服务实体经济的平台。积极协调银行及社会投资机构面向"四新"企业开展金融产品创新和服务创新,拓宽企业融资渠道、降低融资成本。加速制造业服务化转型,推进产业功能与城市功能协调融合,积极为制造业集群搭建金融、研发设计等专业服务平台。借力绿色技术银行项目、"绿碳发展峰会"等市区功能性机构平台资源,积极筹建上海低碳研究院和上海碳交易企业联盟。鼓励企业用足、用好政策,在"四新"经济领域开展产融结合尝试,搭建平台促进金融服务实体经济。聚焦生产性服务业重点发展领域,加速制造业服务化转型,推进产业功能与城市功能协调融合。

4. 提升居民的获得感和幸福感

加快传统标准化菜市场转型升级,积极推进社区智慧微菜场新模式,打造量足价稳、优质安全、便利惠民的食用农产品供应环境。做好粮油帮困和副食品补贴发放工作,提升副补发放率。加强酒类市场的日常监管和专项整治,保障区域酒类市场有序经营。规范动物产品分销换证和宠物检疫工作。做好两法衔接、三小企业监管、单用途商业预付卡备案、商业保理审批等各项监管工作。

五、主要功能区介绍

1. 市级商业中心——四川北路商业街

四川北路商业街南起苏州河,北至大连西路,东起欧阳路—临平北路—四平路—吴淞路,西至中山北一路—东宝兴路—轨道交通3号线—宝山路—河南北路,共248公顷。

围绕"国际化、时尚化、智能化、低碳化"的商贸旅游文化休闲体验街,依据"商旅文娱、商业商务联动"的建设理念,进一步优化布局、调整结构、提升能级、拓展功能,逐步由单一商业街向都市综合商圈转型,集商业商务、都市生活、时尚创意于一体,成为上海历史传统悠久、人文底蕴深厚、商业环境较好的著名中心街区之一,成为上海苏州河北岸主要的市级商业中心之一。按照"三区段、五组团"的空间格局,明确各路段功能定位,积极培育主题特色,与周边商业设施实现错位联动发展。

北区段(大连西路至海伦路):在运动休闲组团,继续推动凯德龙之梦虹口广场进一步优化调整业态结构,开展形式多样的商业文化和营销活动,加快鲁迅公园改造,提升精武体育馆能级,发挥虹口足球场及周边商旅文体综合功能,集聚年轻人群和消费人气;在文化游乐组团,进一步开发优秀历史建筑和人文资源,提升老上海品味,串联红色旅游景点,推出旅游产品,导入旅游人群。

中区段(海伦西路至海宁路):在百货购物组团,优化各商场的业态品类,形成错位竞争;在时尚体验组团,围绕四川北路公园独特优势,携手知名商业地产开发商重点推进开发标志性的时尚文娱商圈;进一步调整壹丰广场、盛邦国际大厦等业态结构,增加体验式消费业态,更好促进商务办公和配套商业联动;围绕地铁10号线四川北路站建成互联互通的另一个"黄金四角"。

南区段(海宁路至苏州河):在高端商务组团,加大力度推进四川北路星汇广场、北外滩苏宁广场和中美信托金融大厦项目的建设;完成历史保护建筑"虹口大楼"的修缮改造;对南区段商铺开展大幅置换调整,政府搭台,市场化运作,对商铺外立面开展整治修缮,营造各类产品汇聚的街区整体氛围,使南区段真正成为服务上海核心CBD的重要区域。

2. 地区级商业中心——北外滩商业中心

北外滩位于上海黄浦江与苏州河交汇处,东起大连路、秦皇岛路,南临黄浦江和苏州河,西抵河南北路,北至海宁路、周家嘴路的围合区域,地域面积约为4.7平方千米,拥有2.5千米黄金滨水岸线。

北外滩是上海黄浦江两岸开发的重点区域之一,是体现虹口区城市形象和功能的标志性区域。经过多年的开发建设,北外滩地区已取得显著成效。

商业商务空间充足。北外滩自沿江一线向东大名路以北层进式发展,上海港国际客运中心、外滩茂悦大酒店、上海国际航运金融服务中心等商业商务载体已竣工,上海外滩W酒店于2017年开业。上海白玉兰广场、星荟中心等重点项目也将在2年内陆续落成。

商业商务发展重点。依托北外滩地区独特的区位优势、产业资源及历史人文资源,以新建的综合性商业商务设施为主要载体,形成高端商业为引领,免税商业为特色的商业发展格局。大力推进旅游特色商业和时尚休闲商业、适度发展地下商业、合理配置社区商业,进一步完善北外滩地区的购物、餐饮、休闲、娱乐、旅游、文化等综合服务功能,着力提高业态丰富度,推动商业模式创新,放大边际效益,全面提升北外滩地区的城市功能、形象和品位,营造宜商宜游宜居的城市环境。

商业商务联动发展。北外滩"沿江一线"商务、商业氛围初具规模。深化完善北外滩商务商业规划,推动促进航运、金融、贸易融合发展,商业与商务、旅游、文化集聚发展,商业与交通、生态相协调。充分考虑北外滩地区商业价值发现与商务功能提升的衔接,以打造邮轮港功能为中心,拓展国际客运中心的服务功能。完善邮轮经济服务配套,促进邮轮产业与商贸、文化、旅游等产业的联动发展。

一是沿江区域载体建设规模化效应明显,高星级酒店已形成集群。将继续优化百货、餐饮、休闲的结构,不断适应区域内整体布局和消费群体的特征,依托综合交通枢纽站点建设,规划建成集主题购物中心、轨道交通站点商业服务、公共客运中心于一体的航运主题商业集聚地。

二是依托新建商务楼宇,大力引进贸易服务业和专业服务业;依托新建大型综合性商业项目,重点发展都市购物中心、时尚品牌专业专卖店、商务餐饮、文化休闲设施、专业会展设施等,带动改造提升现有商业街区,将第二层面打造成集时尚购物、文化休闲、商务配套、酒店住宿于一体的时尚消费集中区域。

三是历史风貌区主要是远洋宾馆周边区域,包括霍山路附近区域、摩西会堂附近区域、下海庙附近区域、提篮桥特色风貌街区等重点区域。

加快推进保护建筑修缮改造,建设"商旅文"结合的旅游文化特色街区,逐步发展成为历史与现代的融汇,建筑与商业的融汇,休闲与文化融汇的北外滩地区最具特色的一张"名片"。

3. 现代服务业功能集聚区——上海国际酒类现代商贸服务功能区

在国家商务部、市商务委的大力指导和支持下,在虹口区委、区政府的正确领导下,积极探索上海商贸发展新模式,紧紧围绕上海国际贸易中心建设,充分挖掘和发挥"上海酒节"已经集聚的品牌优势、资源优势和企业优势,创新性地打造以酒产业为重点的现代商贸服务功能区,努力将功能集聚优势转变为经济发展优势。

"上海国际酒类现代商贸服务功能区"以聚集产业链为切入点,以酒产业贸易服务、追溯、仓储物流、展示推广、新产品和衍生品研发、检测评价、职业培训、数据交换和信息发布等八大公共服务平台为核心进行打造,八大公共服务平台职能彼此整合,形成互补态势。一手牵政府,一手牵市场;一手牵消费者,一手牵生产商;一手牵生产领域,一手牵流通领域;一手牵国内市场,一手牵国际市场,用先进的系统平台和创新的商业生态链使其成为辐射国际酒类产业发展的核心平台,是上海在整合和拓展酒产业链上的有益尝试。

(1) 酒品交易平台。运用不断完善的电子商务技术和交易规则,突破传统酒品市场交易方式,创新性地构建公平公正的第三方贸易服务平台,为酒品的供给方、需求方服务,依托上海国际酒业交易中心和上海红酒交易中心,打造全酒品系列的消费酒、收藏酒、基酒等各类大宗酒业贸易服务平台,开发、推广和完善酒品网上交易竞拍系统,建成全国最大的酒类交易平台,3年内赶超伦敦葡萄酒交易所,使上海真正成为国内外酒产品的贸易服务中心。

(2) 酒品检测评价公共服务平台。成立上海市酒类产品质量检验中心,建成以许可检验、监督检验和第三方委托检测为核心的检测机构,完成 CNAS 国家实验室认证,打造国家酒类鉴别中心,继而实现与国际检测机构的互认。与高校联合开展对塑化剂、添加剂、农残检测等的课题研究,提升科研水平;与名酒生产厂共建产品标样室与标样图谱,建立真假鉴别中心,把握酒品检测技术与质量标准等领域的话语权,为酒类市场监管提供强大的技术支撑,促进酒类行业自律发展。

(3) 酒类产品追溯平台。推进上海追溯酒品信息中心建设,形成一个以现代物联网、移动互联网、大数据等技术为核心的酒类商品追溯、信息咨询、酒文化传播及智能营销平台,建成政府、企业及消费者广泛参与的"来源可追溯、去向可查证、责任可追究"的全国性追溯体系,为保障酒类食品安全提供有力支撑。

(4) 酒品展示推广平台。依托成立后的上海酒文化展示中心、上海葡萄酒研究院、中国酒文化研究与交流中心、中国侍酒师协会、国际调酒师协会中国总会等功能性机构,同时联合国内外行业协会与功能性机构,促进酒文化交流与商贸合作。开展"葡策中国"国际高峰论坛、中国侍酒师个人和团队大赛、中国调酒师大赛、酒类沙龙、新品推介品鉴会等文化活动,为消费者、生产者和销售商提供体验互动、品牌推广服务,引导健康、理性饮酒消费理念与习惯。

(5) 数据交换与信息发布平台。建设上海酒类消费指数中心与上海酒消费信息中心,采集数据进行集成、分析、编制,发布上海酒类消费指数及酒产业发展白皮书。

(6) 酒类职业培训平台。开展酒类职业低、中、高端培训,开展与国际机构接轨的侍酒师、调酒师等酒类国际资质认证,推选国内酒类人才参与国际大赛为国争光,提高酒类服务水平与消费水平,推动酒文化交流,加强对酒类职业和专业人才队伍培养。

(7) 酒品仓储物流公共服务平台。联合自贸区、光明集团等资源丰富的企业和地区,共享与优化酒类公共物流服务与酒品配送物流网络,节省资源、提高效率。

（8）酒类新产品及衍生品开发平台。开发适应消费潮流的保健酒、调制酒等新品酒，以及酒标、酒瓶、醒酒器等酒类衍生品，推进创意产业与酒产业融合发展，拓展和提升酒产业链。

4. 特色商业街——多伦路文化名人街介绍

多伦路文化名人街南傍四川北路商业闹市，北邻鲁迅公园、虹口足球场，全长550米，呈"L"形状。1911年建成，当时命名为窦乐安路。1943年改为现名——多伦路。于1998年以文化街定位，1999年10月完成一期改建。

2010年经多伦路管委会召集和组织，在同济大学建筑设计专家的多次论证下，确定了以"修旧如旧"为改建的原则，并于2011年1月正式启动多伦路二期沿街外立面改建工程，进一步优化了街区整体外貌与艺术观赏感。

在多伦路上曾经居住过诸多的文化名人。如鲁迅、瞿秋白、郭沫若、矛盾等；中国左翼作家联盟、中华艺大、上海艺术剧社等也曾把这里作为活动基地。一个多世纪来，多伦路从侧面集中显示了这个历史印迹和文化缩影，如今成为幽静而文化气息浓郁的一条特色小街。

多伦路经历10多年开发建设，荣获诸多称号："特色文化街""上海市十大休闲街""上海市虹口区爱国主义和历史文化风貌保护教育实践园区""文化休闲产业园区"等。

多伦路集聚了老上海的人文风情和具有异国特色的建筑。在多伦路上走一走，您似乎还能聆听到激荡文坛的震耳呐喊，仿佛还能触摸到"民族魂"的脉搏，依稀还能呼吸到近现代文化名人的气息；在多伦路上走一走，您一定还能领略到百年上海滩的民俗风情。

5. 特色商业街——星乐汇商业街介绍

星乐汇商业街位于星外滩项目腹地，东至杨树浦路西至公平路，全长820米，集餐饮休闲、生活服务为一体，由西区、中区、东区三部分构成。

2015年5月27日星乐汇商业街正式开业，西区260米26家商户揭牌起灶，入驻的品牌包括星巴克、赛百味、邑鹿咖啡、吉食、Hit Wicket运动主题酒吧、珥玛意大利餐厅、上港精选进口超市等。此外，7-11超市、森彩美容美发、华氏大药房、一针一线等生活配套商户也将为消费者提供更便捷的服务。

未来，待星乐汇商业街三区全部开放后，将会有超过60家各具特色的餐饮、超市、美容及配套服务商户入驻于此，能满足星外滩项目周边白领及居民的消费需求。

第八节 杨 浦 区

一、2017年杨浦区服务业、商业发展基本数据

2017年杨浦区服务业、商业发展基本数据见表12-10。

表12-10　2017年杨浦区服务业、商业发展基本数据

指标名称	2017年	比上年增长/%
生产总值/亿元	1 703.19	5.1
♯第三产业增加值/亿元	749.93	12.4
商品销售总额/亿元	2 949.70	13.3
社会消费品零售总额/亿元	474.65	8.0
地方税收总额/亿元	103.73	3.4
年末户籍人口数/万人	107.69	−0.23
年末常住人口数/万人	131.34	0.31

二、2017年杨浦区服务业、商业发展情况

2017年,杨浦区经济总体继续保持稳定发展,主要经济指标进展良好。杨浦区全年完成社会消费品零售总额474.65亿元,比上年增长8.0%。较上年提高了1个百分点,增速在8个中心城区中位列第3位。全区限额以上重点企业累计销售153.03亿元,微降0.69%。

销售结构方面,服装零售保持高速增长,2017年实现销售额121.52亿元,占全区零售额的30.75%,增幅高达26.65%,继续保持快速增长的良好势头。汽车及配件销售较快增长,达94.56亿元,实现7.91%的较大增幅。零售百货、超市、家电销售额受电商经济冲击持续下降,家电销售额下降36.38%。专业专卖、传统商业陷入瓶颈,继续下降3.82%,但对接新型业态较好的便利店销售同比上升,增幅达到7.57%。通信设备零售因新增企业增长突出,2017年实现销售额3.85亿元,增幅为131.67%。

从重点商圈来看,五角场商圈受到整体改造影响,全年实现销售127.83亿元,下降6.10%。控江路区级商业中心实现销售额9.42亿元,增长25.15%。滨江区级商业中心实现销售额12.82亿元,增长20.27%。

三、2018年杨浦区服务业、商业发展重点

1. 发挥规划引导作用

以区"十三五"产业发展、重点功能区发展等专项规划为指引,加强对重点地区、重大建设项目等有关业态和功能的分析研究。引入专业机构对全区工业、商业、外贸、文创、旅游等领域经济运行情况进行全面研究分析,提出针对性建议,辅助决策。编制五角场地区发展质量指数年度测评报告,从平安、人气、财富、智慧、魅力5个维度进行量化分析,推动该区域综合发展。

2. 强化商业精准布局

根据区"十三五"规划,加强对重点区域、重大建设项目的业态调整和功能转变的分析研究。着力提升五角场市级商业中心能级,支持区域内主力商家开展改造升级。加快推动控江路、滨江两个区级商业中心深度建设,推动君欣时代广场竣工开业,引导假日百货开展商场改造和业态提升;跟踪渔人码头、建发总部大厦及滨江其他载体的开发建设和项目招商运营情况,提前做好协调服务等工作。指导社区商业中心完善服务功能,重点跟踪海上硕和二期5号楼(五角场镇南社区商业中心)项目建设情况,开展业态指导。

3. 引导销售模式创新

通过节庆营销,进一步强化"商旅"融合,做实购物节与旅游节统筹举办,创新活动形式,实现形式融合向内容融合转变,激发市场新的增长点。注重"互联网+技术"运用,加快传统商贸领域转型升级。重点推动社区商业布局新零售,强化线上互动环节,满足个性化需求,提升社区营销品质。

4. 发挥优质外资的带动作用

鼓励杨浦区重点外资企业在本区设立亚太区总部、事业部全球总部和研发中心。根据杨浦滨江开发、大连路总部集聚区以及大创智区域商务载体建设情况,开展联动招商,提供定制化服务,加强对外资总部及研发中心的吸引力。重点引入现代设计、金融、"四新"等领域的外资企业,助推全区"两个优先"产业集聚。适时建立重点产业外资企业集聚区,发挥以外引外作用,推动产业链延伸。推动跨国公司参与区域双创建设,重点推进中德智能制造示范项目落户杨浦,引导西门子加快建设创新云平台,聚拢优质初创企业。

5. 推动引资渠道不断拓宽

加强与市级部门及驻沪使领馆、商会的联系和合作,建立吸引外资联动机制。发

挥区相关部门综合协调作用，完善联络机制，建立数据库，实现信息资源共享。强化中介招商，帮助杨浦引入优质外资。深化与美国湾区、法国里尔等友好城区的合作，在杨浦区主要外资来源地、传统经济发达国家和地区以及新兴对外投资活跃区域，开展杨浦推介专场，提升杨浦国际知名度。

6. 深挖滨江主题

抓住杨浦滨江 5.5 千米整体建设契机，排摸并整合沿线"商旅文体"资源，做好滨江旅游整体开发准备。指导上海国际时尚中心、家家乐梦幻乐园等重点旅游项目提升服务质量和标准，形成示范效应。以微游杨浦为先导，进一步打造杨浦滨江深度旅游项目，突显杨浦滨江资源优势和景观特色。

四、杨浦区主要功能区介绍

1. 五角场市级商业中心

五角场市级商业中心位于五角场城市副中心的南部，由国和路—国定东路—国定路—政立路围合而成，总用地面积 0.96 平方千米。五角场市级商业中心于 20 世纪 90 年代末进行规划建设，2003 年进入大规模开发，随着 2006 年底和 2007 年底万达广场、百联又一城购物中心相继建成并投入使用形成雏形，2009 年被认定为上海市名牌区域。截至目前，由万达广场、百联又一城、东方商厦、苏宁生活广场及新建成的合生汇等主力商家构成的五角场市级商业中心目前已成为上海中心城区东北部最大的综合性商业商务中心、公共活动中心和交通枢纽。

中长期发展目标：五角场市级商业中心将围绕杨浦区打造"三区一基地"的中心任务，构建杨浦西部核心区的中心。坚持发展创新、高端、规模化的商业，为新模式、新品牌、潮品牌的入驻提供更加开放包容的营商环境。提升品牌资源的整合力度，引导商圈进行经营、业态、品牌的结构调整，主打"创新"概念，引入富有特色的文化、创意、休闲、娱乐等资源，突显五角场商圈企业间错位经营，形成与全市其他层级相当的市级商圈差异化发展的品牌商圈。中北部地区建设将与南部核心区联动发展，形成"大五角场"商业格局，重点发展高端商务、高档商业、高星级酒店和文化设施等功能，体现国际化、智能化、生态化的发展要求。

2. 控江路区级商业中心

控江路是杨浦区的传统商业街之一，经过 20 多年的发展，业态功能进一步齐全完善，商业结构以零售、餐饮、休闲娱乐为主，各类服务业均衡发展，主要商家包括假日百货、紫荆广场、控江旭辉 MALL，中档消费基础深厚。根据上海市和杨浦区相关规划,控江路商业街区域被定位为区级商业中心,范围为控江路沿线的江浦路至打虎山路路段。

中长期发展目标:在中长期发展中,控江路区级商业中心将依托区位、交通、产业、环境等综合优势,找准定位,以适应并扩大周边社区居民和商务群体的消费需求、完善城市综合功能为目标,打造重点商业载体,进一步扩大商业规模、提升商业能级、调整商业结构、完善商业功能。推动沿线商业载体形成各具特色、错位经营、互补互动的发展格局,突出"新"的优势,重点发展以家庭消费为主的体验式消费和服务业。

3. 杨浦滨江地区商业中心

杨浦滨江是黄浦江沿线重要的组成部分,在当前全国产业转型发展的趋势下,杨浦滨江也从原来的工业区进入转型调整时期。按照黄浦江两岸规划的总体部署,2013年8月杨浦滨江南段开发正式启动。在新一轮上海市商业网点布局规划修编中,首次提出远期将在杨浦滨江南段建成地区商业中心,为杨浦区南部和滨江发展带的产业载体及居住社区提供优质的购物消费、休闲娱乐场所。

杨浦滨江地区商业中心作为杨浦区南部和滨江未来重要的配套功能区,将以杨树浦路为发展轴,以杨浦大桥为界,形成东西两大商业片区,现有商业载体包括百联滨江购物中心、上海国际时尚中心(商业部分)、东方渔人码头、兴荣温德姆酒店等。

中长期发展目标:在中长期发展中,杨浦滨江地区商业中心将着眼于打造未来上海最具规模高端商区,以东方渔人码头、上海国际时尚中心等区域重点项目为抓手,重点发展精品零售展示、特色餐饮、游乐场、博览馆等业态,吸引国际、高端品牌入驻,带动商务、商业、旅游、文化、会展、生活服务等协同发展。依托滨江沿线工业遗存,发挥杨浦"三个百年"资源,打造成体系的滨江旅游资源集群,重点发展高端时尚商业、滨水特色商业和观光体验商业,服务旅游休闲客群。

第九节 闵 行 区

一、2017年闵行区服务业、商业发展基本数据

2017年闵行区服务业、商业发展基本数据见表12-11。

表 12-11 2017 年闵行区服务业、商业发展基本数据

指标名称	2017 年	比上年增长/%
生产总值/亿元	2 237.29	6.5
♯第三产业增加值/亿元	1 137.22	6.4
商品销售总额/亿元	3 322.03	5.2
社会消费品零售总额/亿元	942.14	5.6
地方税收总额/亿元	747.36	15.2
♯第三产业税收/亿元	425.71	5.5
♯商业*税收/亿元	102.31	28.3
年末户籍人口数/万人	111.14	1.9
年末常住人口数/万人	254.0	0.1

二、2017 年闵行区服务业、商业发展现状、规划和预测

1. 2017 年闵行区服务业、商业发展特点和运行分析

2017 年是实施"十三五"规划的关键之年,闵行区紧紧围绕建设生态宜居现代化主城区的奋斗目标,坚持稳中求进的工作总基调,抓统筹、促转型、破瓶颈、补短板,全区经济发展结构不断优化,新兴动能加快成长,质量效益不断提高。

(1) 经济运行平稳有序,三产比重进一步提升。2017 年,全区经济运行总体平稳、稳中有进、稳中向好,全年完成地区生产总值 2 237.29 亿元,比上年增长 6.5%。生产总值中第一、二、三产业的比例关系为 0.1∶49.1∶50.8,各产业比重与上年持平,由前 5 年的第三产业拉动为主转变为第二、三产业双轮驱动,其中第二、第三产业对全区经济增长的贡献率分别为 49.7% 和 50.6%。

2017 年,全区实现财政总收入 783.08 亿元,比上年增长 14.1%,其中区级财政收入 278.71 亿元,比上年增长 12.1%。从主要税种来看,受"营转增"影响,增值税总量最大,增长最快,达 353.25 亿元,比上年增长 62.0%;土地增值税和个人所得税也实现了两位数增长,分别同比增 40.3% 和 11.8%。从主要行业来看,工业税收达 299.45 亿元,增长最快,增幅达 34.8%;税收增长较快的行业还有批发零售业、信息传输、软件和信息技术服务业以及租赁和商务服务业,分别比上年增长 28.3%、9.0% 和 14.6%。房地产业则实现税收 189.97 亿元,比上年下降 4.5%。

从税收增长与经济发展的关系来看,第三产业税收与经济发展体现出较好的同步趋势。

(2) 市场消费增长平稳,传统行业销售下滑。2017年,全区实现商品销售总额3 322.02亿元,比上年增长5.2%,其中商品销售总额超过100亿元的企业有华硕电脑、罗氏诊断产品、华谊新能源化工销售公司以及苏宁云商销售有限公司,合计实现商品销售总额533.86亿元,比上年增长10.8%。另外雅诗兰黛(上海)商贸有限公司2017年在以往批发为主的基础上拓展了销售渠道,通过电商零售等方式试水零售业务,取得了较好的效果。

2017年,全区实现社会消费品零售总额942.14亿元,比上年增长5.6%。从主要行业来看,批发和零售业实现社会消费品零售总额842.17亿元,比上年增长5.3%;住宿和餐饮业实现社会消费品零售总额99.97亿元,增长8.3%。从限额以上主要行业来看,日用家电和餐饮业零售额继续保持较快增长,分别增长19.0%和8.9%;汽车销售增长平稳,增长4.6%;而连锁超市、百货和服装等传统行业零售额持续下降,分别下降3.6%、14.5%和5.5%。

2. 2017年闵行区服务业、商业发展趋势和热点分析

(1) 统筹楼宇经济发展,落实工作推进机制。一是明确楼宇考核指标,按进度完成考核任务。调整纳入监测的楼宇情况。根据对全区各街镇、莘庄工业区及虹桥商务区在建楼宇及建成楼宇的排摸梳理,除去纯酒店及纯卖场,确定建筑面积在1万平方米及以上的纳入监测的楼宇共192幢,其中142幢列为税收重点监测楼宇;二是完成清楼扫地,建立信息系统。建立区、镇、专管员三级"1+1+1"楼宇管家机制,以"三库一网"为依托,构建全区性楼宇经济信息化管理平台(PC端和手机移动端);三是加快智能化楼宇建设。联合区科委,根据楼宇智能化推进的年度工作目标,结合各街镇的楼宇的发展需求,推进智能化楼宇建设。四是完善经营性用地全生命周期管理。根据市商务委相关要求,做好闵行区2017年商业、办公用地供应计划。不同于以往到土地出让前再做产业征询,而是在年头就对所有要出让的地块做好规划,使区内整体的产业布局更加合理化。

(2) 加强文创载体建设,推进文创项目建设。2017年全区文化创意产业实现增加值265.30亿元,比上年增长7.4%,高于GDP增速(6.5%)。截至2017年末,全区规模以上文化创意产业企业数为418家,实现营业收入1 062.30亿元,比上年增长9.0%。从产业结构看,时尚创意业、软件和计算机服务业和文化创意相关产业权重较大,是文化创意产业的重点领域,但看营业收入,上述行业对文化创意产业增长的贡献率达68.7%。其中,软件和计算机服务业保持较快增长势头,营业收入比上

年增长15.7%。加强文创项目管理,建立全区文创项目基础数据库。积极开展市级文创资金项目申报工作,共17个项目通过市级评审,涉及市区两级资金4 290万元,其中市级资金2 295万元,区级资金为1 995万元,另有10个项目通过区级评审,涉及总资金865万元。强化文创载体建设,研究制定《闵行区文化创意产业园区管理办法》,拟通过区级文创园区的认定发现培育一批优秀园区,并为市级园区的认定做好储备。4家优秀文创企业市民体验展示厅继续对市民免费开放,累计发放1万套参观券,其中复旦上科体验馆开展了亲子活动;民乐一厂展览馆提供了生活文化的展示;诺恒婚纱摄影基地开放了化妆服务等体验活动;葡萄酒展览馆举办了各种旅游节、夕阳红和敬老院活动。

(3) 加快推进生产性服务业工作。2017年,闵行区生产性服务业实现生产总值342.35亿元,比上年增长13.4%,总产出为3 395.91亿元,比上年增长11.4%,高出全市增幅0.7个百分点,生产性服务业整体发展较快。从各领域的发展情况看,专业中介服务始终位居十大重点领域之首,2017年资产规模达5 646.43亿元,占81.2%,营业收入1 957.75亿元,占67.8%,从业人员95 829人,占51.8%。此外,研发设计服务、供应链管理服务和电子商务及信息化服务均取得了长足发展,资产规模比重分别占6.7%、3.4%和2.9%,营业收入比重分别占11.3%、8.6%和6.7%,从业人员比重分别占12.6%、13.3%和10.1%。此外,随着总部经济的发展,总集成总承包服务也呈现良好的发展态势,英特尔(中国)、飞利浦照明、索尔维投资、申能(集团)等总部型企业均出现了不同程度的增长。开展闵行区生产性服务业发展报告编制工作,总结问题瓶颈,提出发展思路、重点领域与主要建议措施等。加大市级专项资金宣传力度,做好市级生产性服务业功能区的复审工作,中船重工711所等2家企业获得总集成总承包资金扶持450万元,上海漕河泾开发区浦江生产性服务业功能区等2家园区顺利通过市级复审。

3. 2016年闵行区服务业、商业发展重点工作

(1) 统筹推进各大商务区建设。虹桥商务区核心区围绕"十三五"期末实现"200家总部企业、100亿元税收"的总目标,切实推动重点项目和重点企业落地,共引进总部类企业36家。剑川路商务区一期龙湖项目已开工,二期地块的出让已发布公告。南方商务区城开中心基本完成项目建设,进入招商阶段,可售部分已完成销售。莘庄商务区旭辉、华君项目已开工,丰树项目商业体怡丰城已开业,另有3个地块已完成产业征询工作。七宝"一园一区"宝龙城、宝龙美术馆开业,文新传媒、世纪出版、法拉利文化中心项目建设中,全年共4个地块完成土地出让。

(2) 聚焦服务业重点领域发展。一是加强楼宇经济体系建设。实现 25 幢亿元楼目标,重点楼宇总税收以及单位面积税收产出增长均超 10%。加强经营性用地全生命周期管理。全年完成 18 个商办地块产业征询,共出让地块 9 个,约 16.67 公顷 (250 亩)。探索建立楼宇管家机制,通过"清楼扫地"排摸全区商办楼宇、工业厂房资源,实现统筹招商;二是推动文化创意产业发展。17 个市级项目和 10 个区级项目共获得 5 155 万元市区两级文创资金扶持。全区共 5 个市级文化创意产业园区,探索建立区级文创园区管理办法,继续启动文创市民展厅工作;三是推进生产性服务业有序发展。做好重点样本内企业监测,鼓励申报市级生产性服务业政策和市级生产性服务业功能区认定,全区共 3 家市级生产性服务业功能区,中船重工 711 所等 2 家企业获得总集成总承包资金扶持 450 万元。

三、2018 年闵行区服务业、商业发展趋势和热点分析

2018 年,进一步促进和扩大消费,提升闵行区商业形象和竞争力,体现闵行区优质生活、时尚购物、娱乐休闲的特色魅力。2018 年继续办好闵行旅游购物节,进一步实现"旅商文体"联动,通过举办市民游客喜爱的旅游购物节庆系列活动,以商促旅,以旅带商,将旅游与商业、旅游与文化、传统与时尚、市场与公益相融合、相汇聚,分享旅游购物节的快乐和实惠,充分体现绿色文明旅游、欢乐购物、乐享实惠的活动精神,使旅游购物节真正成为广大市民游客的节日。2018 年,将联合更多企业、协会,组织更多活动,举办更精彩的盛会,从而拉动闵行经济健康发展。

四、2018 年闵行区服务业、商业发展重点

2018 年为拉动区域经济发展,全区努力实现商品销售总额 3 200 亿元,社会消费品零售总额 1 000 亿元。商业规划上加快推进载体建设与功能提升,依托商圈及高端商务楼宇建设,形成带动全区商业的跨越式发展。打造虹桥商务区,成为国际贸易中心新载体、长三角商务中心节点。重点推进综合性的商务商业中心,包括虹桥吴中商务区、七宝生态商务区、莘庄商务区、莘庄综合枢纽商务区、南方商务区等。以完善配套为原则,提升存量,建设增量,着力完善居住区级商业网点配套,形成系统完整、方便快捷、特色鲜明、管理有序的社区商业体系,同时打造若干条特色商业街,提升闵行城市化发展水平。

（一）推动生产性服务业发展

1. 完善生产性服务业发展规划

根据区域经济发展定位,明确生产性服务业发展的区域重点,结合"三大功能区"的划分,提出生产性服务业发展的细分化主题,且将载体建设作为促进地区生产性服务业发展的主要突破口,在明确要求、发展主题载体功能和行业定位的基础上,研究制定推动生产性服务业发展的规划。

2. 打造生产性服务业发展载体

依托重点行业、重点企业和重点项目,打造一批定位清晰、特色突出、产业集聚的生产性服务功能区,涵盖载体建设、投资商的引进、资源集成商和发展商的引进以及相应行业组织、机构的入驻,落实资金、人才、技术等关键要素,全方位、有重点、多渠道推动闵行区生产性服务业功能区建设。

3. 发挥生产性服务业发展相关政策作用

聚焦重点功能区打造和重点产业集聚,鼓励和引导闵行区企业申报上海市产业转型升级发展专项(生产性服务业发展)资金,支持和指导载体创建上海市级生产性服务业功能区,发动相关企业申报闵行区新一轮现代服务业政策,充分发挥相关政策的引领带动作用。

（二）推进文化创意产业发展

1. 明确文创产业重点领域,形成比较优势

进一步明确发展重点领域。根据闵行产业基础特征和现代化主城区的发展要求,进一步聚焦在网络信息、软件与计算机服务、设计咨询业、传媒业、时尚产业等5个重点行业领域,集中发力,打造具有区域特色、产业链功能强大、重点突出、结构完善的文化创意产业体系。

2. 明确文创产业发展规划,形成集聚效应

布局规划上,形成"北文化、南网络、东传媒,百花镶嵌"的文创产业发展格局。北面,依托七宝生态商务区,加快海派艺术馆、闵行博物馆、号上书院、宝龙美术馆等公共文化设施建成运营,推进法拉利文化中心、文新传媒谷、世纪出版产业园等项目建设,对新出让土地的项目企业(华发、上坤、万科等)加强产业引导,打造以影视制作发行、文化艺术演出、文化金融、文化艺术品交易等为特色的产业集群。南面,依托紫竹网络视听产业基地,以合一集团(原优酷土豆集团)、东方明珠游戏孵化平台、新浪体育、IMAX等重点企业为引领,积极培育网络视听内容核心产业,重点发展网络视听、影视动漫、网络游戏等新兴产业,打造国际一流的网络视听产业基地。东面,依托漕河泾东方传媒谷(在谈)项目,建设全球一流的传媒产业中心。此外,加快吴泾时尚小镇、颛桥光华路文创集聚区、云部落 TMT 产业园、得丘园礼享谷、德必 525、大树下新媒体等多个市区两级重点文创园区,重点鼓励形成产业特色,建设公共服务平台,集聚创新优势。

3. 完善文创产业政策,撬动转型升级

为了进一步发挥政策的引导作用,加快推动闵行区文创产业的发展,闵行区于 2017 年 7 月发布了《闵行区关于加快推进现代服务业发展的政策意见》(闵府规发〔2017〕7 号),将文创产业扶持纳入其中,政策扶持对象包括文创载体、文创企业、文创项目等,达到门槛和认定要求的,给予鼓励性、奖励性补贴。2018 年,将继续开展文创扶持资金的申报及区级评审工作,通过扶持政策,鼓励优质文创项目发展;同时,加强对区文创项目的管理和跟踪,有效对接资源和进行服务。

五、 闵行区主要功能区介绍

1. 主要功能区介绍

(1) 市级商业中心:虹桥商务区。标准:市级商业中心是面向广域性、超广域性消费人群,提供综合消费服务,商业设施高度集聚,总建筑面积不低于 50 万平方米,日均客流量在 30 万人次以上的综合性商圈。范围:虹桥商务区核心区闵行部分东临虹桥综合交通枢纽,西至嘉闵高架,南至建虹路,北至扬虹路,占地 1.43 平方千米。定位:上海现代服务业的集聚区、上海国际贸易中心建设的新平台,企业总部和贸易机构的汇集地,服务长三角地区、服务长江流域、服务全国的高端商业商务中心。一期"一个核心区、四条特色商业街区、一个地下商业城"布局:以万通新地中心、龙湖天街、虹桥天地三个城市综合体为核心区,形成集商务办公、精品商业、特色餐饮、休闲娱乐、展览展示、星级酒店为一体的综合商业。以丽宝广场 | 虹源盛世国际文化城、金臣联美＋虹桥万科中心、绿谷广场、三湘广场组成 4 条特色商业街区,重点打造休闲、商务、商业、文化功能。以一期 10 个地块连接共享的 40 万平方米地下商业空间为依托,打造成为中高端综合性地下商业城。二期北部商业中心和南部滨水休闲商业街布局:北部形成集购物中心、社区公共事务受理中心、文化卫生中心等功能于一体的商业综合体。南部围绕滨河、亲水、静谧的环境优势,形成优美滨水休闲商业特色街。

(2) 地区级商业中心:南方商业中心。范围:莲花路—沪闵路—闵虹路—合川路—古美西路围合区域,总用地面积约71公顷。定位:上海南部新兴城市化区域的综合商业中心。规划以万源路为轴,形成东西两个片区联动发展布局。东片:提升友谊商城、百联南方、莲花购物广场消费能级,加大自有商品和品牌培育,辐射更广域消费群体,带动南方休闲广场业态和品牌调整。西片:加快建设城开南方商业体项目,突出主题商业、商务办公、宾馆酒店等综合功能,完善公共活动、文化娱乐等休闲功能,提升商业品位。规划建设空中连廊、连接各商业单体,增强通达便利性,形成地区商业一体化。

吴中路商业中心。范围:以虹桥镇吴中路为发展轴线,东至虹梅路、西至外环高速。定位:街区型时尚生活消费为主导的综合商业中心。实现"一条中心城道、两大核心区域"的空间布局:①调整提升吴中路中段发展轴。依托盛世莲花广场、金虹桥广场、吴中路万源路、吴中路虹梅路等重要节点,凸显汽车销售与服务、家居零售与展示等特点,以品牌化、连锁化为导向,引进新业态、发展新模式,提升商业能级,优化商业发展环境;②吴中路西段商业区,推进虹桥万象城、顶新国际商务中心、成城购物广场建设,突出时尚购物、文化休闲等主要功能;③吴中路东段商务区。结合服装时尚集聚发展的产业基础,对接漕河泾开发区产业发展需求,建设成为高品质办公集聚地。大成商务广场吸引与区域内优势产业相关的总部企业及功能性机构入驻,26号地块引进英国奥特莱斯管理中心,吸引区域内外知名品牌设立设计中心、展示中心、运营中心和管理中心,形成时尚展示交易集聚地。

七宝商业中心。范围:以七莘路—漕宝路为节点,沿漕宝路向东至横沥港,沿七莘路向北至新龙路,向南至青年路。定位:生态文化商业相交融的综合商业中心。依托轨道交通站点和综合交通枢纽建设,调整提升已建的七宝商城等各类传统商业设施,突出发展一站式、综合性消费的都市购物中心、百货店等,配套改造形成特色餐饮、文化娱乐为主的商业街区,建设成为上海西部地区能级较高、绿色生态、内涵丰富、功能完善、配套齐全的新兴现代化都市商业区。

莘庄商业中心。范围:以莘庄综合交通枢纽为核心,东至外环线莘庄立交,西至莘东路,北至沪闵路,南至名都路。定位:新兴交通枢纽型综合商业中心。已有仲盛世界商城、凯德龙之梦广场等大型商业设施,规划建设莘庄综合交通枢纽项目,全部建成后莘庄商业中心商业建筑面积约为52万平方米。

剑川商业中心。范围:以剑川路商务区为核心,东至横泾港,南至景谷东路、剑川路,西至华宁路,北至铁路吴闵支线,包括西面颛桥中心村改造项目。定位:科技产业城市功能相融合的综合商业中心。规划:以轨道交通5号线剑川路站为节点,块状集聚开发,服务于闵行经济技术开发区、紫竹高新区2个国家级开发区,服务于上海交大、华师大2所高校,服务于颛桥、吴泾、江川地区企业和研发机构和居住人口,建设高品质商业、商务、会务、酒店等载体,成为产城融合功能突出的代表性商业中心。

(3) 特色街:虹梅路老外街。老外街全街长约480米,占地面积1万平方米,2002年4月19日正式对外营业。老外街是一条以幽雅安静的氛围为背景,以现代欧美风格为特色,融合国际多元文化的特色街道,是展示各国餐饮美食文化及风俗民情的最佳窗口。老外街首创地把十几个国度的风味餐馆浓缩到一条街上,弥补了虹桥地区休闲娱乐产业设施欠缺的空白,提升了上海作为国际大都市的城市形象。走进老外街,恍如进入异国他乡。自开业以来,老外街的业态在发展中不断完善,其中中餐馆主要有上海菜、皖南菜、新疆菜、西北菜和潮汕菜等菜系的6家餐厅,国外餐饮主要有日本、希腊、泰国、印度、伊朗、墨西哥、美国、加拿大、德国、意大利、法国、西班牙、荷兰、爱尔兰等14个国家的23家主题餐厅、酒吧。除了丰盛的美食以及各国风俗民情的展示,休闲街还有深厚的文化底蕴,在充满时尚文化气息的老外街,藏有一方真正的古韵悠然之地。现在的老外街已成为上海、全国乃至国际上具有一定知名度的休闲街。2004—2007年度分别被评为"中国特色商业街""闵行区文明示范街""闵行区绿色商业街""上海商业特色街"等。承载着这些荣誉,老外街还将不断丰富和完善街区的文化内涵,提供更加优质的环境和服务,充分满足中外消费者的需求。

(4) 服务业集聚区:虹桥商务区(闵行部分)。虹桥商务区东起外环高速公路(S20),西至沈阳—海口高速公路(G15),北起北京—上海高速公路(G2),南至上海—重庆高速公路(G50),规划用地面积86平方千米,涉及闵行、长宁、青浦、嘉定4个区,其中闵行部分约占46平方千米,占总面积近54%。虹桥商务区分主功能区和拓展区两部分,主功能区面积约26平方千米,其中闵行区部分约22平方千米,占其总面积的85%,主要是新虹街道。2017年,虹桥商务区主功能区(闵行部分)新增企业417户,企业累计2 393户,完成税收40亿元,同比增长64.5%,累计引进上市公司总部或总部类机构101家,完成10幢新增重点楼宇考核。目前唯品会、科施博格、梅塞尔、永恒力等区域性总部和地区性总部入驻。

七宝生态商务区、七宝文化公园(一园一区)。七宝生态商务区是上海市政府确定的25个现代服务业集聚区之一,位于外环线以西,漕宝路以北,横沥港以东,航南路以南,总用地约169公顷,包括商务区、文化公园和动迁安置基地三大部分,拟打造数字出版、网络传媒等产业汇聚中心。其中,商务区四至范围为:东至新镇路,南至漕宝路,西至横沥港,北至吴中路,占地约 40 公顷(不含 100 米绿化防护带),规划建筑面积 102 万平方米。文化公园位于新镇路东侧地带,占地约 122 公顷。七宝生态商务区宝龙城市广场、艾美酒店已开业,集团总部办公入驻。世纪出版园预计 2018 年竣工,报业项目已开工,全年完成 4 个地块的出让。

莘庄商务区。莘庄商务区东至横沥港,西至中春路,南至淀浦河,北至顾戴路,规划总用地面积约 124 公顷,总建筑面积约 183 万平方米。莘庄商务区凭借临近莘庄工业区、紫竹科学园区的地理优势,依托虹桥综合交通枢纽的辐射影响,规划发展以现代服务业为主导,集总部基地、商务办公、会议论坛、科技研发、商业休闲、文化交流功能于一体的现代服务业集聚区,以支撑区域内现代服务业的发展,打造立足上海、辐射长三角、接轨国际的智慧型、生态型、国际化商务中心区。莘庄商务区旭辉、华君项目已开工,丰树项目商业体怡丰城已开业,全年完成 3 个地块的产业征询单。

梅陇南方商务区。南方商务区位于闵行区梅陇镇,四至范围:东至万源路,西至淀浦河,南至闵虹路,北至古美西路。总用地面积约 31 公顷,总建筑面积 226 万平方米。规划建设集商务办公、主题式购物中心、金融服务、休闲娱乐、酒店和餐饮为一体,建筑形态错落有致,打造成为西南地区一流、销售规模最大、服务功能最全、具有影响力的现代化商务区。南方商务区城开中心基本完成项目建设,已进入招商阶段,可售部分已完成销售。

莘庄综合交通枢纽。该项目位于莘庄镇,南至莘朱路、西至横沥港、北至沪闵路、东至莘奉金高速公路,横跨地铁 1 号线莘庄站南北广场,用地面积约 19 公顷,是在现有正在运行的铁路、地铁上部进行空间开发的一种新模式,并为规划高铁车站、新增地铁线预留了空间,实现了"五线合一"及地下、地面、上空的综合开发利用,将形成莘庄地区便捷安全的交通换乘枢纽,集聚发展高端商务办公、酒店,扩大现代服务业规模,提升莘庄区域的整体功能,为全国首创的"资源节约型,环境友好型"目标的试点项目。

第十节 宝 山 区

一、2017 年宝山区服务业、商业发展基本数据

2017 年宝山区服务业、商业发展基本数据见表 12-12。

表 12-12　2017 年宝山区服务业、商业发展基本数据

指标名称	2017 年	比上年增长/%
生产总值/亿元	1 311.96	6.6
♯第三产业增加值/亿元	787.3	5.8
♯商业*增加值/亿元	153.67	6.4
商品销售总额/亿元	4 390.7	20.5
社会消费品零售总额/亿元	666.67	3.8
地方税收总额/亿元	132.01	10.0
♯第三产业税收/亿元	92.53	5.0
♯商业*税收/亿元	16.99	29.0
年末户籍人口数/万人	97.6	1.2
年末常住人口数/万人	203.08	0.01

二、2017 年宝山区服务业发展特点和运行分析

2017 年,宝山区服务业增加值达到 787.3 亿元,比上年增长 5.8%,占全区增加值的比重达到 68.6%。从发展趋势来看,服务业增加值呈现不断上升的趋势,增长速度自 2013 年起触底企稳回升,占区增加值的比重近两年持续上升。从主要行业来看,批发和零售业、房地产业和金融业这 3 个行业增加值占服务业增加值的比重为 58.09%,是宝山区服务业增加值居前 3 位的重点行业。从增长率来看,房地产业、金融业和批发和零售业是发展较快的 3 个行业,增长率分别达到 20.9%、7.5% 和 6.4%,均快于服务业平均增速。

1. 服务业总体投资情况

2017 年服务业完成固定资产投资 353.9 亿元,比上年上升 9.5%。服务业占全区固定资产投资总额的比重为 93.37%,比第二产业占比高 92.02 个百分点。剔除房地产业的服务业固定资产投资 21.73 亿元,比上年减少 33.5%。

2. 服务业总体税收情况

2017 年服务业实现税收收入 237.26 亿元,比上年增长 11.8%,占全区总税收的比为 51.51%;其中服务业实现区级税收收入 92.53 亿元,增长 5.0%,占区级税收收入的比为 70.09%。

3. 服务业载体发展情况

截至2017年末,全区现有服务业载体120个,与上年末相比,增长14.3%;建筑面积525.5万平方米,增长12.6%;入驻单位数20 954户,增长69.5%;实现税收总收入41.25亿元,增长64.8%;区级税收14.88亿元,增长69.7%;单位面积总税收为785.0元/平方米,增长46.3%。

三、2017年宝山区商业发展特点和运行分析

2017年,宝山区商品销售总额快速增长,全年实现4 390.70亿元,比上年增长20.5%。其中限额以上企业商品销售额为2 964.97亿元,增长34.2%,占商品销售总额的67.2%。在全区商品销售总额中,金属及金属矿批发行业商品销售额占比较高,全年完成3 062.66亿元,增长30.5%,占商品销售总额的69.75%。

2017年,宝山区社会消费品零售总额(以下简称"社零额")累计实现666.67亿元,比上年增长3.8%。其中,批发和零售业增长3.1%,比上年下降了5个百分点;住宿餐饮业增长11.9%,比上年提高了4.2个百分点。

2017年,宝山区商品销售总额增长态势持续向好,全年实现4 390.70亿元,比上年增长20.5%。其中限额以上企业商品销售额为2 964.97亿元,增长34.2%,占商品销售总额的67.2%。在全区商品销售总额中,金属及金属矿批发行业商品销售额占比较高,全年完成3 062.66亿元,增长30.5%,占商品销售总额的69.75%。

(1) 民生项目建设顺利推进。2017年,以宝山区政府实事项目为抓手,推进主副食品供应网络转型升级。一是积极发展"互联网+菜篮子"的社区微菜场模式,以"食行生鲜"项目为载体,推进政府实事项目——社区微菜场建设。年内实际新建完成50个站点,完成宝山区政府实事项目计划的50个站点的建设目标;二是推进菜场改造升级,主动对接有关街镇,推进中心菜场、标准化菜场建设,2017年内已顺利完成标准化菜场5家的新改建工作,5家标准化菜场均已正式对外营业。

(2) 节庆营销促进消费增长。节日市场监测数据显示,"元旦""春节"和"五一"法定节假日期间,宝山区重点商贸企业销售同比分别增长了8.1%、8.3%、8.4%,市场供应充足,价格基本平稳,消费市场平稳有序。

(3) 重大商业活动丰富多彩。充分发挥节庆活动的载体作用,紧密结合当前的宏观经济形势,重点突出区内商业结构调整和优化的成果,突出宝山邮轮产业发展特色和旅游资源特色,市区联动,整合"商旅文"资源,与区内主要商业企业共同筹划组织"元旦""春节""五一"和"十一"以及2017上海购物节主题营销活动。2017上海樱

花节、2017上海购物节期间,通过商旅互动,商圈齐动,线上线下联动,开展主题营销活动,营造欢乐节庆氛围,形成消费磁场,促进销售增长。

(4) 重点商业项目顺利开业。全力配合龙湖天街等重点商业项目推进工作,多次实地调研推进,帮助企业进一步明确商业定位,开业以来,商场内的品牌店铺销售平稳,诸多餐饮商家生意火爆,商场整体销售情况较为乐观。

(5) 大力推进零售新业态、市场新模式。主动研究以互联网为依托,通过运用大数据、人工智能等技术手段,将线上服务、线下体验以及现代物流进行深度融合的零售市场新模式,积极引进"智慧零售"等商业发展新模式、新方向,进一步鼓励和推进宝山区无人智能零售商店、自动提货柜、无人值守货架、24小时便利店等新零售模式下的零售业态发展,培育和支持"WINMART GO!温带超级便利"、百安居"B&T home"上海沪太店等新模式发展。大力推广以上蔬永辉为代表的传统农贸市场与现代超市相融合的新模式,积极支持并推广以食行生鲜为代表的社区微菜场"互联网+"模式,通过互联网技术与现代农产品流通的有机结合,方便不同层次消费群体的消费需求,全面提升宝山区市场供应水平,进一步引导宝山区传统菜市场转型发展。鼓励上蔬永辉、食行生鲜等商业企业通过全国统采、基地直供的采购模式,不断提高市场供应效率,缩短市场流通环节,降低企业成本,从一定程度上实现保障市场供应、平抑菜价等积极作用。

(6) 互联网零售高速增长,但占比偏低。全区批发零售企业通过互联网渠道累计实现的网上零售额39.28亿元,比上年增长1.1倍。实物商品网上零售额在全区社零额的占比不足6%。

(7) 汽车销售基本保持持平。宝山区限额以上汽车行业实现零售额145.93亿元,下降0.1%,占全区社零额的21.9%。其中,上海鸿途汽车销售服务有限公司、上海锦腾汽车销售服务有限公司等汽车销售额增长超过一倍。上海申晟汽车贸易有限公司、上海美星华通汽车销售有限公司等汽车销售额增长超过五成。

(8) 平台经济发展跃上新台阶。2017年,积极推进以大宗商品交易和信息为代表的"互联网+平台"经济发展。截至年底,宝山区重点互联网平台26家,电子商务交易额2 564.5亿元,增长61.1%,其中,B2B交易额2 447.3亿元,增长63.6%。

(9) 商业载体发展取得新突破。2017年,进一步加快商业商务载体建设,顾村龙湖天街建筑面积39.6万平方米,开业以来,日均吸引客流量约5万人次;百安居开设的首家家居智慧门店——B&T home沪太店在宝山大场开业,建筑面积7 000平方米,开业当天的销售金额对比2016年同期增长1000%;宝山宝龙城、招商花园城、临江商业商务中心等重点在建商业项目有序推进。

四、2018年宝山区服务业、商业发展趋势

1. 2018年服务业发展趋势

展望2018年,宝山区服务业发展有望继续保持稳健发展发展态势,重点产业发展质量不断提高。一是第三产业增加值占比基本保持稳定。2017年宝山区第一、第二和第三产业增加值占比分别为0.1∶31.3∶68.6,其中第三产业可比增长5.8%。2018年,随着制造业整体复苏,第三产业增长值占比有望继续保持稳定,预期可比增长实现9%;二是重点产业增速依然强劲。批发和零售、信息服务、租赁和商业服务业等重点产业依然保持较高增速。产业增加值和税收总收入有望继续保持两位数增长;三是服务业载体运营质量进一步提高。随着宝山区进一步加大对服务业载体的政策支持力度,全区120个服务业载体的入驻率、税收属地率和单位面积产出将稳步提升,运行质量进一步提高;四是重点服务业企业发展空间进一步加大。政策环境进一步优化,上海钢联等一批重点服务业企业将继续以较快速度发展,规模和效益将不断提高;五是大力推进幸福产业集聚发展。政策聚焦,制定宝山区鼓励婚庆产业集聚发展的专项政策,依靠协会的力量宣传宝山区相关产业政策,并制定行业标准,提升整体行业能级,开展宝山区婚庆产业调研工作,摸清底数,为开展进一步工作提供参考依据。继续在宝山区举办"2018上海国际婚礼时尚周"等相关活动,以品牌活动助推产业发展。

2. 2018年商业发展趋势

(1) 落实实事项目载体,有序推进项目建设。重点聚焦民生,大力推进宝山区政府实事项目的落实。协调有关街镇,尽早落实实事项目载体,及时跟踪项目建设进度,协调项目建设难题,开展标准化市场和社区微菜场项目建设。

(2) 落实节庆营销活动,做好消费促进工作。在认真总结2017年节庆营销活动的基础上,努力做好2018年元旦、春节、中秋、国庆等法定节假日以及2018上海购物节宝山专场活动等商业营销工作。以上海樱花节等区内重大活动为载体,继续推进商圈联动、商旅互动、文商结合等重点营销工作。研究商贸业流通方式改革,摸索社区商业线上线下O2O相结合的发展新模式。

(3) 高度关注市场动态,持续推进商业调整。一是继续推进商业结构和业态调整,丰富商业内涵,满足多层次消费需求;二是研究互联网零售等商业发展的新模式、新方向,坚持培育和引进相结合的原则,通过项目招商、企业服务、政策落实等服务手段,努力培育和发展具有代表性的区内电子商务零售企业,形成新的增长点。

（4）继续推进大型商业项目引进和建设。积极打造具有较强辐射能级的新地标，推进宝山宝龙城、经纬汇商业广场、中铁北城时代、日月光商业广场、上海长滩等商业项目建设配合相关街镇，推进商业网点的建设，提高居民生活便利性。积极打造"1+3+5+N"的商业商务布局体系，推进月浦、罗店等商业项目招商，完善宝山北部区域商业功能。通过创全提升大型商场、超市、集贸市场购物环境。

（5）继续推进平台经济发展。围绕"互联网+平台"，大力推进以上海钢联、欧冶云商为代表的大宗商品平台经济发展。

（6）继续推进大型商业设施载体建设。2018年，中铁北城时代、经纬汇商业商务广场两个重点商业项目计划开业，总建筑面积达43万平方米。这些商业综合体建成开业后，将有效填补周边地区大型商业商务设施的空白，成为地区消费新热点。

五、宝山区主要功能区介绍

1. 宝山区商业中心介绍

对接上海市商业网点布局层级体系，以轨交1、3、7号线为商业发展核心轴线，同步考虑规划在建15、18号等轨交线路周边商业布局，在层级上构建"1+3+5+N"的商业布局体系，将国际邮轮滨江购物带打造为具有国际影响力的商业地标，在3个都市商业集聚区内培育1~2个市级商圈，在空间上形成梯度化、层次化、差异化、立体化的"雁型"布局态势。

（1）将国际邮轮滨江购物带打造为具有国际影响力的商业地标。国际邮轮滨江购物带按照"长江口水上门户"的整体定位，打造亚太邮轮之都。突出邮轮母港、目的地港和邮轮总部集聚特色，整合吴淞口国际邮轮港、临江商业商务中心、上海长滩、零点广场等商业载体，开发富有邮轮港口特色的文化旅游设施，丰富周边商业配套，推进上海邮轮物资配送中心、中国邮轮旅游跨境商品交易中心及电商平台建设。培育和发展国内邮轮企业，探索开展近海邮轮旅游业务。发展配套专业商务服务业，形成邮轮产业特色鲜明、产业要素集聚、配套功能齐全的邮轮经济服务带。

（2）重点提升三大都市商业商务集聚区。重点建设淞宝商业商务集聚区、大场北中环商业商务集聚区、共康商业商务集聚区，形成"轴线集聚、组团发展、三心联动"的格局。引导三大商业商务集聚区差异化错位发展，强化各自突出功能和优势特色，基本形成网状集聚、联动辐射的商业商务生态体系。

淞宝都市商业集聚区以牡丹江路为主轴，支持黄金广场、北翼商业街、永乐宝钢商场组团式发展，推进安信商业广场、金富门酒店、夏园宾馆等存量商业设施改造、功能置换和业态调整。结合重点支马路建设发展,联动宝乐汇、宝龙城、宝莲城中央商务区,提高牡丹江路商业街整体人流吸引力和辐射力,强化商业空间纵向联动。通过集群式形态建设,多业态集中发展,多功能组团集聚,打造现代化滨江新城商旅文体验发展新地标,亚太邮轮之都联动拓展区。

大场都市商业集聚区以沪太路为主轴,北部片区协调推进日月光中心项目建设,推进宜家家居、红星美凯龙、百安居以及上海木文化博览园联动发展,强化家装家居主题特色。南部片区大华商业区鼓励发展新型业态,着力突出时尚休闲消费服务功能,打造特色商铺云集、行业业态齐全、符合现代年轻消费趋势的时尚购物中心。

共康都市商业集聚区依托已建、新建地块及重点项目,以大型都市购物中心为引领,以电子商务服务为支撑,构建以宝山万达、绿地新都会、庙行共和新路城市综合体为核心的商业空间格局。通过路面交通、地下通道系统和空中步廊系统,实现项目间、楼宇间勾连,增强商圈整体性。

(3) 加快建设五个地区级商业商务功能区。大力推进顾村、罗店、逸仙、杨行以及上大等5个地区级商业商务功能区建设。顾村地区商业功能区依托轨道交通7号线、沪太路城镇发展轴,串联宝山龙湖天街、绿地北郊广场、正大乐城等重点项目,形成顾村公园、新顾城、绿地北郊三大商业组团。罗店地区商业功能区依托中集智城、富锦园区商业、大居旭辉半带等商业综合体,突出商业购物、旅游休闲、观光体验功能,打造新镇老镇相互融合、商旅文联动发展、行业业态丰富、服务功能完善的区域性综合商业功能区。高境淞南地区商业功能区依托临港新业坊、景瑞生活广场、长江国际商业购物中心等商业设施,形成殷高西路商业休闲带;结合上海玻璃博物馆建设、工业老厂房更新改造,联动复旦软件园高新技术产业园,形成特色商旅文组团。杨行地区商业功能区依托轨道交通1号线以及宝杨路产业综合发展轴,以招商花园城、北翼生活广场为核心载体,建设区域性综合商业功能区。上大地区商业功能区依托祁连山路、南大路等道路交通辐射,建设面向南大地区,辐射周边区域的商业功能区。

(4) 积极发展社区商业中心。进一步提升张庙、共富、盛桥、陈行等N个社区商业中心和城市工业园区、宝山工业园区等产业园区配套商业,完善生活服务必备型业态,补充指导性业态,加大社区微菜场、连锁生鲜超市、便利店等便利消费终端的社区覆盖率,保证社区商业设施完备、业态齐全,网点布局相对集中。探索"电子商务平台＋社区智能便利点＋集成网络终端"的发展模式,推动生鲜食品、快速消费品、定制化餐饮等定制配送服务进入社区。完善产业园区及商务楼宇配套商业。建立园区生活服务区。发展便利店、洗衣店、中西快餐、ATM机、汇兑网点、旅行代理等便利性商业网点,形成完善的生活服务配套。

2. 宝山区现代服务业集聚区——新业坊·源创

新业坊·源创是临港新业坊的旗舰首发，亦是城市更新的标杆之作。整个项目总体量为17万平方米，办公体量12万平方米，商业配套5万平方米，聚焦创意设计、智能体验及科技创投产业，聚合文创、科创产业要素，集办公、文化、体育、艺术、休闲五大核心业态于一体，完善园区内产业闭环及功能配套内容，成就上海首个3.0版本的城市活力园区，致力于打造北上海的城市新名片。

新业坊·源创分为两期开发，其中一期中的1#"创享+"、3#"创智+"、6#"创芯+"、7#"创联+"由中外运原有老厂房建筑改建而成，打造科创类园区办公、生活体验及多业态活力商业集聚区；

2#"创业+"、5#"路演+"和"创集+"组成，围绕科创展示、创意办公、科技路演为主要核心功能及价值承载；二期8#"创云+"、9#、10#"创寓+"组成，是以区域中心为定位的TOD综合商业体，整合"互联网+"思维，集线下快闪店、网红主题街、亲子早教、休闲艺术等功能于一体，共同打造可供互动体验场所。

以临港集团实力为基础，新业坊·源创打造了"办公+服务+产业+空间+投融"全方位的创新创业于一体的服务功能性园区。对此，新业坊·源创提出了"24+1"的理念——即通过全方位的配套服务把科技产业、创业中心、社交互动、休闲体验融为一体，集科技产业、创业、工作、社交、休闲与社区跨界互联，无缝对接，每天节省1小时，打造"25小时"全天候的科技活力集聚区，实现全周期、全天候、全业态企业生长平台与员工工作、生活平台。

3. 宝山区智慧商圈——大华虎城商圈

大华虎城商圈，商业建筑总面积为50万平方米，包括了9个商业项目：综合性购物中心"大华虎城嘉年华"、大型百货商场"巴黎春天"、大型卖场"乐购"、休闲娱乐综合"第一坊"、品牌折扣卖场"奥特莱"、餐饮美食广场"澳洲广场"、商住两用办公楼及酒店式公寓"第三空间"以及由两幢商务楼和别墅群组成的时尚办公区域"大华虎城商务中心和商务园"，涵盖了十二大业态：餐饮、娱乐、休闲、教育、零售、健身、丽人、旅游、金融、社区、房产。自2015年以来，在实体商业转型升级、智慧商业与智慧社区的建设方面做出了全方位的实践与探索，具体包括WiFi覆盖、线上支付技术、APP ETC不停车收费、智能停车与诱导、夜间错峰停车、智能充电桩、LBS室内地图、精准定位与导航、商业与社区多媒体互动应用、大数据分析平台等，截至目前，大华虎城智慧商业与社区建设已初具规模，其中尤为突出的是智慧停车与错峰停车均发挥出显著的效果，并因此获得了"文明交通好市民"奖。未来，大华虎城智慧商圈还考虑在AR增强现实、商业管理机器人、智慧菜场、互助式教育平台、智能家居、社区场馆整合运营等多个领域进行探索与实践,争做智慧商业与社区的领跑者。

第十一节 嘉 定 区

一、2017年嘉定区服务业、商业发展基本数据

2017年嘉定区服务业、商业发展基本数据见表12-13。

表12-13　2017年嘉定区服务业、商业发展基本数据

指标名称	2017年	比上年增长/%
生产总值/亿元	2 151.7	8.6
♯第三产业增加值/亿元	615.6	6
♯商业*增加值/亿元	183.2	4
商品销售总额/亿元	6 220.1	15.3
社会消费品零售总额/亿元	1 044.1	5.5
地方税收总额/亿元	740.6	15.0
♯第三产业税收/亿元	447.1	5.8
♯商业*税收/亿元	147.8	18.9
年末户籍人口数/万人	62.5	2.1
年末常住人口数/万人	158.2	0.1

* 商业口径为批发零售业。

二、2017年嘉定区服务业、商业发展概况

(一) 现代服务业

2017年,嘉定区实现增加值2 151.7亿元,比上年增长8.6%,其中属地增加值1 449.5亿元,增长7.1%,第三产业完成615.6亿元,增长6.0%,对经济增长的贡献率为37.4%。三次产业结构比重为0.2∶57.3∶42.5。

从行业来看,批发零售业、房地产业和金融业占服务业增加值的比重较大,占比分别为27.8%、14.7%、12.0%,实现增加值171.4亿元、90.5亿元和74.0亿元。

服务业投资方面,完成投资311.7亿元,下降10.3%,其中房地产开发完成投资

274.9亿元,下降8.3%。全年引进大项目45个,合同外资额14.7亿美元。属地财政收入147.2亿元,同比增长4.7%。属地税收收入447.1亿元,增长5.8%。

从总体发展布局看,嘉定区服务业空间布局呈现两大特点:一是向产业园区集中,京东商城、百度在线、齐家网、协一国际、游族等一大批龙头企业集聚在中广国际广告创意产业基地、嘉定电子商务产业园、南翔智地、3131电子商务创新园等园区;二是沿轨道交通站点布局,11号线和13号线站点周边区域,特别是中南部区域,依托站点经济、嘉定新城建设和良好的产业发展基础,成为楼宇经济主要集聚区,曹安国际商城、江桥万达广场、TEEC上海中心、上海汽车零部件全球采购中心大厦等一大批商务楼宇沿线分布,吸引了众多服务业企业入驻发展。

其中,文化和信息产业:2017年文化与信息产业(服务业部分)实现营业收入1 391.5亿元,比上年增长8.9%,其中营业收入亿元以上企业124家。实现税收收入52.4亿元,增长8.5%,主要来自嘉定电子商务产业园、中广国际和南翔智地等重点园区。从营业收入增幅来看,创意设计业及互联网信息服务业增幅最大,分别达到90.1%和46.9%。税收贡献较大的分别是电子商务业、互联网信息服务业及广告业。全年新增注册资本百万元以上的企业2 965家。全年电子商务交易额2 184.9亿元,增长21.7%。

金融产业:2017年实现金融业增加值74.0亿元,比上年增长11.2%。至2017年末,全区统计范围内银行网点数160个,银行存款余额2 736.2亿元,较年初增长4.9%,其中居民储蓄存款1 255.0亿元,较年初增长5.8%;银行贷款余额1 377.5亿元,较年初增长12.4%,其中个人住房贷款418.1亿元,较年初增长23.4%。

上市企业队伍不断扩大,上海天洋、华荣科技、上海洗霸在上交所上市,截至2017年,全区上市企业达15家,股权托管交易及新三板挂牌企业新增34家,累计已达到282家。小微企业创新金融服务体系不断完善,深入推进"国家产融合作城市"试点,打造"产业金融示范区",11月嘉定区大数据产融合作服务平台上线,已吸引近百家企业发布10亿元的融资需求,20家银行发布60个金融产品对接。小贷公司业务有序开展,13家小贷公司累计放贷466.8亿元。持续放大"嘉定创投"品牌效应,发挥引导基金和创投基金的撬动作用。全区投资基金49支,投资基金总规模664亿元,累计投资项目736个。

旅游产业:充分整合现有文化资源,加快"商旅文"一体化发展,以文化消费促进旅游和商业消费。2017年共接待游客1 880万人次,比上年增长4.4%;实现旅游直接收入100.9亿元,增长15.3%。全区星级宾馆7家,客房数1 222间,出租率65%。旅行社60家,全年接待游客635万人次,增长80.9%。A级旅游景点8家,其中4A

级景点6家,3A级景点2家,全年接待游客1 013万人,下降0.4%。

(二) 商业

1. 概况

2017年,嘉定区商业经济基本保持稳中求进的发展态势。商品销售总额和商业税收均实现两位数增长。全区共实现商品销售总额6 220.1亿元,比上年增长15.3%。其中,属地实现3 231.2亿元,增长21.9%,完成年度计划的108.8%。全区共实现社会消费品零售总额1 044.1亿元,增长5.5%,完成年度计划的96.2%。全区共实现商业税收147.8亿元,增长18.9%,占全区服务业税收的33.1%。其中,属地实现107.9亿元,增长21.2%。全区属地共实现商业增加值183.2亿元,增长4%,占全区服务业增加值的29.8%。

2. 主要特点

消费品市场稳定发展。2017年,全区共实现社会消费品零售额1 044.1亿元,比上年增长5.5%,从行业类别上看,批发零售贸易业共实现社会消费品零售额1 002亿元,增长5%;网络消费带动大众餐饮受追捧,住宿餐饮业增速迅猛,共实现社零额42.1亿元,增长20.2%。从商品用途来看,"吃、穿、用、烧"4类商品全部实现增长,分别实现社零额136.6亿元、42.3亿元、833.1亿元和32.2亿元;增长14.2%、21.2%、3.3%、12.5%。从各街镇来看,工业区商品销售总额和社零额均居首位;马陆镇商品销售总额增幅和零售额增幅居各街镇之首。

限上企业保持平稳增长。2017年,全区共实现商品销售额(属地)3 231.2亿元,增长21.9%,其中,限额以上企业共实现商品销售额2 800.4亿元,占商品销售总额的86.7%,增长22.6%。

商业综合体增幅明显。商业综合体快速崛起,嘉定新城核心区的大融城和宝龙城市广场、11号线安亭站的嘉亭荟、南翔站的中冶祥腾和13号线金运路站的万达广场等商业综合体发展势头良好。

2017年,区内百联嘉定购物中心、大融城、宝龙城市广场等几家大型商业综合体自开业以来,运营情况良好,给嘉定区商业注入了新的活力。数据显示,纳入统计的11家大型商业综合体共实现营业收入54亿元,比上年增长37.3%,比上年增加13个百分点。

电子商务企业增速趋缓。新型业态进入大众视野已有时日,电子商务的新鲜度正在降低,层出不穷的电子商务企业,给予消费者更多选择的同时,也使得消费者对消费质量更加苛刻,行业内优胜劣汰的趋势日益显现。从2017年的统计数据来看,纳入统计的17家电子商务企业共实现商品销售额1 317.2亿元,增长26.8%,共实现社零额605.5亿元,增长2.8%。电商发展进入稳步推进阶段。

传统商业销售呈下降趋势。面对新型业态的强势冲击,嘉定区传统商业销售总体仍呈下降态势。数据显示,2017年,区内两大传统百货(东方商厦、嘉定商城)共实现销售额3.1亿元,比上年下降5.4%;苏宁、国美、永乐3家家电卖场共实现销售额5.2亿元,下降48.2%;大润发、欧尚、乐购、世纪联华等7家大卖场共实现销售额18.4亿元,下降8.8%。

三、2018年服务业、商业发展重点

不断增强服务业发展能级。落实市文化创意产业创新发展"50条",进一步做优做强嘉定区文化创意产业。促进"产融"有效对接,深入推进国家产融合作试点城市(区)建设,继续发挥"嘉定创投""新兴产业基金"作用,促进基金、基地、产业深度融合,支持产业金融服务实体经济。注重防范金融风险,努力提升监管水平与防范能力。积极对接上海探索自由贸易港建设,加快贸易综合服务平台建设,促进贸易便利化。此外,2018年,嘉定区将积极贯彻落实上海"四大品牌"建设,全力响应"上海购物"品牌建设,构筑嘉定商业优势,推进出口加工区转型升级,拓展保税物流、跨境电子商务等功能;推动电子商务产业发展,促进线上线下联动发展,打造电商产业发展新高地;促进高品质生活性服务业发展,推进西云楼商业街、中信泰富万达广场、凯悦酒店等商业设施的开业运营,推进印象城等重点商业项目的建设,推进盒马鲜生、食行生鲜等新商业模式在嘉定区推广布点,推动现有商业转型升级。

四、嘉定区主要功能区介绍

(一)地区商业中心—嘉定新城核心区

新城核心区商业中心位于嘉定新城核心区域,以轨交11号线新城站周边、环远香湖区域、沪宜公路/宝安公路商圈为中心。周边集聚了公共行政、医疗卫生、科技文化等一批公共性服务设施和新开发高品质住宅,居住人口和商务办公人群同步导入、持续增长。

经过若干年的建设布局,嘉定新城核心区内已逐渐形成轨交11号线新城站、环远香湖和沪宜公路/宝安公路三大商圈。在轨交新城站地块,大型商业综合体宝龙广

场已开业，中信泰富万达广场在建中；环远香湖区域，集聚了保利台北风情街、东云街等重点商业项目，西云楼文化商业街区、保利国际商业广场、明发商业广场等在建中；围绕沪宜公路/宝安公路区域，集聚了大融城商业广场、永润星辰休闲广场等商业项目。目前，嘉定新城核心区已建大型商业设施面积约 50 万平方米，在建大型商业设施面积约 40 万平方米。

2017 年，新城核心区加速推进产城融合，在城市商业功能、总部园区建设、楼宇二次开发等方面取得了较好进展。

一是城市商业功能不断完善。大融城、宝龙城市广场等大型商业项目经营良好，新城核心区商业繁荣局面初步展现；明发商业广场、西云楼、中信泰富商业广场等项目建设进展有序，招商工作进展顺利；社区配套商业逐步完善，龙湖邻里中心、新城金郡邻里中心投入运营，标准化菜场、便利店、药房、洗衣店、教育培训等便民商业设施全面配备，为新城居民提供更加便利的生活服务。

二是总部园区建设持续推进。继续推进总部园区促开工工作，加快园区尽早出形象，形成商务 CBD 办公氛围。国北科技、中化岩土、绿地集团总部园区项目开工建设。积极谋求高品质的意向企业洽谈入驻，同步做好紫光科技、美年大健康、瑞慈医疗、神马电力等重点意向企业落地前的协调工作，积极推进项目尽快落地。

三是商务楼宇二次开发利用成效初显。TEEC 上海中心 6 月正式投入运营，完成中信泰富 301 地块 1 号办公楼收购工作，并以此为载体，积极对接清华企业家协会、创源科技等招商平台，全面开展战略合作，清华企业家协会长三角分会、青华环保联盟、清华企业家协会汽车产业协会等三大协会平台，Innospring 创源众创空间、阿里巴巴创新中心等众创空间，威林汽车供应链、紫澜信息科技、港顺投资、柯梓动漫等一大批优质平台或企业签约入驻，签约入驻率达 70%；并重点推进 Deltall 智能网联与新能源车创新俱乐部等项目落地，计划将 TEEC 上海中心全面打造成新城核心区科技创新产业高地。

2018 年，嘉定区将进一步推进嘉定新城核心区商业中心建设，加快凝聚新城浓厚商业氛围。年内，具有老上海风情的西云楼和与轨交 11 号线新城站无缝对接的中信泰富万达广场都将开业，将进一步丰富新城核心区的文化商业、休闲娱乐等功能，提升城市生活服务能级。保利天琴宇、嘉宝梦之缘、恒大御景湾邻里中心建设推进，为市民居民提供更加便利的日常生活服务，进一步打造嘉定新城宜居宜业的良好环境。

经过若干年规划布局和建设推进，将嘉定新城核心区逐步打造成集城市综合商业中心、文化休闲中心、现代商务中心、交通枢纽中心于一体的，上海西北地区辐射长三角的引领性、地标性的综合枢纽型商业中心。

（二）特色商业街——江桥老街

1. 概况

江桥老街总建筑面积约 6 万平方米，由 10 幢独栋建筑分布在虞姬墩路及江佳路两侧，通过造型要素综合的运用变化和对比，以黑白灰作为主基调，形成简练而丰富的空间内容。明快通透的分隔形式组成流动的室内空间，多个空间互相紧扣，体现了建筑空间的时代特质。整体设计遵循现代商业的布局理念，将购物休闲功能需求与建筑的格局相融合，让人在流连期间充分享受到空间的美感。

江桥老街业态丰富，布局合理，汇聚餐饮、购物、休闲、娱乐、文化、时尚六大商业业态，顺应江桥地区市场消费需求，更注重商业发展规律，将餐饮、早教、娱乐的功能占比放大，注入体验式消费的新理念，使之成为江桥周边居民全家休闲的客厅，朋友欢聚的地标。于 2015 年被上海市商务委授予"上海市特色商业街"称号。

2017 年江桥老街注重突出特色商业街的业态优势，以餐饮的经营优势来拉动江桥老街商业街的整体经营情况，在此基础上丰富儿童业态，找准生活休闲消费定位，深入打造具有独有优势与地方特色相结合的特色商业街。

（1）引进特色餐饮品牌，拓宽客流/人流量。引进一批特色餐饮品牌，如 Starbucks、巴黎贝甜、老盛兴、肥猫餐厅、小龙坎、弄堂阿婆等，吸引了不同年龄层次、不同消费阶层的客人前来消费。

（2）配合周边民生实情，引进教育品牌。引进了画室、舞蹈、乐器、空手道、课外辅导等培训机构，如美院在线画室、贝菲特健身游泳瑜伽舞蹈、雅言舞蹈、精锐教育江桥学习中心、屹磊空手道、领典教育、爱弥尔教育等，方便老街周边的居民。

（3）举办特色活动，打造商业节庆氛围。根据节日、时令策划并举办不同主题的特色互动，举办了雅言艺术庆"六一"大型公益表演活动、王者荣耀挑战赛、圣诞快乐狂欢购活动等，塑造"有情有义有味"的老街氛围。

（4）重视视觉效果，持续不断地为老街形象"加温"。在江桥老街入口处建造了极富老街建筑风格的牌楼，以独特的文化符号赋予商业街鲜活的生命。对江桥老街进行了全方位的绿化改造。此外，专门聘请了台湾知名商业体建筑装饰设计公司为江桥老街造景，对江桥老街的导视系统进行了中国风改造，重点打造江桥老街夜景，提升辨识度。

2. 2018 年建设和调整重点

（1）改善老街商业环境。将江桥老街的环境改善问题摆在首位，持续改善老街商业运营环境，为消费者呈现一个清新、亮丽的江桥老街。进一步优化江桥老街的导视系统,力争将更美、更独特、更有韵味的导视系统呈现在商家和顾客的面前,增添老街的独特魅力。

(2) 举办特色主题活动。继续策划和举办更加丰富多彩的主题活动,为老街集聚人气。如新春活动、"五一"主题购活动、老街周年庆、"6·18"年中庆以及圣诞节主题活动,为商家和顾客呈上一个不一样的精彩老街。

(3) 优化商业业态配置。根据经营情况及时调整业态,优化品牌配置,确保江桥老街的商业活力和吸引力。

(4) 中长期发展目标、规划方案如下。

● 立足江桥,持续稳步提升。稳步发展江桥老街项目,持续提升商业品质,改善商业环境,打造商业品牌。

● 展望嘉定,抓住机遇促发展。扩大商业品牌知名度,寻求规模发展,推动区内优质项目合作,实现强强联手。

● 布局上海及江浙,实现连锁发展。利用成熟的商业品牌,专业的商业团队,实现规模发展。

(三) 文化创意产业园区——南翔智地

1. 概况

南翔智地文化创意产业园区以"创新驱动、跨越发展"为宗旨,以"文化创意、科技创新"为基点,着力推动"文化、科技、金融"融合发展,成功打造出以多媒体电子艺术、文化信息与网络服务、新型影视娱乐、精准医学产业以及文化创意设计为先导的高科技文化创意产业园区。目前,已形成三大产业集群:一类是智能化产业集群,包含智能制造、智能硬件、机器人;一类是文化产业集群,包含创意设计、影视制作、动漫游戏;另一类是精准医疗产业集群。特别在上海市建设全球科创中心的过程中,通过汇聚各种创新要素构建完善的企业生态环境,形成创新创业企业的高度集聚,是一个集办公、研发、商业配套为一体的综合性文化创意产业园区。

2017年,园区着力强化"研发创新、孵化加速、产业发展、高端服务、辐射带动"等五大功能,坚持规划先行、加强政策扶持、创新服务平台、推进多元化投入,精心实施重大项目带动战略,强化品牌意识、狠抓项目落实,进一步推动多媒体电子艺术产业、特色影视娱乐产业、网络信息服务产业品牌化、规模化、集约化发展,努力在1~3个主要领域产业、技术、人才等综合实力居国内外同行业领先地位。

2. 2018年建设和调整重点

2018年,园区着重"精准服务、优化空间、推动产业、完善平台、加强作风建设"等五大重点工作。

（1）继续做好以"科技50"创业大赛为核心、以创业银行服务企业为抓手、以《创业圈》杂志为媒体宣传推广手段，通过项目路演、投融资对接会、培训讲座、推介会和展览展示等方式，为更多优秀企业提供展示平台，为企业与投资机构、商业资源交流互动提供直接通道，从而达到塑造"科技50"全要素孵化平台的品牌形象力和扩大南翔智地创新创业生态体系的影响力。

（2）为促使园区新老空间发挥更大的作用，为产业集聚储备未来的发展空间，加快对园区7号楼、5号楼、24号楼的空间拓展和改造工作，适度市场化地拓展新的空间，助推产业功能空间的提升；为完善园区的配套服务功能，让园区白领能在园区直接享受到文化地标的辐射，做好园区智能硬件产业基地、艺术馆等重点项目的提升规划建设工作，为进一步提升园区形态建设及文化品质，完善餐厅、咖啡厅的品质升级，快速推进南翔智地图书馆的建设改造工作，打造学习型园区、智慧园区的浓浓文化氛围。

（3）加快推进医学产业园的投入使用，全面协助复旦完成南翔精准医学产业园的拓展建设工作，积极对接优质项目，尽快形成精准医疗产业链企业入驻和公共平台的建设，积极推进二期的规划建设工作，围绕精准医学产业园做好产业的招商引资和孵化工作，打造嘉定精准医学科创中心的品牌和精准医学产业基地服务体系建设，使园区在创新驱动、转型发展方面起到示范引领作用。

（4）结合"科技50"创业银行，做好金融服务作为招牌，继续市场化推进南翔创投工作，做好直投、子基金管理工作，以小额直投为主，条件成熟的时候择机选择优秀的母基金团队展开合作，同时结合创业银行成立小微金服服务平台，着重为中小企业做深产业链规划、做精产业空间、做细服务品质，形成能为小微企业提供全方位金融服务的信贷体系，保障和提高项目投资的成功率和收益率。

（5）加强作风建设，深化从严团队管理建设的新提升。着重从规范化的制度、内控的管理、高效的运营多方面着手，以制度建设为保障，以党建工作为引领，提高管理团队的思想政治教育和业务专业学习能力，加强学习十九大报告中针对经济方面的新提法，付诸实践行动，推动各项工作更加高效化，以适应园区快速发展的需要。同时，辅以市场化角度推动公司的业务发展，利用好创投、孵化器等专业服务团队和专家顾问，发挥合作伙伴的高效作用，提高服务园区企业、群众的能力和效率。

在科技、文化量大板块基础上，加大对健康医疗的投入力度，再用十年，建成北虹桥南翔科技集群，为嘉定和上海的大战略服务。

第十二节 金 山 区

一、2017年金山区服务业、商业发展基本数据

2017年金山区服务业、商业发展基本数据见表12-14。

表12-14　2017年金山区服务业、商业发展基本数据

指标名称	2017年	比上年增长/%
生产总值/亿元	707.5	7.6
♯第三产业增加值/亿元	312.7	11.9
♯商业增加值/亿元	70.4	11.6
商品销售总额/亿元	1 437.5	9.6
社会消费品零售总额/亿元	456.2	10.2
地方税收总额/亿元	—	
年末户籍人口数/万人	52.23	0.4
年末常住人口数/万人	80.14	-0.5

二、2017年金山区服务业、商业发展特点和运行分析

1. 总体运行情况

2017年,金山区完成社会消费品零售总额456.2亿元,同比增长10.2%,高于全市8.1%的增长速度,增幅在全市各区中排名第2位。第三产业增加值312.7亿元,比上年增长11.9%,占比44.2%,比上年提升1.7百分比。商品销售总额和社会消费品零售总额不断增长。2017年累计完成商品销售总额1 437.5亿元,增长9.6%。春节、"五一""十一"等节日市场销售监测中,抽样商业企业整体实现不同增长。

2. 节庆活动丰富,商业市场繁荣

结合金山实际,以"畅想金周末　欢乐购物游"为主题,以"互联网+""商旅文农"联动等为重点,举办2017金山旅游购物节活动,抓住中秋、国庆等假日消费旺季,推出游、购、体验一体化活动。购物节重点举办了2017金山海鲜文化节、金山生态体验购、金山文化旅游购物节等系列活动;利用微信平台,整合海汇街和卫清路商业资源,打造智慧商业街品牌,开展线上线下联动;开展老周红木、南方寝室等品牌企业产品

集中展示展销活动。进一步丰富了购物节活动内容和内涵,促进商旅文农深入融合,加强新老媒体平台互动共享,增强节庆的知名度和影响力,渲染商业氛围、促进商业繁荣。此次"金山海鲜美食街"还被列为2017上海购物节美食版块十大主场活动之一、"金山生态体验购"被列入2017上海购物节"玩转购物地"主场活动之一,两项活动获得了市商务委及市内外各界媒体的广泛关注。

3. 聚焦民生保障,创新发展模式

一是推进菜市场转型发展。按照市商务委工作要求,指导金山区干巷农贸市场进行示范性标准化菜市场建设,做好菜市场硬件建设及市场追溯、电子标签、保供稳价等软件建设,实现标准化菜市场转型升级。指导金山区张堰、朱行、松隐等菜市场改造提升。继续推进和落实强丰智慧微菜场布点工作,2017年全市布点38台,其中金山占13台。

二是开展菜市场星级评定。通过召开会议的形式组织动员区内各标准化菜市场积极申报星级创建。金山区共有19家标准化菜市场申请星级创建,根据菜市场星级评定标准和评分细则,会同消防、市场监管等部门和市民巡访团全面开展星级菜市场的评定工作,初步确定星级市场名单。再经回头看综合评定,确定星级市场名单及单项奖名单。通过星级创建进一步推动标准化菜市场软硬件改进和管理水平的提升,促进菜市场规范长效管理。

4. 业态布局优化,商业品质提升

一是开展新城优化业态布局课题研究。为更好地优化商业业态布局,2017年金山区积极开展新城优化业态布局课题研究。委托上海城市测量师行、上海城市规划设计研究院,开展新城优化商业业态布局课题研究工作,调研金山新城现状商业布局、商业业态和主要商业项目,经过多次听取有关部门、街镇的意见和建议,有针对性地提出商业优化提升策略和业态功能导向建议,进一步提升金山新城商业品质。

二是综合评估全区商办用地计划。为进一步提高商业、办公设施空间布局合理性,金山区全力做好综合评估全区商办用地计划,对全区拟出让商办地块从运营管理、功能管理、地块招商等方面进行综合评估。排摸并上报2017年全区计划出让商业、办公用地12幅商办用地,出让面积22.0公顷,可建面积39.5万平方米,主要涉及金山工业区、枫泾镇等。同时关注商办用地的出让、建设进度,加强指导商业业态布局。完成25幅土地出让前和项目建设的意见征询,对物业持有比例、持有年限以及业态功能等提出了具体要求。

5. 打造园区载体,促进产业集聚发展

近年来金山区加大配套设施投入,加强政策聚焦,提高管理和服务水平,建设了一批特色产业园区,促进生产性服务业集聚发展。2017年,金石湾生产性服务业功能区围绕化工和环境服务业,加强平台建设,依托国烨电子跨境平台,引进中烨国际贸易公司,带动上下游产业协同发展;杭州湾北岸电子商务产业园围绕"互联网+"概念,加强与企微品牌孵化器等平台的合作,大力培育电子商务产业;金山卫科创园围绕科创行业,集成自有的全球创新网络和创新资源,为创业创新企业提供全生命周期的创业创新服务。

6. 支持模式创新,推进重点企业提升能级

以培育平台经济为抓手,引导平台型企业加快互联网环境下的资源整合能力和业务创新,提升企业服务能级。2017年,在供应链管理领域,物流汇平台沿"一带一路"整合物流资源和服务,向全国拓展业务,提升平台规模,平台入驻企业实现营业收入、税收双增长。在安全监控领域,蓝亚全国带泵罐车信息监控平台的监控范围进一步扩大,该监控平台的不断推广为"物联网+大数据"的商业运营模式创新提供发展空间。危险化学品流动流向监控系统的监控领域进一步扩大,金山区利用平台大数据创新道路危化品运输安全监管。在检验检测领域,国家级石油钻采炼化设备质量监督检验中心创新工作机制,策划成立了全国材料应变强化信息平台和全国危化品储运工作委员会;国家化学品安全中心已建成危险品检验鉴定实验室和纸张纸浆与包装检验鉴定实验室,共完成数万批次的检验检测工作。在大宗商品交易领域,化工品交易市场通过类"天猫"、类"淘宝"的化工产业新型交易模式,与产业客户进行多元化的战略合作,完善平台服务功能。

7. 加强政策对接,优化企业创新发展的营商环境

不断加强部门与企业之间的政策对接,创新服务举措,提升服务效能,优化企业创新发展的营商环境,激发市场活力和社会创造力。一是帮助企业提升知名度,扩大影响力。新跃物流获得2017年度上海市电子商务双推工程示范企业和金山区百强企业荣誉称号;上海化工品交易市场获得商务部2017—2018年度电子商务示范企业荣誉称号;新跃物流和化工品交易市场纳入上海贸易型总部企业,扩大了企业的品牌影响力和平台辐射力;二是支持企业申报市级资金。成功推荐树风物流公司的供应链管理项目获得上海市总集成总承包项目资金支持,合全药业的创新药MAH服务平台能力提升等3个项目获得服务业引导资金支持,沙娟品牌拓展等8个项目获得市级文创资金支持;三是加大对企业的政策培训力度。邀请市级行业协会的专家就生产性服务业的统计指标、政策意见等方面对企业开展业务培训,提高业务素质。

三、2018年金山区服务业、商业发展趋势和热点分析

1. "互联网＋"新零售进一步发展

推动"互联网＋"新零售模式在菜市场领域的发展,引导企业通过发展线上业务,进一步扩大销售覆盖面,培育发展多种类型的"菜篮子"模式。2018年,龙轩路菜市场将由传统的摊位制菜市场转型为超市化生鲜超市,集中进销货管理并借助美团外卖平台开展生鲜商品线上销售和配送,进一步扩大销售覆盖区域、提升消费便利。强丰实业在门店和微菜场自助售货柜布点基础上,将进一步拓展网购市场,通过官网、手机APP、微信公众号等多种途径为社区居民提供生鲜订购、配送服务,打通线上线下并完善了物流配送体系,拓展企业自身的销售渠道和服务功能。同时,积极推进海悦市集移动端售菜APP以及蒙山路菜市场智慧化建设等工作,进一步增加可实现农副产品网购功能的菜市场的数量。

2. 新兴业态促进产业转型发展

推动"互联网＋产业服务"的融合创新发展,形成产业发展新动能,推动经济转型升级。2018年,金山卫镇与上海生产性服务业促进会签约共建"互联网＋产业服务"创新实践基地,山阳镇与华峰聚合投资公司签约共建工业互联网标杆园区,加快"互联网＋产业服务"的集聚;枫泾镇、山阳镇分别和普睿玛智能、大花智能签约合作智能制造系统解决方案服务,推动互联网与制造业深度融合,加快企业转型发展;同时,欧忆能耗管控平台、北京用友人力资源平台、锦江集团WE-HOTEL平台、运去哪平台、好运虎平台、爱我乐运储运信息平台等一批"互联网＋产业服务"项目新引进落地,推动金山区"互联网＋产业服务"蓬勃发展。

四、2018年金山区服务业、商业发展重点工作

1. 优化商圈功能,提升商业服务能级

按照金山嘴渔村智慧商圈工作方案,加快智慧商圈建设,进一步建设和完善智慧商圈微信平台,推进信息基础设施、智慧停车管理、智能广播与信息发布等系统,利用移动互联网和大数据技术,通过微信公共号、无线WiFi、商圈数据云平台及线上线下互动等方面,进一步优化商圈服务体验,提升商圈服务能级。

2. 促进转型创新,提升商贸行业繁荣

以商业转型和创新,提升金山区商业发展能级。一是探索金山区商圈管理模式。

开展区县交流学习和调研,积极推进金山区商圈管理工作。联合各街镇(金山工业区)共同探索商圈规范化、长效化管理机制以及商圈发展新模式;进一步推动商圈内商户的合作交流;加强商圈内品牌、商业企业等相关单位机构之间的互动;促进体验式消费,推进商旅文联动;二是推动成立菜市场行业协会。推动菜市场行业协会成立,支持和引导菜市场加强行业自律,实现自我管理、自我服务、自我监督。筹备菜市场协会设立的各项前期准备工作,完成协会注册备案工作,并召开协会成立大会。充分发挥协会的桥梁和纽带作用,开展菜市场行业的交流与合作,推动金山区菜市场行业健康有序发展。

3. 强化联动互融,坚持办节模式创新

坚持"以节兴市"原则,根据消费新趋势,坚持以"互联网＋商业"模式,精心组织筹备2018金山旅游购物节中的购物版块活动,加强"商旅文体农"联动,整合全区商业资源,拓宽企业参与面,引导企业创新形式和方法,策划组织有特色、有品质的节庆营销活动,进一步积聚人气、拉动消费。

4. 研究产业配套政策,营造服务业发展的良好氛围

积极贯彻落实国家、市级文件精神,结合金山生产性服务业发展实际情况,梳理相关政策意见,加强产业研究,营造服务业发展的良好氛围。一是研究梳理相关扶持政策。以企业需求、产业集聚发展为导向,加强职能部门的沟通协调,研究梳理推动金山区生产性服务业发展的政策意见,鼓励支持重点服务业园区、企业、项目和平台加速发展;二是完善生产性服务业统计制度。聚焦生产性服务业重点领域,扩大样本企业数量和统计范围,增加统计频率,动态监测生产性服务业发展情况;三是开展生产性服务业课题研究。围绕四大产业集群和先进制造业发展要求,研究推进金山区生产性服务业发展的实施策略,进一步推动产业融合,提高制造业服务化、高端化水平。

5. 加大园区培育力度,构建服务业集聚发展体系

以强化园区集聚效应为目标,加强沟通协调和政策引导,加快建设和培育服务业园区载体,促进园区之间联动合作,构建服务业集聚发展体系。一是支持服务业园区提升集聚能力。指导现有服务业园区加快集聚"四新"经济企业,形成结构合理、主导产业优势明显、配套支撑功能强大、集聚和品牌效应突出的生产性服务业产业体系;二是支持建设一批生产性服务业功能区。加强市区、区镇两级的沟通协调,发挥金山区产业基础和空间优势,支持建设一批空间布局合理、产业特色明晰的生产性服务业功能区;三是推进湾区科创中心启动建设。聚焦以健康医疗为主的重点产业,吸引科研机构和产学研合作平台、企业总部等优质企业入驻湾区科创中心,形成良好的产业

发展基础,推动湾区经济发展;四是推动园区协作引进实地型企业。加强服务业园区与经济小区联动合作,协调整合土地、人才等资源,推动实地型项目落户。

6. 加快培育重点企业,扩大服务业经济总量规模

进一步深化"互联网+产业服务"发展,大力培育平台经济,拓展发展空间,支持重点企业做大做强,扩大服务业经济总量规模。一是支持重点企业做大做强。围绕四大产业集群和先进制造业发展要求,支持旗计智能、迈创智慧供应链等重点企业做大做强;二是持续发展平台经济。在现有供应链管理、大宗化工品交易、检验检测、物流监控等领域平台发展的基础上,对其成功模式、经验加以推广,进一步提升平台的辐射力和影响力,推动平台经济持续发展;三是加快推进"互联网+产业服务"发展。围绕产业互联网创新发展应用,筹措举办"互联网+产业服务"创新发展论坛,吸引优质生产性服务业项目入驻金山,深化"互联网+产业服务"发展。

五、主要功能区介绍

(一) 商业中心

1. 金山新城中央商务区

新城中央商业商务区是金山新城服务业发展的核心区域,集商务、商业、酒店和其他公共服务设施于一体,体现现代化城市风貌和核心功能,是金山区内商业商务资源较为集中、服务产业能级较高、具有城市标志性建筑的功能区域,也是上海南部区域性商业商务副中心的重要载体,是服务长三角、辐射长三角的重要平台。

新城中央商业商务区处于重要的交通节点区域,杭州湾大桥的建成、金山铁路的开通、沪乍铁路的建设,使金山从交通终点转变为交通重要枢纽,打通金山与松江、奉贤及浙江等地的对接道路,实现与周边地区的有机对接,立体化交通网络体系逐步完善。

新城中央商业商务区以块状、组团、成片集聚开发为导向,将商业、商务、酒店、餐饮、会议、文娱等城市功能集聚于一地。按照功能定位,以高品质、现代化的商务楼宇、大型购物中心、高星级酒店三大功能板块为主体,集聚形成金山区乃至上海南部门户的标志性区域。

规划商业立足金山新城区域、服务金山及长三角周边地区的超广域消费人群,以集聚国际知名连锁品牌为主力店,积极引进国际知名时尚品牌商品和品牌企业,完善零售购物、餐饮服务和休闲娱乐功能,形成金山区乃至上海南部地区设施较为先进、

品牌较为集聚、功能较为齐全、辐射能力较强的城市商业新地标。规划商务突出低碳设计和商务社区的规划理念，强调功能、产业、空间的整体性和人性化，与周边商业区联动，按照"智能化程度高、低碳化程度好、生态环境佳"的原则，建设成为楼宇成群、产业成链、配套完善、共生发展的新兴低碳商务社区。规划酒店按照标志性区域、低碳生态建设要求，参照五星级酒店的空间设计，建设配备有大型会议设施和各类餐饮娱乐休闲设施，集商务住宿、会议会务和休闲度假等多功能设施于一体的高星级商务酒店。引进知名国际酒店管理集团进行管理和经营。

2. 百联商业中心

百联商业中心位于金山新城中央商务区南侧，目前已集聚了百联金山购物中心、若干酒店、办公等服务设施。百联金山购物中心于2010年9月底建成开业，是集购物、餐饮、娱乐和社区服务为一体的商业综合体。周边另有大型专业店、宾馆、酒店、商务会所以及银行、证券等各类金融机构办公设施。百联商业中心利用临近中央绿地、主要道路等综合优势集中高品质、现代化的商业设施，形成金山新城新兴商业中心。

3. 金山万达广场

金山万达广场位于金山新城中央商务区北侧，周边集聚了万达购物广场、海汇街商业街区、银行等服务设施及高档酒店、宾馆、餐饮、商业楼宇等办公设施。金山万达广场于2015年7月建成开业，是区内集购物、餐饮、娱乐、休闲、体验于一体的精致、丰富、时尚的广域型购物中心，满足全客层家庭型消费，平均每年吸引着百万的客流。同时，金山万达广场平均每年承办至少20场各类活动，形成金山新城新兴的商业地标。

（二）服务业功能区

1. 发展由来

上海杭州湾北岸电子商务产业发展有限公司成立于2013年10月，依托金山工业区，围绕着"三个金山"导向，本着"诚信、创新、专业、高效"的园区理念，着力聚焦电子商务产业，以"互联网＋"为依托，以技术创新为引擎，以制度创新为支撑，以平台经济为撬点，打造具有产业特色的电子商务产业园区。2015年园区经批准成为上海生产性服务业功能区之一：上海产业互联网生产性服务业功能区，是一个集"互联网＋"、信息化产业为主导的生产性服务业功能区。

2. 功能定位

上海产业互联网生产性服务业功能区借鉴国内外成功范例和经验，依托金山工业区的优势,为电商企业度身打造大型商务集群。园区引进如上海网化化工科技平台、上海轩蕴文化艺术平台等产业互联网平台,形成以产业互联网和电子商务为核心、各类服务为一体的产业互联网、电子商务、信息化服务业产业链,凭借产业聚集带来的规模效应,为电商企业构筑商务成本谷地,经济效益高地。园区获得"市级创业孵化示范基地""市级科技孵化器"等资质和荣誉,同时沿"一带一路"整合资源和服务,向全国拓展业务,将已经形成的综合创投服务和文化运营管理模式复制到其他城市,湖南永州、河南濮阳、张家港、安徽明光、常熟虞城等电商园相继开园,进一步扩大了园区的影响力。

3. 2017年发展概述

园区现入驻企业总数3 000余户,2017年新入驻企业数同比增长81.23%,实现营业收入同比增长281.25%,完成税收同比增长127.78%。园区2017年度营业收入和税收实现了飞速跨越式发展,增长率均超过100%以上,发展势头强劲。在招商方面,园区注重招商质量,引入全国招商的理念,同时注重小微创新企业的挖掘,在葫芦岛和成都相继成立办事处,立足上海,辐射全国。在企业服务方面,园区2017年组织教育培训、政策解读、沙龙交流共20次,享受扶持政策的企业13家,其中享受区人社资金扶持的有8家企业。同时,园区积极搭建企业与银行融资机构交流合作平台,协助企业获得发展所需资金,如园区与邦盟汇骏集团合作,为企业提供IPO一站式金融顾问服务,包括上市前的诊断、梳理、规范,上市过程中的贴身服务以及上市后的增值服务。园区还与中财仕通财税咨询有限公司、上海交大海外教育学院税务研究所合作,为企业提供全面系统的涉税风险控制和量身定制整体纳税管理服务,协助解决纳税疑难问题,帮助企业实现税收收益最大化。

2018年,园区将创新招商模式,瞄准新兴行业。在自主招商和委托招商相结合的基础上,创新"园中园"招商新模式,同时,做好企业服务工作,优化服务流程,力争实现税收翻番。

4. 中长期发展目标、规划方案

发展生产性服务业是园区转变经济增长方式、提升第二和第三产业融合发展的重要途径,是园区未来经济发展的重要增长点。在此基础上,按照国务院《关于加快发展生产性服务业促进产业结构调整升级的指导意见》、上海新一轮城市规划总体要求以及金山区发展总体规划,结合园区发展实际情况,"十三五"后半期园区将加快调整现有产业布局,进一步提升园区的服务能级,持续集聚"互联网+平台"类电子商务企业。同时通过不断增强"科技企业孵化器"的服务能级及整合产业资源,使园区成为"孵育产业新、发展模式新"的具有区域影响力的创新创业生态网络、优质科技企业培育核心载体、高端创新创业人才聚集地和战略性新兴产业的集聚地。园区将通过会议、活动、论坛、沙龙、研讨会、产业对接、项目合作、资金链互补等多种形式来促进产业的逐步集聚,重点关注新兴产业。同时,以长三角基地为基础,园区将业务发展到全国各地区中心城市和经济发达城市,以主业为基础形成服务、创新并行局面。

第十三节 松 江 区

一、2017年松江区服务业、商业发展基本数据

2017年松江区服务业、商业发展基本数据见表12-15。

表 12-15 2017 年松江区服务业、商业发展基本数据

指标名称	2017年	比上年增长/%
生产总值/亿元	1 120.97	7.0
♯第三产业增加值/亿元	518.72	6.9
♯商业增加值/亿元	186.31	8.6
商品销售总额/亿元	1 831.61	12
社会消费品零售总额/亿元	587.5	9.1
地方税收总额/亿元	481.4	24.4
♯第三产业税收/亿元	—	—
♯商业税收/亿元	—	—
年末户籍人口数/万人	63.42	1.6
年末常住人口数/万人	175.13	1.0

二、2017年松江区服务业、商业发展特点和运行分析

2017年,松江区在市委市政府的坚强领导下,坚持稳中求进工作总基调,主动适应经济发展新常态,积极践行新发展理念,深化供给侧结构性改革,大刀阔斧推进转型发展,紧紧围绕建设"科创、人文、生态"的现代化新松江目标,全力抓实G60科创走廊建设、国家新型城镇化综合试点、旅游产业发展,圆满完成全年经济社会发展各项目标任务。其中,服务经济呈现良好态势。2017年,全区实现商品销售总额1 831.62亿元,比上年增长12%;实现社会消费品零售额587.47亿元,增长9.1%。批发零售

业实现税收 63.39 亿元,增长 21.88%。

1. 商业经济贡献度持续提升

商业增加值及税收贡献稳定,全年商业增加值 186.31 亿元,可比增长 8.6%,商业增加值占第三产业增加值比重稳定在 35.9%,占全区 GDP(1 040.5 亿元,可比增长 7.0%)的比重 16.6%,均比 2016 年有所提高,显示出松江区经济结构正逐步优化,通过引进重大产业项目和各类人才,促进服务业发展,商业在促进产业结构调整、推动区域经济发展中的基础性作用持续增强。

2. 消费品市场运行稳定

"吃、穿、用、烧"4 类商品销售均稳步上升,分别实现社零额 183.6 亿元、41.6 亿元、310.9 亿元和 51.4 亿元。各商品交易市场成交额微降,其中农贸市场成交额 18.7 亿元,比上年增长 0.2%;专业市场成交额 202.7 亿元,下降 0.7%。

3. 整体商业发展平稳,大型商业综合体发展良好

2017 年松江区重点监测商业企业总体小幅增长,1—12 月重点监测的商业企业累计实现销售额 165.03 亿元,增长 5.3%。区内商业综合体规模进一步扩大,发展形势良好。已纳入统计的万达广场、开元地中海商业广场等企业共实现营收 37.05 亿元,增长 7.12%。其中万达广场在业态调整后销售大幅增加,累计销售 13.83 亿元,增长 27.22%,带动整个百货、购物中心业态销售增长 7.12%。其中中山街道的五龙广场和中展璞荟广场均于 2017 年下半年开业,依托麦德龙、DFC 影院等主力门店,结合餐饮、亲子、教育等互动业态经营良好。科技绿洲的九亭"星天地"以海派文化为主导吸引消费群体,九亭大型公租房"华亭名苑"的配套沿街商业相继开业服务市民群体。九亭 U 天地年初开业,九亭中心建设不断推进,这些商业配套设施的建设极大的完善了北部区域商业布局。

4. 优化民生项目

积极推进松江区示范性标准化菜市场电子商务平台建设,探索互联网+菜篮子经营模式。推进菜市场经营新模式,引进盒马鲜生、上疏永辉、清美品上生活等生鲜超市,形成一批"上控资源、中控平台、下控渠道"的大中型生鲜超市,实施统一采购、统一管理、统一结算、统一追溯,以确保市民的食品安全。继续引进食行生鲜等项目,加快扩大社区智慧微菜市场的布点建设,目前已完成 40 家社区智慧微菜场的布点建设工作。

5. "商旅文体"联动促进消费

2017 年,松江区积极整合资源,促进"商旅文体农"融合,成功举办佘山元旦登高、"春游茸城、乐享生活,let's 购"松江消费促进月、端午龙舟赛、松江青岛啤酒节、

2017松江旅游购物节等主题系列节庆活动。在元旦、春节、"五一""十一"等假期里,节庆与假期产生叠加共振效应,充分拉动消费。通过打造松江啤酒节节日文化品牌,推动夏日消费,累计接待市民12.3万余人次,同比增长33.7%,消耗啤酒100.6吨,同比增长62.3%,均创青岛啤酒节活动举办以来之最。2017上海松江旅游购物节活动以"品味生活、乐游松江"为主题,共有32项主题活动,参与商业企业、行业协会近百家,门店上千家。举办岁末营销活动、消费促进月等活动,并积极组织商业企业与龙舟赛、元旦登高等文体赛事对接,促进"商旅文体"联动。

三、2018年松江区服务业、商业发展趋势和热点分析

(1) 旅游消费整体将继续成为松江服务业发展热点。随着广富林郊野公园、松南郊野公园和广富林遗址景区的不断建设,大力发展商旅结合的特色商业将成为趋势松江旅游资源和旅游设施不断开发和完善,将进一步带动旅游客流,进而提升商业、酒店和餐饮消费。中国国际进口博览会带来溢出效应也将给松江的旅游会展带来发展机遇。从商业配套上,中展华侨城主题酒店在2018年底正式营业,深坑酒店各项验收工作也在加快进行,以旅游带动商业发展将成为松江发展的趋势。

(2) 新型消费模式将不断加快企业发展。新消费的理念将促进企业不断进行技术更新,例如来伊份、飞科、中饮等企业已经建立线上线下全渠道销售模式,开展精准服务和定制服务。市民消费方式的改变也将让云汉芯城、购酒网、丽人丽妆等各类垂直电商平台将迎来新的发展模式。

(3) 商业转型发展势在必行。今年来松江不断有大型综合性商业体开业运营,满足市民需求,业态也越来越丰富,但各种儿童娱乐、教育、餐饮等业态同质化经营严重也加剧了行业竞争。传统商业特别是松江商城、一百松江店等国有传统商业也将加快转型发展的脚步来适应社会发展。一方面要加大创新力度,一方面要加快硬件升级和服务水平的提升,通过转型提升来满足不同阶层市民需求。传统的超市也将积极与专业的电商、物流平台合作,不断增强客户体验,类似盒马鲜生这样的业态将蓬勃发展。

四、2018年松江区服务业、商业发展重点

2018年在松江加快科技创新和转型发展步伐的要求下,对接中国国际进口博览会,松江区商贸服务业将在适应新常态中转型升级、稳步发展。

（1）继续推进旅游消费。以佘山国家旅游度假区、广富林、泰晤士小镇等为重点，强化旅游购物消费品牌建设，积极拓展各类体育、会展、文艺演出等旅游衍生品，以体验化、服务化、特色化为方向，吸引国内外消费人群。利用松江全域旅游资源和文化底蕴，推出一批旅游文化购物线路。鼓励企业开发各类有松江历史文化品牌特色的旅游纪念品、消费品，打造长三角全域旅游综合体验消费目的地。

（2）加快商业配套设施的能级提升。大力引进优质商业项目，提升商业发展能级。推进拉斐尔云廊建设，完善商业配套，在人才集聚的科创园区，围绕白领和中高消费人群需求，引进高端商业项目和各类国际化品牌的全球首店、旗舰店、精品店、买手店。支持松江新城国际生态商务区突出"提升能级、凸显地标、打造亮点"的发展思路，整合区域内消费资源，加快智慧商圈建设。鼓励环新松江路—人民路、环中山路—人民路等区域调整和提升商业设施能级，充分发挥各自优势，优化业态和品牌组合；加快推进印象城项目建设，着力打造有鲜明特色的区域商圈。

（3）提升商业服务质量和标准。规范商业服务文明，在重点商圈、重点行业，开展各类服务文明、礼仪、接待等技能培训和职业道德教育。完善优质购物场所服务配套，推进无障碍、母婴、卫生等便利化服务设施建设。挂牌一批"旅游购物推荐点""旅游购物示范点""绿色餐厅""诚信服务商户"，带动和提升行业服务水平。

五、松江区主要功能区介绍

（一）商圈四至范围

地区级商业中心——新城北区地区级商业中心（新城北区开元广场及周边）、新城南区地区级商业中心（老城区中山路人民路区域）、新城国际生态商务区地区及商业中心（国际生态商务区）；

现代服务业集聚区——松江区（欢乐谷）休闲旅游区；
　　　　　　　　——松江新城国际生态商务区；

社区商业——开元地中海商业广场社区。

（二）商圈发展主要内容

1. 松江新城三个地区级商业中心

松江区地区级商业中心主要分为新城北区地区级商业中心（新城北区开元广场及周边）、新城南区地区级商业中心（老城区中山路人民路区域）、新城国际生态商务区地区及商业中心(国际生态商务区)。

(1) 新城区北区商业中心。以开元地中海商业广场为核心,环人民路——新松江路,南靠G60高速公路,北临松江大学城,该区域通过整合新松江路、文诚路沿线商业资源,调整提升东鼎购物中心、东明广场、安信广场、嘉和广场、塞纳左岸生活广场等现有商业商务设施,集聚知名品牌、时尚品牌、特色品牌,发展主题商店、家庭购物、亲子游乐等新兴体验式业态或模式,完善购物餐饮、休闲娱乐、商务服务等功能,形成各具特色、错位联动的发展格局,成为多形态、多功能、多业态集聚,体现松江区综合城市功能和形象的标志性区域。2017年,开元地中海积极求变,不断创新,围绕商铺租赁挖潜增收、营销活动整合创新、内部管理提质增效等核心,持续推动升级调整,取得了积极成效。广场客流、车流稳步攀升,商户业绩再创新高,公司经营业绩稳步攀升,各项工作有序推进。2017年,开元地中海广场累计签约面积达1.9万平方米,签约品牌101家。

中长期目标:鼓励引进生鲜食品超市、中西连锁快餐、特色休闲餐饮、药店、皮具护理店等生活服务设施以及儿童教育培训、健身舞蹈会所、钢琴教室、文化沙龙等文化休闲设施。绿庭广场、祥和路一号地块(御上海商业项目)等项目加快推进定位研究、开发建设、主题招商,依托新建商业载体,鼓励发展主题化、特色化百货店、购物中心,完善商务酒店、休闲娱乐、特色餐饮、文化体验等功能,形成松江区文化休闲时尚新地标。充分发挥商务楼宇优势,引进各类大中型商贸、金融、电子商务、科技等优质企业,提高新建楼宇的入住率、落地率和产出率,形成商业商务办公融合发展的高品质的商业商务集聚区域。

(2) 新城南区地区级商业中心。以中山中路、人民北路为发展轴线,突出历史老城风貌和旅游文化特色,强调与环新松江路区域功能互补与错位发展,依托重点区域现代商业商务设施的引进和建设,推动商业结构优化、商业档次提升,着力打造以满足区域居住人群多元化、综合性生活消费需求为主的商业消费集聚地,建设成为集旅游、观光、购物、休闲、娱乐、餐饮为一体的城市商业文化中心。其中包括松江商城、第一百货松江店、平高世贸中心、鹿都国际商业广场、乐颂坊、新理想商业广场以及松江沃尔玛大卖场等大型商业网点。松江商城、第一百货松江店、鹿都广场围绕各类节庆日开展了各种营销活动,并积极进行品牌提升和调整。2017年,松江商城、一百松江店、鹿都国际购物分别实现营收16 769万元、10 539万元、71 784万元。

中长期目标:一是继续加快推进存量商业设施功能结构调整。依托中山路、人民路沿线松江商城、松江第一百货等商业载体,推动形态结构、行业结构、业态结构、品牌结构的调整提升,突出商业购物、旅游休闲、生活服务等功能,引导错位竞争,实现功能集约化和经营细分化,提升老城区商业品质和服务能级;二是加快重点项目的建设。推进上海松江文峰大世界项目建设,以规划设计、业态定位引领商业项目建设,形成引领和满足城区综合消费的新兴载体。此外,强化商业设施与商务楼宇、酒店之间的相互融合,推动老城区商业结构优化、商业能级提升;三是加快周边特色商业街区建设。依托华亭老街、仓城、府城历史风貌区等主要商业街区商业氛围,充分挖掘老城历史风貌和旅游特色,以老字号品牌、特色餐饮、文化休闲为主题,鼓励集聚老字号品牌和中小特色商业品牌,建设成为老城极具人文气息的休闲消费街区。

（3）生态商务区地区级商业中心。是以生态商务为主导功能,依托松江新城优越的文化、交通、产业、生态等资源和基础,建设成融商业商务、酒店会展、产业服务、生活居住等功能于一体的高品质城市发展区。国际生态商务区的建设,将有效促进松江新城产业的转型升级,不断丰富松江现代服务业的发展内涵,使松江新城的城市功能得到进一步完善。2017年年初开天商务楼正式启用、东霖荟正式开业。5月,三迪华美达酒店、三迪商业街项目开业。9月30日,五龙商业广场整体开业。12月23日,中展璞荟商业广场开业。这些项目极大丰富了商务区商业商务和住宅配套的整体功能和业态品质,也使商务区的城市形象得到进一步显现。2017年,商务区将着力做好三个方面的工作,一是加快园区道路、水系和景观建设;二是推进园区夜景灯光改造,全面提升街道城市品质;三是加快土地开发,积极协调,争取全面完成土地储备,积极接洽标志性建筑地块意向企业,做好该地块招商选商工作。

中长期目标:把松江新城国际生态商务区建设成为功能齐全、配套完善,以"生态商务"为主导,融文化娱乐、商务服务、生活居住等功能为一体的复合型综合城区。整体形成"一核、两轴、三区"的圈层式空间布局结构。一核即生态绿核,在茸兴路广富林路交叉口周边,结合大型生态绿地、广场以及景观水面形成T形生态绿核,提升生态商务区的整体品质。两轴即区域发展轴,横轴沿广富林路是商务区串联工业区、大学城、广富林遗址公园、轨交站的重要轴线。纵轴沿茸兴路是商务区串联佘山国家旅游度假区、工业区、老城区的重要轴线。三区即核心商务区和两个居住组团,以中心绿地为核,内圈形成商务区,以现代商业、商务功能为主,设置星级酒店、购物中心、大型超市、休闲娱乐设施等,打造成为松江新城主城区的新地标;外圈形成高标准的居住组团,以居住及配套商业功能为主。

功能定位:松江新城是松江发展都市商业的核心区域,展现了松江历史老城风貌、核心商务办公、旅游文化特色,强化分段设计,引导功能集聚,体现"国际花园城市"特色形态和高雅氛围,形成不同建筑风格、不同功能配置、不同业态组合、组团状辐射、轴线发展的新城地区级商业中心。

市政交通建设配套:松江位于上海市西南部,沪昆铁路、沪昆高速(G60)、沪渝高速(G50)、沈海高速(G15)、申嘉湖高速(S32)、绕城高速(G1501)等交通干线贯穿全区,轨交9号线全线贯通,方便了松江与市区及其他区县的出行交通。

2. 松江区欢乐谷休闲旅游区

松江区欢乐谷休闲旅游区目前拥有上海欢乐谷、玛雅海滩水公园两座主题公园。上海欢乐谷于2009年9月12日正式开园;玛雅海滩水公园于2013年7月5日正式开园。经过多年发展已形成上海欢乐谷、上海玛雅海滩水公园"水陆两栖"产品格局。2016年7月,上海玛雅海滩水公园再升级,2期新增3万平方米的游乐空间"魔力水城",从加拿大、美国等引进全新"水上跳楼机"——极速水蟒等国际项目。2016年7月8日,上海欢乐谷重磅推出大型跨媒体实景水秀《天幕水极》。2017年1—12月经营收入43 032.55万元,总税收4 472.95万元。

下一阶段,上海华侨城将继续升级现有两个公园的项目及品质,并逐步丰富业态,计划用3~5年时间建成以"欧洲文化小镇"为主题的度假酒店群,成为佘山国家旅游度假区的旅游度假中心。上海华侨城立足上海,面向华东,旨在打造长三角地区都市娱乐旅游目的地。

(1) 2017年发展概述和2018年建设和调整重点。随着2016年上海迪士尼开放,主题公园市场竞争持续升级,面对日益激烈的市场竞争形势,国内主题公园已经开始转型。上海华侨城秉承"常玩常新"的发展理念,经过市场提升、管理提升、品牌提升、品质提升的沉淀积累,紧密围绕"品牌再造"这一中心思想,全力推动新项目建设,提升市场营销活动品质,强化服务安全内部管理,打造优秀员工队伍,内练品质,外树品牌,稳固市场。

上海华侨城在丰富文化产品业态、完善旅游度假功能、做好现有主题公园配套、加快旅游"目的地"建设的重要举措的同时,积极建设"欧洲文化小镇"主题度假酒店群。项目总占地面积12万平方米,计划分阶段建设三座主题鲜明、各具欧洲建筑特色及装修风格的主题度假酒店,辅以商业娱乐、康体休闲、文化演艺、主题餐饮等功能配套,打造在华东地区具有影响力的一站式、主题式旅游度假目的地。一期项目以西班牙主题文化为核心,以休闲度假为内容,是目前松江唯一以西班牙文化为主题的度假村,依托华侨城专业的旅游成片开发能力和水准,将对松江区旅游文化产品丰富、佘山国家级旅游度假区的品质提升起到重要作用。

(2) 中长期发展目标、规划方案。在上海加快建设世界著名旅游城市新形势下,上海迪士尼国际旅游度假区、佘山国家旅游度假区"一城两区"旅游新格局初步形成。上海华侨城将依托佘山国家旅游度假区得天独厚的生态及产业发展资源,全力以赴完善产品体系、丰富产品业态,加快主题酒店建设,策划大剧场主题演艺,推进全新香格里拉主题区的规划建设,逐步完善金矿镇、上海滩等区域的升级改造,同时持续提升服务水平,强化安全管理,建设智慧景区,逐步形成"主题公园＋主题酒店＋文化演艺＋娱乐商业"的旅游度假综合体。

3. 松江新城国际生态商务区

松江新城国际生态商务区位于松江新城东部,东接工业园区,西临松江新城地铁九号线和大学城,规划占地面积4.14平方千米,其中东至茸惠路,南至梅家浜路,西至光星路,北至茸盛路为核心区,规划占地面积2.02平方千米。区内规划总建筑面积为373万平方米,商务区将开发建设各类商务办公、商业金融、文化娱乐等公共设施160万平方米,住宅120万平方米,规划容纳4.5万人的居住生活空间。

功能和定位:商务区依托新城优越的文化、交通、生态和第二产业资源,以"生态与低碳"为关键词,融文化娱乐、产业服务、生活居住于一体,发展成为以"生态商务"为主导功能,融文化娱乐、商业服务、生活居住等功能于一体的高品质、高品位的复合型综合城区,主导产业为商务商业和金融服务业。同时,松江新城国际生态商务区的开发建设,又是实现松江产业转型,促进新城由生产型向服务型、创新型和文化型发展,打造成为长三角地区的制造业研发中心、商业商务中心、上海西南的"都市花园"。

配套便利度:商务区配备了完善的包括供电、供水、通信、交通、停车、节能、环保等配套设施,以及金融服务、餐饮宾馆、仓储会展、健身娱乐、教育服务等配套服务,居住、娱乐、商务办公等多重功能,将在整个生态商务区内得到综合体现。

(1) 2017年发展概述和2018年建设和调整重点。全面推进项目开业自年初开天商务楼正式启用、东霖荟正式开业,5月,三迪华美达酒店、三迪商业街项目开业以来9月30日,五龙商业广场整体开业;12月23日,中展璞荟商业广场开业。这些项目极大丰富了商务区商业商务和住宅配套的整体功能和业态品质,也使商务区的城市形象得到进一步显现。

全面提升基础设施建设。商务区的交通路网基本形成,茸宁路、茸德路、茸古路(南段)、外浜街(中段)等多条道路完成竣工并正式通车。智能停车诱导系统(一期)正式启用,道路交通畅通有序。商务区内所需配置的水闸已全部到位,水系调节和防洪排涝功能明显提升,完成了梅家浜圩区改造,新建了梅家浜东闸、梅家浜西闸、黄渡浜闸、张家浜闸等四座水闸。绿化景观:商务区"倒T"字形的生态绿核基本建成,大型中央绿地位于商务区核心区域,总面积相当于20个足球场,已完成初期临时建设并正式开放;总面积达24万平方米的标志性五龙湖景观湖正式建成。商务区围绕"打造高品质城市夜景"总体目标,委托专业单位编制了《商务区夜景照明规划设计导则》,覆盖了商务楼宇、商业办公、居民住宅等多维度的城市夜景整体设计。

全面展示良好形象。为进一步提升品牌形象,商务区在形象展示和品牌推介上做了大量工作。展示厅全面完成改造升级,展示内容和呈现方式更加丰富多样;最新宣传片多平台投放展示,在辖区内楼宇、商场、影院以及辖区外重点部位,如G60松江新城出口处进行密集投放;继续发扬传统宣传阵地,建成标志性地块周边约530米长的大型宣传广告,集中展示"科创中山、乐居家园"和"精彩商务区"等丰富内容;建立商务区公众微信号,活跃传递商务区内各类有效信息;完成商务区第一版宣传手册,投放至富悦、三迪华美达、世贸睿选、维也纳4个酒店的所有客房。这些举措使商务区的影响力和知名度得到明显提升,也让越来越多的松江市民了解和关注到商务区的发展。

2018年建设和调整重点:一是着力加强企业服务,提高园区经济产出。通过建立与各商管、物业较为完善的沟通联席会议制度以及企业家沙龙,建立并完善楼宇"一楼一档"信息库,优化各项活动备案审批制度,主动跨前,聚焦重点,加大宣传经济政策,及时掌握企业动态,加强服务跟踪企业项目;二是着力推进项目建设,提高服务科创水平。加快在建拟建项目的落地工作;三是着力加强城市精细化管理,提升园区城市品质。推进园区城市夜景提升、道路景观及市政配套提升、智慧园区建设和园区综合管理能力提升。四是着力扩大区域宣传,提升园区品牌形象。

(2) 中长期发展目标、规划方案。展望未来,未来的工作重心为:一是加快土地开发,积极协调,争取全面完成土地储备,积极接洽标志性建筑地块意向企业,做好该地块招商选商工作;二是要全面推进项目建设;三是加快基础设施建设,全面完成商务区路网建设和河道建设。四是强化园区综合管理,建立长效机制措施,加强工地管理,商务环境治理工作,着力优化商务区社会管理职能,有效建立商务区与各开发商、楼宇业主以及相关职能部门的日常沟通机制,不断增强园区综合管理能力。

4. 开元地中海商业广场社区

开元地中海商业广场坐落于上海松江新城核心商务区,占地约6.1公顷,总建筑面积26.8万平方米,囊括了高级住宅楼、单身公寓、办公楼、五星级酒店及一站式购物中心。购物中心总建筑面积12万余平方米,其中地上8.6万平方米,地下3.6万平方米。室内设计引入了地中海主题概念,以创造性的手法把购物、休闲与娱乐结为一体,把商业广场打造成一个以家庭、休闲、娱乐为一体的区域主题性购物中心。

广场于2006年12月18日正式开业,总共4层,在业态组合和功能布局方面,坚持以服务社区、回报社区,融入社区为基本原则,通过多种类、多样化的店铺组合与品牌配置来满足社区居民的一站式便利购物与消费。广场拥有大小商业网点近200

个,其中主力店占20%,餐饮娱乐占30%,百货占40%,配套占10%。各楼层百货、餐饮、娱乐错落分布,年开业率稳居98%左右。目前已经有星巴克、肯德基、味千拉面、一茶一座、棒约翰、法国鳄鱼、优衣库、JACK&JONS、VEROMODA、ONLY等上百家知名连锁企业进驻,还引进了乐购、苏宁电器、中国联通、屈臣氏、新华书店、电影院等数十个社区便民服务业态。10多年来,开元地中海商业广场秉承"五个统一"的(即"统一业态规划""统一招商""统一运营管理""统一营销策划""统一物业管理")经营管理理念,融入社区,回报社区,打造城市核心商圈,已成为上海松江的一张名片。广场先后获评全国社区商业示范社区、全国食品安全示范街、上海市消费者权益保护示范联络点、上海市诚信企业等数十项荣誉。

(1) 2017年发展概述和2018年建设和调整重点。2017年,开元地中海广场累计签约面积达1.9万平方米,签约品牌101家。其中新引进品牌37家,签约面积7 465平方米。主要引进松江区域独家并在市场上有相当的影响力的品牌。如上海知名品牌红宝石蛋糕、潮汕牛肉火锅中持续发力的左庭右院、面食类独具特色的和府捞面、酸菜鱼品类中的青花椒、新疆菜品类的边疆有料等。重点关注儿童教育类品牌的引进,引入罗兰音乐、潮童星、韦博英语等品牌,进一步增强了广场的儿童业态竞争力。东鼎购物中心在引进海底捞后,又新增数码城,大力发展儿童教育、冰球馆等新业态,丰富了整个广场的商业氛围。

2018年,开元地中海商业广场将进一步总结经验,弥补短板,积极主动应对各种挑战,继续深耕松江新城社区商业,加速推进智慧商圈建设,推动各项工作的有序开展。

进一步提升营销推广活动的品质,努力推动营销方式创新,增强消费互动体验。要继续加大与飞凡网在互联网平台上的深度合作,积极推动智慧商圈建设,为后续电商及品牌授权合作积累新的经验。要积极推进商户资源整合,提高商户参与营销活动的积极性,加大体验类、互动类等活动的比重,促进商户业绩提升。在资源整合方面,要进一步加大商户、消费者、媒体互动,整合商户、外部资源,推动消费黏性的提升,促进活动营销的创收工作。

(2) 中长期规划和发展目标。积极推动商业项目现场管理的制度化、规范化、流程化建设,努力提升现场管理水平。通过提升服务品质,改进服务水平,努力为消费者提供舒适、安全、便捷的消费环境和氛围。要进一步推进主题百货销售,丰富营销推广思路,推陈出新。借助飞凡网平台,努力扩充和稳固会员队伍,提升会员消费空间。同时,加强连锁加盟品牌的宣传、推广与运营工作,认真总结连锁品牌管理经验,梳理形成连锁管理流程与制度,为后期商业经营的连锁拓展和运营积累经验。

第十四节 青 浦 区

一、2017年青浦区服务业、商业发展基本数据

2017年青浦区服务业、商业发展基本数据见表12-16。

表12-16 2017年青浦区服务业、商业*发展基本数据

指标名称	2017年	比上年增长/%
生产总值/亿元	1 009.2	7.4
♯第三产业增加值/亿元	533.7	10.7
♯商业增加值/亿元	168.2	3.1
商品销售总额/亿元	1 310.3	2.1
社会消费品零售总额/亿元	564	4.7
地方税收总额/亿元	472.0	22.3
♯第三产业税收/亿元	324.3	22.9
♯商业税收/亿元	96.3	28.4
年末户籍人口数/万人	48.3	1.0
年末常住人口数/万人	120.5	−0.8

*"商业"包括批发与零售、住宿与餐饮。

二、2017年青浦区服务业、商业发展特点和运行分析

2017年是全面落实"十三五"规划的关键年,全区人民在区委、区政府的坚强领导下,认真学习贯彻党的十九大精神,贯彻落实新发展理念,全面推动跨越式发展战略,积极引导市场主体创新发展,力促新动能加快壮大,着力提升经济发展质量和效能。经济社会保持平稳健康发展,服务业保持较快发展态势,区域核心竞争力和经济发展综合实力得到进一步提升。

1. 服务业较快发展,服务业投资超额完成目标

2017年,全年实现地区生产总值1 009.2亿元,比上年增长7.4%。其中,第三产业增加值533.7亿元,增长10.7%,依旧保持高于全区增加值增幅的速度,占全区增加值比重达52.9%,三次产业比达0.8∶46.3∶52.9,对全区经济增长的贡献率

为 74.3%。

服务业固定资产投资是 2017 年新修订指标。往年考核指标为商贸业固定资产投资，包括商贸业投资与房地产中的商贸业投资。服务业固定资产投资包括纯商贸业投资、房地产中的商贸业投资和办公楼投资三方面。2017 年我区服务业投资超额完成 80 亿元全年奋斗目标，共完成服务业固定资产投资 126.3 亿元，同比增长 10.21%。服务业固定资产投资完成情况较好主要得益于房地产中的商业用房和办公楼投资大幅上升：全区商业用房投资共 53.9 亿元，增长 23.1%，占全区服务业固定资产投资的 42.7%；全区办公楼投资虽然在上半年呈同比下降趋势，但下半年投资情况良好，全年共完成投资 46.6 亿元，增长 22.1%。

2. 商贸业平稳有序，社零增长低速稳定

2017 年，全区商业增加值完成 168.2 亿元，比上年增长 3.1%，占全区生产总值和第三产业增加值比重分别为 16.7%、31.5%，对全区生产总值和第三产业增加值增长的贡献率分别为 7.3%、9.8%，其中：批发和零售业继续保持第三产业行业增加值规模第一，实现增加值 147.4 亿元，增长 3.4%；住宿和餐饮业增加值完成 20.8 亿元，增长 1%。全区商业税收总额完成 96.3 亿元，增长 28.3%；商业税收占全区和第三产业税收收入比重分别为 20.4%、29.7%，对全区和第三产业税收增长的贡献率分别为 24.7%、35.2%。

全区共实现商品销售总额 1 310.3 亿元，同比增长 2.1%，其中限额以上企业完成 265.1 亿元，增长 5.9%。实现社会消费品零售总额 564 亿元，增长 4.7%，增幅比 2016 年同期回落 5.3 个百分点，呈低速稳定增长态势。限额以上企业共完成 211.1 亿元，增长 9.2%，限上所占比重 37.4%，比上年同期提高 1.5 个百分点。从全市看，全区社零额规模在全市 16 个区中排名第 10 位，增速低于全市社零增速（8.1%）4.4 个百分点。

3. 平台建设扩大成效，发挥产业集聚效应

产业平台的集聚示范效应进一步体现。一是会展平台。全年累计举办展览 38 个，展出面积 470.3 平方米，接待 501.6 万人次；举办活动 42 个，活动面积 69.5 万平方米。完成会展拉动效应课题研究，启动"青浦区会展业发展对策"研究，举办"会展行业与青浦区经济发展研讨会"，组织 18 家企业参加工博会新材料展，对接中国国际进口博览会相关筹备工作；二是北斗导航平台。获批"国家火炬上海青浦北斗导航特色产业基地"，成功举办第八届中国卫星导航学术年会、"北斗＋跨越——2017 产业融合创新与北斗西虹桥基地发展研讨会"。截至 12 月底，基地累计入驻企业 154 家，全年实现销售收入 12.6 亿元、税收 8 295 万元，分别同比大增 45%、68%；三是快递物

流平台。获批"国家火炬上海青浦智慧物流特色产业基地",圆通速递"物流信息互通共享技术及应用国家工程实验室"揭牌运作,中通、韵达和德邦经获批"第二批上海市贸易型总部","三通一达"4家快递企业总部均成功上市。全年实现业务量12.2亿件、业务收入615亿元,分别增长63.5%和27.3%,占全市的39.4%和70.8%;四是民用航空平台。东航技术应用研发中心和青浦飞培投入正式运营,普惠飞机发动机公司获批"入境维修/再制造业务资质证书",组织参加亚洲公务机展等招商活动。截至2017年12月底,基地累计入驻企业26家,全年实现产值29.5亿元、税收5 731万元,分别同比增长14.2%、14.8%;五是跨境电商平台。举办"2017上海青浦跨境电商创新发展论坛"和"第二届中国跨境电商50人论坛",探索跨境电子商务出口业务形成初步试点方案,引进热唯(RE&WE)进口超市开业运营。出口加工区保税物流中心实现订单106.4万单,累计交易金额达3.7亿元;六是拓展其他平台。推进软件信息平台建设,"市西软件信息园"于2017年12月27日揭牌运作,编制完成园区产业规划,同步启动园区规划调整和招商引资工作。推进智能制造平台建设,哈工大人工智能产业园取得土地,展示科技馆开馆运营,首批入驻企业19家;启迪国际科技城项目经区土地领导小组会议原则同意供地,进入土地出让程序。推进区级特色产业园区建设,新增创建类特色产业园区6家、累计9家,认定类特色产业园区1家、累计2家,合计11家。

三、2017年青浦区服务业、商业发展重点

2017年全区上下紧紧围绕"十三五"规划发展目标,坚持改革创新、开拓进取,明确责任、狠抓落实,以产业高质量发展为目标,加快发挥产业功能平台的作用,推出一系列促进措施。

1. 加快完成产业规划课题研究

《淀山湖地区产业发展规划》于2016年年底完成招投标,由福卡经济预测研究所中标。经过开题、专场调研,于2017年8月形成初稿,并在10月召开中期讨论会,还在继续深化修改中;完成会展拉动效应课题,通过委托第三方专业机构,对场馆、组展商、参展商以及参展观众等展会主体进行分类调研,统计各类主体在展会活动期间消费情况及构成,并与相关展会活动的实际成本进行比对分析,扎实的调研数据为下一步工作提供了基础。

2. 跨界融合涌现商业新活力

一是举办形式丰富的商业活动。结合杨浦区资源优势和特色以及商业热点,认

真做好消费促进工作,督促指导全区各镇、街道,商业企业、行业协会依托各传统节庆假日,借助各类活动契机,以市场为主体、企业为主角,策划2017区购物节、岁末迎新营销活动等各类主题鲜明、形式新颖、惠及民生的营销活动。其中购物节活动围绕"新商业,新联动,领秀青生活"主题,联动青浦区第一二三产业资源,聚焦青浦区产业特色品牌,推出20项重点系列活动,覆盖全区各街镇,参与企业近150家,覆盖门店1 000余个,共实现销售额8.4亿元,同比增长10.1%;二是抓好存量商业资源转型升级。区内商业企业通过整合营销、产品、服务资源,挖掘新的经营手段,精准营销、高效转化,不断形成更有特色的商业定位和新的经济增长点,为消费者提供更便捷、更个性化的购物体验。赵巷商圈进一步推动智慧商圈建设,完善商圈设施功能提升能级。商圈内3家企业全年离境退税开单数3 170单,离境退税销售额达1 350万元,服装、鞋帽等商品热销,其中,奥特莱斯离境退税销售额在全市离境退税试点商店中名列前茅;三是围绕民生做好商贸行业管理。注重全面提升,做好商业企业文明创建工作,开展专项检查,及时落实整改措施。制作下发宣传视频、海报、台卡等创城宣传材料,大力营造创全氛围。日常做好商业企业节日经营安全和市场供应工作,认真完成节日市场运行监测和宏观运行监测,组织开展商务领域安全经营大检查。

3. 加强联动助推会展业发展

2017年国家会展中心度经营规模同比上升21.8%,除了国际车展的回归,还得益于新展的引进,包括今年首次在国家会展中心登台的上海国际电子电路展览会、上海国际瓦楞智能制造展览会、中国国际体育用品展览会、中国(上海)国际跨国采购大会等。目前青浦区展览面积占比全市展览面积已经超过30%,其中,10万平方米以上的大型展会承办了全市大展数量的一半。产业推动工作从保障、联动、研究、规范4个方面着手,力图进一步发挥产业拉动效应。一是做好大展要展的保障服务。全年接近全馆展出的超大型展览有8个,随着保障机制进入常态化,按要求积极做好市区级联动及现场值班工作;二是联动协会扩大影响力。与上海市会展业协会密切联动,共同探讨建立展会评估机制、推动绿色会展等事宜,共同举办"会展行业与青浦区经济发展研讨会",积极搭建当地政府、会展机构和会展企业共同交流的平台;三是深化会展拉动效应课题成果。会展拉动效应课题形成终稿,同时与会展协会协作开展"青浦区会展业发展对策"研究,力争借助专业力量进一步深化研究成果,形成更有指导意义的建议。四是学习文件精神推动产业规范发展。根据国务院15号文和《展览业统计监测制度》(商服贸函〔2016〕944号)文件精神,做好重点联系企业的推荐申报及遴选工作。配合上海市商务委共同推动市级会展业立法事项,规范展览活动,优化展览业发展环境。

4. 打通环节保持快递高增长

全区快递产业平台发展态势良好,2017年我区完成快递业务量12.2亿件,同比增长63.5%,占全市业务量的39.4%,完成业务收入615亿元,同比增长27.3%,占全市业务收入的70.8%。抓紧示范区建设的同时,加快打通产业资本和人才环节,着重做好四方面工作。一是做好"全国快递行业转型发展示范区"挂牌筹备工作。2016年12月,经《国家邮政局关于同意授予上海市青浦区"全国快递行业转型发展示范区"称号的函》(国邮函〔2016〕189号)批准,我区成功获批"全国快递行业转型发展示范区"。2017年,根据领导要求做好"示范区"挂牌相关准备工作,召开全区快递领导小组会议,做好全区快递企业家沙龙准备工作,争取明年筹办中国快递论坛;二是加快企业资本化进程。2017年1月,韵达成功上市,至此,"三通一达"4家快递企业总部均成功上市,这是快递产业平台资本化发展的一个重要节点,将进一步推动诸多二线快递企业资本化进程;三是鼓励企业总部发展。在2016年圆通与申通成功获批全市贸易型总部之后,2017年中通、韵达和德邦经推荐已成功获批第二批上海市贸易型总部;鼓励企业总部申报《青浦区促进总部经济及其他重大项目发展实施细则》;四是支持企业信息化、自动化、标准化发展。2017年通过区级现代服务业转型资金政策扶持9个信息化和自动化项目,扶持资金675万元。积极推荐企业申报上海市现代服务业专项资金、上海市供应链体系建设项目等,争取国家、市级政策支持。圆通速递承建的快递行业的首个国家级服务业标准化试点项目于2017年5月顺利通过国家标准委验收,圆通"物流信息互通共享技术及应用国家工程实验室"亦于年获国家发改委批准并开始建设;五是推动发展人才输送新模式。协调召开专题座谈会,实地走访,搭建职校与企业交流互动的平台,推进青浦职校现代物流专业建设工作。青浦职校物流专业2017年9月正式开班招生,为区快递产业发展开拓了培养和输送人才的新渠道;六是加强行业监管。积极应对解决企业安全用油问题,一方面下达整改通知,约谈企业重申严禁各快递物流企业流动非法加油,一方面听取各方意见探索增设加油站等合法渠道,疏堵结合保障企业安全用油。同时参与部门联动,持续开展专项检查,保障行业平稳安全运营。

5. 三中心建设推动跨境电商

2017年跨境电商工作稳步推进,一是在量上实现了突破:实现保税进口货物出区106.4万单,货值3.7亿元,平均单价超过340元,备案企业达31家,备案商品14 208个,税收3 700余万元,首家跨境支付企业和跨境冷链企业落地;二是工作内容进一步拓展:中通匈牙利、美国芝加哥、旧金山海外仓建成,热唯国家会展中心进口商品直销平台顺利开业,第二届中国跨境电商50人论坛、上海青浦跨境电商创新发展论坛隆重举办;三是青浦跨境电商进口保税运作模式成功复制,青浦模式——企业直连,在闵行、嘉定等区得以推广。重点抓好"三个中心"建设:一是跨境电商保税物流中心建设。为提高货物进出速度和放行效率,协调将海关国检集中监管查验点由二楼搬迁至一楼,同时引导第三方利用现有闲置厂房投资建设冷冻库、冷藏库、恒温库等,丰富商品类别。通过腾笼换鸟搬迁调整等方式,挖掘出 3 万平方米各类闲置厂房开展招商工作;二是跨境电商 O2O 商业中心(即跨贸小镇)建设。赵巷电子商务园区项目对接"i 百联"线上购物渠道,不断探索和形成 O2O 体验中心的基础;赵巷元祖项目投资建设的儿童育乐主题商业项目梦世界结构封顶,结合其已发展多年的启蒙乐园,为 O2O 体验等产业发展提供了有力载体;赵巷吉盛伟邦跨境家具体验中心项目一直在探索和布局进口家具的线上业务及线下的展示体验,目前项目已办理了注册手续(西立方网络科技(上海)有限公司);华新西郊国际进口商品直销中心项目进口业务形成规模效益,全球采购业务初见雏形;华新快递公司项目,中通、韵达、圆通等快递企业加快海外布局和跨境业务拓展;三是跨境电商产业孵化中心建设。飞马旅在西虹桥打造东隆项目,聚焦供应链产业生态的营造,打造跨境电商及其上下游供应链的产业生态圈,2017 年签约租赁办公空间 1.55 万平方米,出租率 91%,注册企业 52 户。热唯超市已在国家会展中心正常运转,此外,西虹桥还在积极与网来云商、步步高云猴网、卓尔兰亭集势、绿地大型跨境电商体验中心等其他跨境电商项目洽谈。

6. 服务百姓紧抓民生建设

一是示范型标准化菜市场建设。2017 年,根据上海市 2017 年实事工程项目——示范型标准化菜市场建设项目要求,积极引导我区菜市场转型升级工作。明确 2017 年"实事项目"的工作任务和工作目标,加快示范型标准化菜市场在我区落地。2017 年 11 月,青浦区首家示范性标准化菜市场——怀盛菜市场正式开业对外经营;二是社区智慧微菜店建设。积极帮助食行生鲜与社区、大居等进行对接,帮助老百姓解决最后 100 米的买菜问题,目前青浦区智慧微菜店布点已经达到 70 家,大大方便居民买菜,尤其是风雪、酷暑气候,人人提升老百姓购物体验;三是制定菜市场意见细则。在开展政策调研以及我区"菜篮子"调研工作的基础上,起草并颁布了《青浦区关于加强标准化菜市场建设和管理的若干意见》及其实施细则。结合我区特点,明确"改进路径,确保市民得到更多实惠"的要求,进一步提升我区菜市场建设管理水平,发挥政策对菜市场建设、监督、扶持作用;四是推进食品安全追溯。落实财政资金保障,保障全区 36 家标准化菜市场网络建设稳定,确保食品流通安全追溯系统数据上报及时准确。落实专业运维公司,确保全区标准化菜市场食品流通安全追溯系统良好运行。落实培训教育工作。开展多次追溯系统操作使用培训,邀请市商务委专家以及运维公司、平台软件开发公司进行授课。2017年1季度,青浦区菜市场食品安全追溯系统全市排第1位。2017年3季度,青浦区朱家角菜市场入围全国追溯系统排名前50位。

四、2018年青浦区服务业、商业发展重点

2018年,是贯彻党的十九大精神的开局之年,是决胜全面建成小康社会、实施"十三五"规划承上启下的关键一年,也是我区实施全面跨越式发展战略的落实年,我区将以供给侧结构性改革为主线,持续做好稳增长、促改革、调结构、惠民生、防风险等各项工作,保持经济社会持续健康发展,努力取得全面跨越式发展的新突破、新作为。重点围绕产业平台,推动服务业发展有以下工作计划:

1. 聚焦稳增长培育新消费点

进一步做好商务领域扩大消费工作,推进消费促进政策,做好相关修订、宣传和组织实施。研究部署2018年区商务领域扩大消费工作。搭建消费促进平台。组织、举办2018年区购物节,创新谋划节庆系列营销活动,增强市民对节庆活动的获得感,进一步扩大节庆效应。培育、扶持、发展全区各类重大商贸节庆活动。支持商贸企业发展电子商务、拓展网络消费。走访重点电子商务企业,协调推进赵巷智慧商圈创建工作。组织园区、企业积极申报电子商务示范园区、示范企业。推动商业特色街(区)建设,引导商业企业加快转型,调整业态结构、区域结构和商品结构,以示范创建带动传统商业转型发展,提升商业消费供给品质。加强"会商旅文体"联动,打造联动示范活动项目。推进艺术进商圈工作,做好全域旅游大发展中商贸联动项目建设推进。深挖潜力促增长。配合区统计局做好在地未统企业的排摸;建立完善重点商贸企业负责人例会制度,帮助解决企业发展中遇到的困难瓶颈。

2. 加强会展业新机遇下产业联动

一是全力配合筹办上海国际广告节、中国国际进口博览会等重大事项,做好大型展会的保障工作;二是加强与上海市会展行业协会的深入合作,积极谋划并培育可持续的会议、培训或论坛活动等;三是发挥现代服务业专项资金政策对专业展览、会议活动和品牌企业的引导作用;四是进一步研究会展拉动效应,积极引智,推动研究成果的综合应用;五是抓住全域旅游工作方案推进、轨交17号线开通等契机,促进会商旅文体联动发展;六是深入贯彻组团式联系服务企业精神,密切联系重点会展企业,推动政策体制进一步完善。

3. 引导快递业新形势下转型发展

围绕"全国快递转型发展示范区"建设,针对企业遇到的问题,开展6项工作。一

是积极争取国家和市级层面政策优先在青浦试点,发挥专项资金的引领作用,为企业在自动化、信息化发展提供新动力;二是结合2017年"双十一"快递企业经营情况,针对快递行业整合开展研究,加强与行业协会合作,探索合理的快递价格变动机制;三是积极争取筹办中国快递论坛,总结和推广青浦快递业发展所取得的成效;四是充分发挥"绿色通道"功能,推动快递企业重大基建项目顺利建设;五是增强企业与会展、跨境电商等特色产业平台联动,鼓励企业向专业物流方向发展,加大行业细分力度;六是完善各部门执法联动机制,全面提升快递行业安全服务水平,有效推进基地物流企业实行"三个100%"。

4. 加快跨境电商试点和项目落地

一是加快推动跨境电商三个中心建设。继续加快推进跨境电商"三个中心"建设,2018年继续扩大跨境进口保税订单规模,努力实现130万单的工作目标,突破跨境电商水果及冰鲜食品的冷链配送和检测服务。借助进博会召开的契机,利用O2O商业中心为国外销售商提供线下展示空间,实现线上销售和线下展示的联动;二是实现跨境出口业务试点。与上海海关、上海市商务委等部门积极对接,争取跨境电商B2B出口试点,不仅要将国外优质产品引进来,更要让青浦区品牌产品走出去;三是做好跨境电商企业招商引资工作。紧紧围绕跨境电商"三个中心"建设,进一步改善营商环境,加强重点项目落地工作,加强跨境电商上下游产业链招商引资,主动加强平台对接,主动出击,对接跨境电商服务企业,着力培育集跨境电商经营主体、电商服务平台、跨境物流供应商、进口清关服务、第三方支付等于一身的产业链;四是开展政策修订和资金申报工作。《青浦区开展跨境电子商务试点实施细则》有效期将届满,根据实际运作情况和业务需求将对相关内容进行修改完善,如对跨境出口政策进行研究,增加相关内容,进一步完善政策,继续加强政策的宣传和申报培训工作。

5. 推动菜市场建设把好安全关

一是推动示范型标准化菜市场建设。根据《青浦区关于加强标准化菜市场建设和管理的若干意见》以及《实施细则》,制定青浦区菜市场转型升级三年行动计划,以"推动转型发展,改变市场模式"为目标引导我区菜市场积极转型升级,深化与上蔬永辉、清美等成熟的生鲜超市的对接,引进更多的超市化管理模式的生鲜超市,推动我区菜市场多元化经营模式的发展;二是推动社区智慧网络微菜店建设。根据上海市重大办、市商务委工作部署,2018年将"互联网+菜市场"模式的社区智慧网络微菜店建设作为市政府实事工程项目,青浦区按照现有比例测算将新增布点45处。积极与街镇、社区、大居、大型工业企业、办公楼、医院等进行对接,通过布点解决企业、机关、医院等工作人员买菜不方便问题;三是开展菜市场第三方评价。通过招投标方式确定第三方评价服务机构对菜市场食品安全、生产安全、病媒防疫等工作情况进行评价,对发现的问题进行运维,并对菜市场工作人员及经营户开展相关培训,不断提升菜市场管理水平和管理能力;四是加强菜场食品安全建设。随着《上海市食品安全条例》颁布,菜市场食品安全建设面临重大的考验,人大、政协多次提出加强菜市场食品安全建设工作。明年将加大菜市场食品安全建设,通过加强菜市场食品安全快检室建设,完善菜市场进场查验制度,开展食品安全检测员培训,提升食品安全管理水平和食品安全隐患发现机制。

第十五节　奉　贤　区

一、2017年奉贤区服务业、商业发展基本数据

2017年奉贤区服务业、商业发展基本数据见表12-17。

表12-17　2017年奉贤区服务业、商业发展基本数据

指标名称	2017年	比上年增长/%
生产总值/亿元	779.3	4.3
#第三产业增加值/亿元	347.1	7.2
#商业增加值/亿元	103.1	8.8
商品销售总额/亿元	1 660.1	10.2
社会消费品零售总额/亿元	535.1	9.1
地方税收总额/亿元	380.9	33.4
#第三产业税收/亿元	169.5	19.2
#商业税收/亿元	52.73	26.3
年末户籍人口数/万人	53.19	0.7
年末常住人口数/万人	116.74	0.6

二、2017年奉贤区服务业、商业发展特点及运行分析

1. 服务业发展整体概况

2017年,奉贤区现代服务业总体呈加速增长的态势,第三产业在全区经济结构中的比重创出新高,现代服务业引领全区经济转型发展和能级提升的作用正在逐步

体现。主要表现为如下"三个快于"。

第三产业增长速度快于第二产业。2017年全年共完成第三产业增加值347亿元,比上年增长7.2%,增速快于第二产业4.2个百分点;第三产业增加值占全区比重44.5%,比上年提高1.1个百分点。其中,批发零售业实现增加值91.1亿元,增长9.1%,住宿餐饮业实现增加值11.96亿元,增长6.3%,信息、计算机服务和软件业实现增加值37.4亿元,增长8.8%,金融保险业实现增加值45.4亿元,增长9.6%,房地产业实现增加值37.9亿元,减少20%。实现第三产业税收169.5亿元,比上年增长19.2%。

新业态消费增长快于消费总额。纳入统计的3家电子商务企业增长势头明显,交易额比上年增长22%,快于社会消费品零售总额增速12.9个百分点。

服务业投资增长快于工业投资。2017年奉贤区第三产业完成固定资产投资额276.6亿,增长28.4%,快于第二产业投资增速23.9个百分点。

2. 商业总体运行分析

商业规模加速发展。商业增加值(包含批发零售业、住宿餐饮业)共计103.1亿元,增长8.8%,与去年同期(6.5%)相比增加了2.3个百分点;增速高于全区增加值增速(4.3%)4.5个百分点,高于第三产业增加值增速(7.2%)1.6个百分点。

"三驾马车"中,消费规模保持第1位。在拉动经济增长的三驾马车"消费、投资、出口"中,消费依旧占据了规模的第1位,但是增速分别低于投资和出口12.5个、3个百分点。

商业税收大幅增加、增速提升。商业税收共计52.73亿元,增长26.3%,与去年同期(15%)相比提升了11.3个百分点;商业税收占全区和第三产业的比重达到了13.8%、31.1%。

3. 主要业态发展特点

(1) 购物中心百货类活动种类多样,总体稳步增长。2017年奉贤区四家主要购物中心销售共计25.58亿,比上年增长3.77%,全年增长速度稳中有升。随着这几年浦商百货、宝龙城市广场和苏宁购物广场的相继开业,奉贤区的消费市场活力十足,各个商圈为老百姓的吃穿住行带来了便利。虽然这3家购物中心的开业一改奉贤区百货业过去只有百联南桥购物中心"一家独唱"的购物形式,但是从消费者购买力和人流量来看百联南桥购物中心仍是当仁不让的"老大"。

其中,百联南桥购物中心全年销售共计19.93亿元,较2016年同比上升0.37%。作为奉贤区最早的成熟性综合购物中心,百联南桥购物中心的销售情况在宝龙、苏宁等大型百货加入后,无疑受到了一定的影响和分流。但得力于消费群众基础好,运营体系成熟和线上线下不断调整的销售模式,百联的适应能力和快速反应使其与新开业的商场在定位、商家入驻等方面存在定位差异,从全年业绩和销售发展趋势上来看,百联仍是南上海广大消费者的首选之地。

宝龙城市广场于2015年底入驻奉贤奉浦地区,2017年的销售共计3.5亿元,主要定位于集休闲购物、餐饮娱乐、商住办公于一体的大型城市综合体项目。一年来,横店IMAX影城和餐饮更受消费者青睐。印象最深的是宝龙陆续举办的丰富多彩的各类主题活动,比如为酷暑难耐的夏天举办的"啤酒音乐节活动",为七夕情人节推出的"定制甜蜜,蛋糕DIY"活动,为教师节举办的"感恩老师 我用音乐Say love"活动,每次活动都是抓住时间节点,用心地把活动展现给消费者,吸引了大量消费者,刺激了消费。作为奉贤区唯一一个已经投入运营的"地铁上盖"商业综合体,地理位置的优越性势必会为宝龙城市广场带来更多的商业资源,以及更大的客流量,其销售潜力正在显现。上海轨交5号线南延伸段预计在2018年下半年试运行,宝龙广场的消费体量不可小觑。

苏宁生活广场全年销售额共计1.26亿元,比上年增长25.72%。伴随着百联商圈的辐射和周边入住率的提高,生活配套设施逐步完善,2017年的销售业绩有所提高。苏宁广场主要定位为家庭型生活休闲中心,其内设的苏宁云店是上海郊区唯一的一家互联网化线下实体门店。苏宁影院则是全市首家,个别影厅装备开创性RGB激光放映系统,采用15米宽弧形巨幕,杜比全景声音效,追求影片欣赏效果的消费者可谓一饱眼福。苏宁广场的另一大特色是对于儿童娱乐,家庭休闲的特色业态涵盖,以特有的时尚家庭生活中心模式区别于就近的百联南桥购物中心,全年活动内容以亲子类较多。

如今的奉贤商业正处于发展期,蓄势待发,积极打造上海"高原"上属于奉贤的"高峰"。2017年12月富力地产与万达集团进行签约,万达广场成功落户奉贤,奉贤将又迎来一座新的商业综合体,双方将联手打造地铁5号线东方美谷站城市综合体项目,这也是上海第10个万达广场,力争于2019年12月底开业。便捷的交通枢纽,优越的地理位置,高标准的策划定位,万达广场将迎来新的里程碑。

(2)卖场超市类积极探索销售新渠道,基本保持平稳。卖场超市类累计销售10.85亿元,比上年0.18%。由于2017年春节在1月,2016年春节在2月,存有时间差,所以2017年的销售量主要集中在1月,2月开始逐步恢复正常,2016年的销售火爆则持续到2月。受零售市场整体大环境不景气的影响,尤其是受"双十一""双十二"电商的冲击和周边商圈对客流量的分流,11、12月同比销售有所减少,2017年卖场超市销售同比2016年没有明显的增长。卖场超市类的销售困境依旧,保持平稳实属不易,主要是得益于门店推出的各种优惠活动吸引顾客以及拓宽销售渠道。

以乐购超市为例,其销售同比去年微幅下降了0.12%,主要原因:一是商店街餐饮娱乐类配套服务项目较少,对顾客缺乏吸引力,加上2017年3月起取消班车,一定程度上影响了客流量;二是百联、苏宁、宝龙等大型购物中心分流了顾客;三是越来越成熟的网上超市吸引了原本以大学生人群为主的消费者。2017年乐购肉品专柜商品零售商团购业绩总计530万元,高端白酒85万元,食用油63万元,带动门店业绩有大幅提升。针对客流量的下降,乐购也采取了一定的措施,如用支付宝结账时即可享受支付宝专享价活动,"消费满68元免费停车2小时"更改为"消费满50元免费停车3小时"活动,周末开展亲子活动等。

卜蜂莲花2017年销售处于下跌状态,9月宣布全面接手上海5家易买得超市(南桥店、瑞虹店、长江店、花桥店、牡丹江店)。卜蜂莲花于9月16日进场易买得进行交接,9月15—21日处于关店状态,于9月22日重新开始试营业,12月完成所有交接及更换等工作,正常营业。针对销售下跌,易初莲花南奉店积极增加各类促销如:跨年盛会期间加大商品促销力度、利用海报宣传促销活动、门店5折活动等。同时还组织人员进行下乡活动,带上各种商品来到较远的小区进行促销销售。

私营企业佳客多生活超市业绩增长一枝独秀,2017年销售1.13亿元,比上年增长129.43%,发展势头良好。主要一是门店增加;二是门店整改;三是人流量增加。原先如海超市的4家门店已改名为佳客多生活超市,2017年新增的一家便利店叫佳客便利。

针对目前商业超市销售普遍下降的情况,如何寻找业绩增长新的切入点,促进销售额增长是实体超市卖场面临的问题。各大商业超市开始纷纷采取线上线下同时发力的措施来抑制销售额的下跌。大润发于2015起开始打造网上销售平台"飞牛网";2016年5月起百联集团推出了全渠道电商平台"i百联";2017年4月起卜蜂莲花也增加了百度外卖进行销售店内商品。在丰富线上线下销售渠道的同时,也吸引新的客户群。在电商的冲击下,实体超市卖场选择线上经营已经成为一种趋势,但实体超市卖场在选择与电商结合时也面临着不少挑战和问题,比如淘宝、1号店、京东等已经成熟的电商企业,有稳定的客户群、丰富的资源,如何利用自身已有的客户资源、商家优势竞争已有的成熟电商来争取市场是未来超市卖场的发展方向。

(3)专业专卖店类销售略有上升。医药市场持续火爆:2017年医药市场销售火爆,比上年增长16.86%。主要原因是成西药销售、医疗器械销售、代中医院加工煎中药、中心医院内新开门店销售的增加。

家电市场中规中矩:2017年奉贤区永乐、苏宁销售共计4.36亿元,下降11.6%。其中主要原因是由于在相同市场区域内新增了苏宁云店,对部分客户进行了分流;二是因为以往客户对通信、电脑批发的需求减少;三是因为网购平台对实体家电的冲击较大。

汽车市场销售火爆:2017年奉杰汽车、九源汽车和奥迪汽车销售共计7.7亿元,增长14.57%。一是由于生产厂家大幅度增加指标,包括库存指标和销售指标,为了完成销售任务大搞促销,故销售额增加;二是通过制定销售策略,如加大广告宣传投入、增设多次新车特卖会等促进销售;三是传统的旺季,客户需求购车比较多,加上品牌效应大和全国销量提升,使奉贤区的销售有所增加;四是举办大型促销活动,分别是"5·20"活动、母亲节活动和国庆节活动,使订单数量增加。

黄金市场有所复苏:黄金市场2017年销售减少3.11%。上半年受到宏观经济的疲软影响,销售不是很可观,下半年黄金市场势头较好,主要是黄金周期间销售比较上升幅度大,国际金价比较稳定,临近年末有动力,刺激了销售。这样的成绩已是很久不见的,在这种势头下,黄金市场会尽早走出低谷。

(4)宾馆餐饮类销售基本稳定。2017年区内宾馆餐饮企业销售情况基本稳定,根据对区内12家重点餐饮企业数据监测,经历了新年高峰后,2月起宾馆餐饮的销售就陆续趋于平稳。婚宴、满月酒和企业培训的销售对星级酒店和中端餐饮店的拉动影响明显。与此同时,受到百货商场的餐饮消费竞争,星级酒店和中端餐饮店进行了人性化设计,从改变装修风格和重新定位客户人群到改版菜式和增加服务特色等方面做了调整,散客的增加为宾馆餐饮类争取了一定的空间。

(5)网络购物类销售业绩良好。2017年区内3家电商企业累计销售17.02亿元,增长22.01%。2017的网络购物销售业绩总体情况良好,尤其是上班族对网络购物十分青睐,每年的"双十一"的电商狂欢节无疑是助力电商销售浓墨重彩的一笔。电商平台的便利化优势使其逐渐成为人们消费购物渠道的首选,包括超市卖场、家电、家装在内的很多实体经营都受到来自电商的冲击。电子商务依托其库存压力小、经营成本低、经营规模不受场地限制等特点总能有新的销售突破。

(6)农副产品批发类稳步增长。2017年农副产品批发类下降4.28%,总体价格基本保持平稳。其中受夏季高温,冬季寒潮等天气因素影响,蔬菜的价格偶尔会产生些许波动,但因市场货源充足总体影响不大。肉类价格涨幅波动区间5%~10%,销量平稳。

三、2017年奉贤区商业发展重点

1. 商圈不断升级,推动生活型服务业提升发展

随着浦商百货、宝龙城市广场、苏宁生活广场等一批城市商业综合体先后开业,目前全区已形成百联商圈、奉浦商圈两个地区级商圈、一个社区级商圈西渡商圈,各商圈发挥各自优势,不断优化业态和品牌组织,打造有鲜明特色的活力区域。同时区域内不断培育具有奉贤文化特色鲜明的商业街区,全区共有5条市级商业街,1条区级商业街,随着人民南路服饰街、奉浦餐饮街、人民中路珠宝街、通阳路夜市等一批特色商业街配套不断升级、品牌不断集聚,与城市发展相适应的多中心、多层级、网络化的社区商业网点发展格局正在逐步形成。未来万达广场、上报传悦坊等一批地铁沿线重量级的城市综合体将纷纷落户,不断推动奉贤区城市功能和城市形象的提升。

2. 打造特色商圈新生态

一是启动轨道交通5号线奉贤段站点地块产业规划,针对肖塘、奉浦、望园路、金海湖、南桥新城五大站点差异化定位和开发进行整体研究策划,构筑串连起奉贤未来商业新地标的"经济走廊",为激发扩大外来消费、集聚升级本地消费、打造奉贤商业核心竞争力提供充裕的空间保障;二是2017年通阳路美食街经区县推荐,市商务委第三方评议、消费者满意度调查、社会公示等方式综合评价,拿到了"夜上海"消费示范区的品牌,全区将推动人民南路服饰、奉浦餐饮、人民中路珠宝、通阳路夜市等一批特色商业街配套升级、业态调整和品牌集聚,培育具有奉贤文化特色鲜明的商业街区。

3. 推动"会商旅文体"消费热点联动

在市商务委的指导下,加快构建"项目共推、客流共享、标准共建、平台互联、主体互动、宣传互通"的联动机制,借助区内独具魅力的海湾资源、森林资源、文化资源、体育赛事、节庆活动等,积极推进艺术进商圈活动,促进美丽健康消费与旅游、文化、休闲、金融、信息等产业融合发展,形成"商旅文娱体"融合发展,构建融合多元要素、独具奉贤特色的美丽健康体验式消费地图。

4. 整合商业资源指导全区消费促进活动

发动全区商业资源积极参与购物节活动。购物节期间,奉贤区"国际消费城市——新消费、潮生活、夜上海"的年度主题下通过"遇见特色奉贤"、"购想佳节文化"以及"商旅文体互动"三个板块为奉贤人民带来一系列购物节活动,消费市场反响热烈。重点突出三大特点,一是打造本土品牌,继续开展南桥商圈嘉年华、奉贤黄桃节

等本土知名品牌特色活动；二是推动文创产业，通过开展通阳路灯光夜市文化节、宝龙城市广场闽南文化展、森蜂园蜜蜂文化节等活动来提升奉贤文化软实力；三是加强商旅联动，以蔬菜节、海湾森林慢生活集会、沙滩滑水节等在海湾地区开展的主题活动来拉动奉贤旅游项目，全面促进区域内商业消费，为市民游客奉上一场精彩纷呈的节日盛会。购物节期间，参与主题活动的23家零售商家销售额达到6.57亿元，同比增长2.34%。

5. 东方美谷功能区打造有序推进

启动上海南郊生产性服务业功能区扩区更名工作，将原2048亩用地规模扩大为4.39平方千米，并更名为东方美谷生产性服务业功能区。作为上海大健康产业的先行先试区，园区被确定为东方美谷核心区，更名扩区后的功能区未来将坚持"1+1+X"的产业定位，即："1"：指全力推动以"化妆品生产和生物科技产业"为核心的美丽健康产业发展；"1"：指全力推动以"总部经济、研发设计、检验检测、营销策划、展览展示、文化创意、电子商务、金融服务、人力资源"等为延伸的生产性服务业发展；"X"：指全力推动旅游休闲、体育运动、时尚产业、奢侈品等跨界产业发展，进一步打造东方美谷"五大平台、八大中心"，着力构建"产城一体"的功能区，从而为奉贤区产业发展提供有力的支撑和服务。

6. 服务业项目联合会审制度有效实施

区服务业领导小组办公室牵头推动区内服务业新项目联合评审制度。根据不同项目特点，对项目进行预判，邀请区发改委、环保局、金融办、市场监管局、规土局等相关部门和项目所属地镇（开发区），集中对项目进行评判和认定。年内，风创谷生产性服务业功能区、智汇乐源生产性服务业项目、东方美谷生产性服务业功能区项目通过联合会审制度评审，被认定为区优质服务业项目。

7. 服务业品牌化培育进一步加强

(1) 在对2014、2015年两批奉贤区现代服务业"三个认定"获评的11家重点集聚区、31家重点企业、12个重点项目的基础上，首次按照每两年一次的复审要求进行复审评估，最终有8家重点集聚区、26家重点企业、9个重点项目通过复审。在此基础上，对复审达标单位及第三批"三个认定"获评单位共计13家重点集聚区、48家重点企业进行了授牌，鼓励他们做大做强，通过本次的复审加强了服务业园区、企业间的互动交流，促进相互间的学习和资源互补，既找到了差距又明确了今后努力的方向。

(2) 2017年末开展了第四批奉贤区现代服务业重点集聚区、重点企业和重点项目认定工作，重点聚焦东方美谷，围绕奉贤区现代服务业五大重点领域，挖掘一批细分产业上的龙头企业和重点项目，突出服务业的引领带动作用。经层层组织发动、企业自主申报、各镇人民政府开发区管委会初审合格、奉贤区服务业项目评审小组评审通过,并经区服务业发展领导小组审核通过,共有1个重点集聚区、4个重点项目、41个重点企业通过评审成为区级服务业第四批重点单位,目前待区政府正式发文公布。

一批符合奉贤区现代服务业产业整体规划,主导产业明晰、管理体系成熟、市场竞争力较强、品牌辐射力显著、示范引领作用突出的服务业领域重点集聚区、重点企业、重点项目培育加速。

8. 企业服务持续开展

开展对服务业扶持政策的解读,帮助企业了解政策,鼓励企业积极申报。区发改委、区经委等部门共同协作,发动企业申报市级扶持资金,共获得上海市服务业引导资金项目4个;上海爱企企业服务有限公司被评为2017年电子商务"双推"平台企业。上海奉贤生物科技园区开发有限公司申报的生物医药综合服务技术平台项目验收通过并获得上海市生产性服务业发展专项资金扶持。上海吉姆珠宝贸易有限公司在市钻石办批复下开始营业,宝石交易规模和效益逐步体现。区内有更多的优秀企业获得市级认定和扶持,是对企业自身的肯定,也是对奉贤区现代服务业发展不断推进的鼓励和认可。

发动企业积极申报上海供应链体系建设项目、电子商务示范园区创建等市级扶持政策对接和认定工作,结合相关政策着力对营销中心、检测检验中心、跨境电商平台、追溯体系建设等一批功能性项目进行重点关注,以提升奉贤区企业竞争力和品牌效应。

9. 服务业产业招商方案进一步完善

(1)在初步完成"奉贤区关于加强商务楼宇管理的若干意见"研究的基础上,细化楼宇经济考核方案;鼓励商务楼宇、服务业集聚区、产业平台等利用优质专业第三方招商平台开展定向招商、精准招商,会同区招商办和新城公司,依托上海函众商务管理服务有限公司联合启动中企联合大厦的楼宇招商。

(2)初步开展针对"奉贤区服务业产业招商方案"的研究和制定,以招引生产性服务业和新兴服务业为主线,以重点园区、重点商务楼宇、重点平台等功能性板块为现代服务业发展载体,依托上海国际大都市区位优势、产业优势和环境优势,做大规模,做强物业,做优布局,做精服务,全面提高企业入驻率和入驻企业的产业档次,促进产业融合与升级,为打造杭州湾北岸地区综合性服务型核心新城提供强有力支撑。重点聚焦区内现有各级各类园区开展招商活动,围绕上海南郊生产性服务业功能区、奉浦生产性服务业功能区等市级功能区,以及经"三个认定"获评的14家服务业重点集聚区,重点解决生产性服务业企业发展需求,盘活资源。

四、2018年奉贤区商业发展趋势

(1)启动服务业实施细则修订工作,重点向盘活存量楼宇、总部经济,围绕东方美谷发展现代服务业五大重点行业等方向倾斜;探索建立区内总部经济政策、生产性服务业的认定机制,推动总部经济和生产性服务业的发展,为东方美谷功能性提升聚焦政策,汇集资源。

(2)汇总区内重点楼宇、园区招租信息,积极对接市级服务业产业联盟,争取导入区外优质资源和项目;依托各镇(开发区)、市区级各现代服务业集聚区、各类现代服务业平台,整合楼宇资源、集聚区资源组织开展现代服务业的专业招商、主题招商、精准招商。

(3)启动申报第四批区级服务业"三个认定",重点聚焦东方美谷,围绕奉贤区现代服务业五大重点领域,挖掘一批细分产业上的龙头企业和重点项目,突出服务业的引领带动作用。

(4)开展生产性服务业专项统计工作,大力推动奉贤生产性服务业发展,加快形成以服务经济为主的产业结构,全面、客观、真实地反映奉贤生产性服务业的规模、结构和发展速度,做好统计工作,为下一步区政府及有关部门的产业研究、政策制定提供依据和方向。

五、奉贤区主要功能区介绍

1. 南桥中小企业总部商务区总体概况

商务区规划面积1.47平方千米,东至金海路,西至S4高速,北至南奉公路,南至G1501高速,按照控规,建筑面积256万平方米(其中商务和商业172万平方米,住宅84万平方米);从功能布局上分为总部办公区、商务配套区、商业休闲区和生活居住区;商务区重点引入中小企业总部、现代服务业、行业服务组织和贸易型企业。

商务区开发主要分三个阶段(即"三个四年")进行。第一个阶段:从2007年到2010年,是提升规划、完善配套和重点打造商业居住板块阶段,重点建设商务区一期用地,集聚人气和增强社会关注度;第二个阶段:从2011年到2014年,是完善功能、丰富业态和总部经济成长阶段,重点打造商务区二期与三期用地,提升商务功能和培育总部基地;第三个阶段:从2015年到2018年,是提升功能、引领示范,成为企业总部落户发展的孵化器和助推器阶段,重点打造总部基地品牌和增强现代服务业实力。

经过10年来的开发,目前商务区已经开发面积162万平方米,在建面积38万平方米,总实际投资额102亿元,区内从业人员1.8万人,上缴税金30.34亿元,完成营业额281亿元。

2. 商务区开发现状

商务区一期(南至百通路、北至南奉公路)全部完成地块招商任务。①南方国际广场(50万平方米体量):3.3万平方米的南方国际大厦,企业进驻率达100%,其中规模企业超过42家;百联南桥购物中心11.59万平方米,自2008年开业以来,成为百联集团业绩增长最快的商厦;8万平方米的南方国际中心正在招商中,招商业态主要集中在金融、商贸和服务业等;②绿地"望海CBD"项目:总建筑面积22.27万平方米,其中地上商业5.71万平方米,办公8.25万平方米。目前,正在推进招商工作;③银河丽湾项目:总建筑面积41.89万平方米,其中商业办公10.64万平方米,一期已完成建设,目前正在二期项目建设,预计2018年底进入预售。

商务区二期(南至南港路、北至百通路)部分完成招商。①中企联合大厦:主楼部分通过社会公开招标以"以税抵租"的模式整体承租给第三方并已进入全面招商;裙楼部分作为区行政服务中心办公使用,于2015年5月正式对外开放;②杭州湾生活广场:原为杭州湾建材市场,于2015年进行改造成为集餐饮、服装、百货、娱乐、生活用品为一体的生活广场;③卓越世纪中心:总建筑面积28.8万平方米,其中商业2.44万平方米,商务办公8万平方米。目前正在积极推进"卓越E+"平台招商;④南郊石油交易平台"南郊能源大厦",目前进入竣工阶段;⑤南桥国际商业广场:总建筑面积10.2万平方米,目前正在和家饰佳进行招商接洽;⑥绿天商城:已成立业委会筹备组,主要负责对商城内相关问题的协调。依靠紧邻百联购物中心的地理位置,绿天商城沿街商铺都已出租,且有一定人气。但是整个商城由于小业主众多,管理难度较大。

商务区三期开发(南至G1501、北至南港路),2014年起进行动迁阶段,将作为住宅用地。

第十六节 崇 明 区

一、2017年崇明区服务业、商业发展基本数据

2017年崇明区服务业、商业发展基本数据见表12-18。

表 12-18　2017 年崇明区服务业、商业发展基本数据

指标名称	2017 年	比上年增长/%
生产总值/亿元	332.84	6.8
♯第三产业增加值/亿元	172.27	12.8
♯商业增加值/亿元	29.00	14.3
商品销售总额/亿元	491.90	9.2
社会消费品零售总额/亿元	116.88	9.0
地方税收总额/亿元	200.09	21.7
♯第三产业税收/亿元	151.60	30.7
♯商业税收/亿元	20.27	44.9
年末户籍人口数/万人	67.59	0.7
年末常住人口数/万人	69.89	0.1

二、2017 年崇明区服务业、商业发展概况

（一）服务业发展概况

2017 年是崇明区"十三五"规划的重要一年，围绕全市产业结构调整和现代化生态岛建设的需要，崇明坚持创新驱动发展、经济转型升级，适应经济发展新常态，化解发展中诸多困难形势和不利因素，服务业总体保持平稳发展。

1. 从规模上看，服务业经济规模不断扩大

近年来，随着生态岛建设的加快推进，崇明服务业规模不断扩大。2016 年，全区服务业实现增加值 172.27 亿元，比上年增长 12.8%。2017 年，崇明区继续加大对重点地区、重点工程的投资、建设力度，推进相关服务性功能项目落地。

2. 从核心产业上看，生态休闲旅游业发展取得较大成效

再添两处 A 级景区：东滩湿地公园获批国家 4A 级旅游景区，仙桥生态村获批国家 3A 级景区，为崇明旅游发展增添了新的金字招牌。至此，崇明的 A 级景区增至 10 家。成功举办环崇明岛国际自盟女子公路世界巡回赛等运动赛事和崇明森林旅游节、文化艺术节、休闲体育大会等特色活动，促进体旅、农旅、文旅等融合发展。2017 年 7 月，崇明区被纳入第二批国家级旅游改革创新先行区。2017 年，旅游业总体保持平稳较快的发展态势，全年接待游客 576.2 万人次，比上年增长 17.6%；实现旅游营业

收入12.1亿元,比上年增长10.8%。

3. 从发展的趋势上看,新兴服务业加快培育

上海智慧岛数据产业园区代表的信息数据产业为崇明现代服务业增加了新的内涵。总部大楼项目优化调整方案最终得到确认,项目所有参建方已重新进入项目现场,进行复工前现场准备工作。孵化器项目完成结构封顶验收工作,现正在实施精装修施工。人才公寓项目已基本完成了资产划拨涉及的土地证变更工作等,现正在实施办理人才公寓项目工程规划许可证、施工许可证等变更手续工作。综合配套项目正在对接经营单位,在基本确定经营主体单位后,着手继续优化调整和深化细化设计方案。目前,引进企业累计已达1700多家,引进产业主要聚焦包括信息传输、计算机服务和软件业、租赁和商务服务业以及现代服务业等。截至2018年5月31日,入园企业共实现税收6381.5万元,同比增长79.3%。

4. 从存在的问题看,服务业发展仍需提速

虽然崇明区服务业取得了一定发展,但还存在不少问题,突出表现为服务业发展速度缓慢。一是新兴服务业发展仍处于培育阶段,在很多体制机制上仍需要创新,有很多政策需要突破。如文化产业方面,急需打造一批具有时代特征、崇明特色的文化产品和文化基地;健康产业方面,缺乏办医政策优惠,吸引社会资本及市级优质资源到崇明发展高端医疗的力度不足;二是现有服务业缺乏大项目支撑和带动,无法形成产业集聚效应。例如上海智慧岛数据产业园,还需要市级部门按照生态产业定位,在项目引入上优先布点布局;生态休闲旅游业方面,还缺乏重大旅游项目和国内外知名旅游企业的落户。

(二) 商业发展概况

2017年,崇明区商务工作围绕年初确定的目标和任务,突出工作重点,狠抓任务落实,不断满足日益增强的居民消费需求,全区商务运行呈现良性发展的总体态势。这一年,圆满完成"增9%和116.88亿元"的目标和任务。

1. 2017年商业经济运行情况

商业增加值完成29.00亿元,比上年增长14.3%。税收总额完成200.09亿元,增长21.7%,其中:三产税收151.60亿元,占全区税收总额的75.8%,增长30.7%;商业税收20.27亿元,占三产税收的13.4%,增长44.8%。商品销售总额完成491.90亿元,增长9.2%。社会消费品零售总额实现116.9亿元,增长9.0%。

2. 2017年消费品市场主要特点

从经济类型看:非公有制经济已成为拉动和发展消费品市场的主力,所占消费品

市场的份额九成以上,截至12月末,私营个体商业40 663户,增长23.3%,从业人员107 622人,增长32.1%。

从商品大类看:区内商品市场繁荣稳定、销售活跃,吃、穿、用、烧商品销售保持稳健增长。2017年,分别实现零售额47.8亿元、13.6亿元、48.3亿元和7.2亿元,分别增长9.1%、8.9%、8.9%和9.4%。吃和用类商品零售额对社零总额贡献率分别达到40.9%和41.3%。至年末,全区共有商品集贸市场52个,全年成交额30.5亿元,增长10.1%。

从行业业态看:四大行业营收均保持全面增长。2017年,零售业实现零售额100.6亿元,增长9.0%,占零售总额的86.1%;批发、住宿、餐饮行业分别实现零售额5.3亿元、4.4亿元和6.6亿元,分别增长9.1%、9.1%和9.4%。

三、 2018年崇明区服务业、商业发展趋势

2018年是崇明区服务业、商业发展的关键一年。要深入贯彻落实党的十九大精神,以习近平新时代中国特色社会主义思想为指导,坚定追求卓越的发展取向,着力增强消费对经济发展的基础性作用,抓住举办中国国际进口博览会、筹备第十届中国花博会的契机,主动顺应消费升级大趋势,以更好满足需求、创造需求、引领需求为导向,从而创造绿色生态的消费环境、提高生态产品的供给质量、建设海岛特色的商圈街区。

1. 发展生态旅游业

优化旅游空间布局,完善旅游用地政策,发挥崇明生态特色,按照国家5A级旅游景区的标准,推进全域景观建设,推进旅游全产业链发展,构建形成"1+3+X"的旅游消费空间布局。健全旅游公共交通体系,逐步形成多层次的立体化交通网络,为旅游消费提供便利。加快推进集交通集散、信息咨询、旅游购物、餐饮娱乐、文化民俗展示等多功能于一体的旅游集散中心建设。推动"农家乐"向民宿等转型升级,全面提升乡村旅游品质。着力打造具有崇明特色的旅游节庆活动品牌。

2. 发展特色新兴经济

发展体育旅游产品经济,依托大型赛事,围绕自行车、足球、马拉松等主题,探索铁人三项、定向越野、低空运动等体育旅游产品;依托"生态绿道"、绿华国际马拉松特色小镇、陈家镇体育旅游特色小镇等项目建设,研发"三高"旅游产品。开发文化旅游产品经济,发掘历史和民俗文化,整合一批历史遗迹和非物质文化遗产,开发博物馆、名人故居、文化体验等精品文博旅游线路。打造康养旅游产品,立足岳阳医院崇明分

院等一批上海三级医院资源,引进社会资本、国际品牌医疗机构和上海三级医院等资源,开发温泉养生、中医药养生、游乐养生、美食养生等旅游产品。培育研学旅行产品,充实自然保护区、地质公园、森林公园、湿地公园的科学内涵,提升产品的科普教育功能,开展特色鲜明、内容丰富、形式多样的校外实践活动,打造一批示范性研学旅行精品线路。

3. 发展海洋经济

加大对驻地企业的扶持,为上海横沙国际渔港提供更加精准到位的服务和政策支持。充分利用横沙渔港开放口岸优势,打破传统渔港只能从事国内鱼货交易的局限,积极实施口岸开放战略,扶持渔港升级。完善配套设施,优化供应链,实现海鲜产品的快速运输。重点扶持周边产业建设,协调推进渔港公园建设,完善渔港综合功能区休闲、娱乐、餐饮等功能,促进渔旅经济发展。

4. 推进商业经济平稳运行

加强招商引资力度,进一步完善招商扶持政策,吸引优质税源,鼓励总部经济、楼宇经济、产业招商和品牌招商等发展模式。完善商业基础设施,推进百联崇明新城及绿地新都会2个商业综合体项目等重点地区及项目建设,了解企业推进过程中的困难和要求,切实帮助服务企业,推动百联项目尽早开业。继续开展全国区级文明城市创建工作,提升服务业、商业发展环境,提高商业窗口服务质量。加强单用途商业预付卡管理,规范发卡、售卡、用卡企业经营行为。进一步规范废弃农药包装物、废塑料回收处置。加强酒类安全监管,保障酒类消费安全。加强节日消费品市场运行监测,保障市场供应和消费安全。

四、主要功能区介绍

1. 崇明城桥核心镇

(1) 简介。崇明新城是崇明区的政治、经济、文化中心,位于海岛中西部,规划人口为20万。崇明新城包括西部的老城区和东部的新城区两部分,现有商业布局主要集中在由北门路、西门路、东门路和长江围合而成的老城区。目前老城区有商业网点2 000多家,营业总面积约17万平方米,1 000平方米以上的商业服务业设施有30多家,商业设施比较齐全,交通十分便捷,是全岛商业的中心,岛上最负盛名的八一路步行街和八一商业广场位于该区域的中心地段,是海岛最繁华的消费场所。中小型超市、专业专卖店、传统百货、便利店、小市场等满足本地居民日常生活消费的业态为主,商业用地分布较为集中,商住用地在各类用地中所占比例最大,体现崇明商业与居住关系密切的特点。

(2) 2017年发展概述和2018年建设和调整重点。2017年,崇明新城前期开发工作扎实开展,新城地区商贸业正在起步,各类餐饮、零售、服务门店不断开张,重点工程建设有序推进,道路交通、市政管网等基础设施不断完善。城桥新城商业中心定位为崇明三岛区域性商业商务中心,重点建设都市商业商务区,建成多功能、多业态、综合性服务业集聚区。

2018年崇明新城将继续完善地区商贸业布局,有序推进重点工程建设,不断完善道路交通、市政管网等基础设施。加快推进百联崇明商业广场、海天景苑41号地块动迁安置房项目,以及新村乡新洲村长者护照之家等社会投资工程,逐步启动高岛路(利民路—湄洲路)等基础设施建设。继续推进西部旧城区的改造,完善提升旧城区商业业态布局。

(3) 中长期发展目标、规划方案。崇明新城商业中心定位为崇明三岛区域性商业商务中心,重点建设都市商业商务区,建成多功能、多业态、综合性服务业集聚区。2020年,基础商业网点总面积将达到40万平方米,人均商业建筑面积达到2.0平方米。新城区以新建为主,体现田园水城风貌和中央商务区核心功能,以新城核心区为主要空间载体,沿老效港及其串连的滨水地带布局行政办公、商务金融、会展服务、商业中心、休闲娱乐、文化体育等都市中心功能;老城区以调整提升为主,体现历史老城风貌和商旅文特色,重点改造调整以八一路步行街为核心的"三纵三横"中心商业街区,建设成为集购物、休闲、旅游、观光、娱乐、餐饮为一体的城市商业文化中心,鼓励引进现代商业业态、上海老字号品牌和著名工业品牌,建设崇明特色商街。

2. 陈家镇现代服务业集聚区

(1) 简介。陈家镇现代服务业集聚区位于崇明区东滩·陈家镇内,规划占地面积845公顷,根据集聚区产业定位,考虑便于综合管理的原则,在集聚区构建"论坛岛区、综合商务区"两大区域的空间布局。论坛岛区是集聚区的核心区域,用地面积200公顷,主要包括论坛岛和中央景观湖。其中中央景观湖面积为150公顷,论坛岛占地约50公顷。综合商务区用地面积约645公顷。

(2) 2017年发展概述和2018年建设、调整重点。2017年,市体育局、发改委、规土局、旅游局等联合发布《上海市体育产业集聚区布局规划(2017—2020年)》,崇明将重点打造陈家镇、绿华镇两个体育特色小镇。陈家镇将依托瀛湖、郊野公园等,围绕辖区内北部上海崇明体育训练基地、南部高尔夫运动基地、中部自行车运动基地、东部水上和马术运动基地等四大运动区域,力争打造成为以"体育旅游+体育培训"为特色,在全国有较强影响力的体育小镇。绿华镇将依托明珠湖、西沙湿地等生态资源,拓展"旅游景区+户外运动"的融合空间,借助区域内马拉松赛道、马拉松学院、马拉松博物馆和航空营地等,进一步升级打造成为以马拉松、铁人三项和低空运动为主题特色的体育小镇。

2018年,陈家镇现代服务业集聚区将继续以上海智慧岛数据产业园建设为重点,全面推进配套基础设施和功能性项目的前期开发建设。继续推进以高端别墅、五星级酒店会所、休闲体育运动为功能的滨江休闲社区的形态建设、功能建设和业态营运,建设能源管理中心,继续展开上海崇明体育训练基地、览海华山医疗中心、郊野公园组团等项目工作,继续接洽养老、医疗、科研、文化、商业旅游、国际教育、主题乐园等行业的企事业单位。

(3)中长期发展目标、规划方案。中期注重集聚产业、重点发展。利用集聚区土地、交通、生态优势,加大招商工作力度,完善招商引资模式,启动标志性项目,重大项目开始入驻,形成一定产业规模,并初步具备集聚效应。努力突破发展优势明显、潜力大、辐射能力强的重点领域和行业,重点发展生态会议会展服务、总部商务和研发基地等产业,重点打造具有影响力的会展服务业态,吸引跨国大公司、国企总部及研发基地落户。

远期注重强化功能、增加效益。集聚区各方面综合平衡发展,强化集聚区的集聚功能、联动功能、辐射功能。以集聚功能壮大产业规模,以联动功能实现与陈家镇其他地区的联动发展,以辐射功能带动陈家镇地区整体功能协调。使得集聚区外部形态更加成熟,配套设施更加完善,生态环境更加优美,形成具有一定实力和影响范围的现代服务业集聚区。

附录1 2017年上海服务业大事记

一月

3日　张江国际创新港正式揭牌,张江四大创新创业集聚区(张江传奇广场、长泰广场、张江国际创新港、国创中心)已逐步成型,成为上海建设全球科创中心,吸引创新创业人才的重要载体。

6日　国家发改委、民航局批准在上海市长宁区建立上海虹桥临空经济示范区,目标是在未来逐步建设成为国际航空枢纽和全球航空企业总部基地。上海市长宁区人民政府将作为临空经济示范区规划建设管理主体,落实推进示范区各项建设内容。

10日　市政府召开常务会议,研究进一步加强"12345"市民服务热线建设等工作。会议强调,"12345"市民服务热线将进一步优化热线工作联动体系,持续提高对市民反映问题的响应、处置能力和服务水平,着力提高办理质量和市民满意度。

二月

8日　市商务委主任尚玉英调研本市物流标准化工作,指出物流标准化工作要抓好五个重点:一是推动建立与交通、食药监等部门的联动工作机制,共同做好顶层设计;二是出台鼓励、引导、扶持政策措施,精准施策,调动社会各方积极性;三是结合食品安全城市建设,形成制约和倒逼机制,推动标准化托盘循环共用;四是借鉴国际先进的管理理念和制度,制定托盘循环共用的操作规范与指引;五是着眼国内、面向国际,依托亚太示范电子口岸网络,探索面向亚太地区的物流标准化建设与合作。

24日　市商务委召开本市夜市建设交流会,指出上海夜市建设的主要内容如下:一是明确工作目标,着力推进建设能够体现国际大都市美食文化水准、展示城市民俗风情、满足多元消费需求的地标型夜市;二是抓住重点和薄弱环节,梳理在当前夜市建设和管理中需要重点解决的环境影响、交通配套等瓶颈问题，会同相关部门集中力量各个突破；三是落实责任、分工合作。

三月

1日 第27届华交会在上海新国际博览中心成功举办，此次华交会主要呈现以下特点：一是展会规模略有扩大，展览面积12.09万平方米，比上届增加近6 000平方米，展位总数5 670个，共组织3 900多家企业参展；二是采购商与会人数略有增长，到会境外客商22 140人，客商总数比上届略增3.2%；三是出口成交略有增长，累计成交23.17亿美元，比上届增加0.28%，自2012年以来，首次止跌回升。

同日 市商务委召开2017年市政府实事项目新建改建标准化菜市场专题工作会议。会议指出要按照国际化大都市发展要求，对标国际，加快推进本市标准化菜市场转型升级。

同日 由上汽集团和上海国际汽车城集团共同成立的环球车享EVCARD宣布，新能源车分时租赁服务正式覆盖浦东机场、虹桥机场、铁路上海站、上海南站等6个上海主要枢纽网点，进一步方便用户租用新能源车出行。

3日 以"品位上海、品质服务"为主题的上海首届家政节开幕式正式启动。市商务委主任尚玉英、长宁区区长顾洪辉、商务部驻上海特派员向欣、市商务委副主任吴星宝、长宁区副区长刘平等出席活动并共同启动开幕仪式。

8日 2017年上海商务情况通报会召开，会议提出2016年上海商务领域主要呈现以下特点：一是市场规模进一步扩大，上海已成为国内外知名品牌集聚地和中国最大的国际旅游消费城市；二是贸易地位持续提升，上海进出口占全国比重进一步提高，与发达经济体贸易往来保持稳定，与"一带一路"市场的联系更为紧密，对国际高端服务的需求更趋旺盛；三是投资环境更加优化，投资管理制度改革取得了新的突破，外资对上海的投入持续加大。

28日 全国市场体系建设工作会议在上海召开。会议指出，2017年市场体系建设工作要围绕供给侧改革，从深入推进电子商务进农村补齐农村市场短板、完善农产品市场体系助力农业供给侧改革、深化汽车流通体制改革促进汽车消费、推动供应链创新促进降本增效和供需匹配、推动商品交易市场转型规范促进产销体制创新和加快建设完善现代市场体系等6个方面展开。

30日 国务院印发《全面深化中国（上海）自由贸易试验区改革开放方案》，提出到2020年，率先建立同国际投资和贸易通行规则相衔接的制度体系，把自贸试验区建设成为投资贸易自由、规则开放透明、监管公平高效、营商环境便利的国际高标准自由贸易园区。《方案》明确建设开放和创新融为一体的综合改革试验区、建立开放型经济体系的风险压力测试区、打造提升政府治理能力的先行区、创新合作发展模式、形成更多可复制推广的制度创新成果和抓好工作落实等6项主要任务。

四月

1日 市商务委和市质量技术监督局联合印发《本市托盘标准化及社会化循环共用推广专项行动计划》，明确5项主要任务：一是抓两端，推动供应链全程"不倒盘、不倒筐、不倒箱"；二是抓平台，鼓励发展跨区域的托盘循环共用；三是抓培训，普及托盘循环共用操作规范；四是抓认证，进一步扩大标准托盘池规模；五是抓宣传，推进物流标准跨区域共享互认。

5日 2017年全市电子商务发展联席会议召开，市商委主任尚玉英指出，2016年全市实现电子商务交易额20 049亿元，比上年增长21.9%；电子商务在线上线下联动发展加速推进转型、促进服务业发展水平提升、推进跨境电商试点等方面取得新成效；2017年将继续加快平台经济建设，加强服务实体经济和惠及民生，完善电子商务发展环境，进一步推动取得新进展。

14日 由上海时装周组委会主办的首届上海时尚周开幕仪式在上海展览中心举行。在4月14—16日的活动中，上海时尚周末以挖掘青年一代消费"体验"为理念，力邀时尚、音乐、艺术大咖助阵，将时装秀场、买手圣地、交互文化艺术展等创意结合，在拉近时尚和年轻消费者距离的同时，打造整合产品、内容和服务为一体的生活方式品牌IP。

18日 市商务委召开2017年第二季度商务工作会议，指出二季度商务工作重点包括8个方面：一是紧紧围绕构建开放型经济新体制的中心目标，深化自贸试验区商务领域改革创新；二是抓紧出台并实施本市贯彻国发5号文的意见，加大政策宣传辅导，加大精准招商力度；三是加强服务国家"一带一路"、推动市场主体走出去的桥头堡建设；四是着力推进内贸流通供给侧结构性改革，降低流通制度成本，降低流通交易成本，降低流通物流成本；五是实施商务部扩大消费专项行动，提升消费供给品质；六是实施外贸"稳增长、调结构、促转型'四个一百'专项行动"，推进服务贸易创新发展，提升贸易便利化水平；七是持续抓好菜篮子工程，继续扩大全市外延蔬菜生产基地建设范围，建设一批2.0版标准化示范性菜市场；八是深化"互联网+生活性服务业"创新实践区建设，培育新服务、引领新消费、供给新制度和营造新环境。

21日 市商务委召开全市农产品物流标准化推进工作会议指出，推进农产品物流标准化是提高农产品流通效率，降低物流成本，提升农产品流通信息化、标准化、集

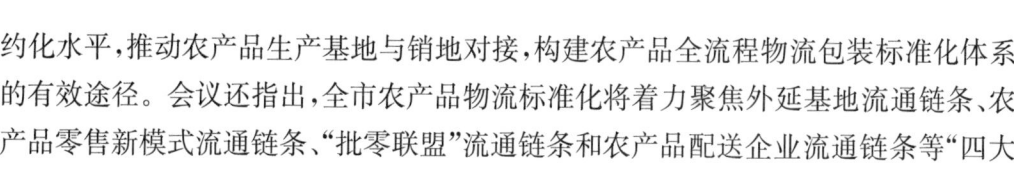

约化水平,推动农产品生产基地与销地对接,构建农产品全流程物流包装标准化体系的有效途径。会议还指出,全市农产品物流标准化将着力聚焦外延基地流通链条、农产品零售新模式流通链条、"批零联盟"流通链条和农产品配送企业流通链条等"四大链条"建设。

27日 上海市政府印发《关于进一步扩大开放加快构建开放型经济新体制的若干意见》,提出进一步扩大开放、进一步创造公平竞争的环境和进一步加强吸引外资工作等三部分内容。

下旬 市商务委召开早餐工程建设工作会议,布置2017年早餐工程建设工作任务:一是对比国际消费城市的要求,制订满足多元化消费需求的早餐建设新目标;二是牢牢守住食品安全的底线不放松,确保老百姓舌尖上的安全;三是始终坚持早餐工程的民生属性,做到让利于民;四是始终保持开放、共享的心态,推进资源共享,创新现有的商业模式、服务模式。

五月

26日 由市经济和信息化委指导,上海生产性服务业促进会、上海电子商务"双推"企业联盟、上海生产性服务业功能区联盟共同主办的2017上海电子商务"双推"工程启动暨走进上海生产性服务业功能区对接交流会在市北生产性服务业功能区举行。

27日 市政府印发《关于创新驱动发展巩固提升实体经济能级的若干意见》明确未来5年,适应上海城市功能定位的实体经济能级大幅提升,战略性新兴产业增加值占全市生产总值比重达到20%以上,现代服务业优质高效发展,生产性服务业增加值占服务业增加值比重达到三分之二左右。《意见》从落实国家战略、体现示范引领、优化城市功能、突出上海特点、破解发展瓶颈、加强统筹协同等几方面综合考虑,围绕提质增效、创新引领、环境营造、要素集聚、降低成本等方面提出50项具体举措。

六月

7日 2017年亚洲消费电子展在上海新国际博览中心拉开帷幕,本届展会总展览面积达4万平方米,覆盖5个展厅,450余家展商参展。来自22个国家和地区的参展商展示包括人工智能、汽车技术、虚拟现实产品等在内的十九大产品类别的创新产品和技术。

同日 商务部来沪调研重要产品追溯体系建设示范工作,并召开工作座谈会。会议指出要抓好五个"进一步":一是进一步提升对示范工作重要性的认识,树立高标准、高要求,处理好追溯点和面、新和旧、短期示范和长效机制的关系;二是进一步坚定目标,明确任务,按照既定目标,倒排工作台账,确保工作进度;三是进一步严明纪律和责任,严格资金使用管理,依法依规开展项目建设;四是进一步加强经验交流,互相借鉴提高;五是进一步加强研究探索,研究重要产品清单,思考追溯推广应用,确保追溯工作在正确的轨道上前进。

9日 2017上海商务诚信推进大会暨商务诚信联盟成立仪式顺利举行,尚玉英强调,一是要进一步发挥商务诚信公众服务平台作为新型流通治理模式重要载体的核心功能,继续开展商务领域信用评价服务,继续发布信用奖惩清单,继续深化商务信用标准化建设成果;二是要进一步完善政府监管、行业自律、企业自治、社会监督的商务信用格局,重点打好"制度保障牌"和"市场主体牌",构筑一条从征信、评信到用信的完整生态链。

22日 上海市首个家政业标准出台,该标准对家政服务机构、客户、家政员三方的责权进行了规范,涉及居家养老、居家保洁、母婴护理、育婴护理、月子护理、乳房护理等六大类家政服务内容。

30日 吴星宝主持召开2017上海购物节筹备动员会,指出该届购物节要突出"全消费"、突出"夜市经济"、聚焦"一区一特、一企一品"和促进融合联动发展。

七月

18日 市商务委召开2017年年中商务工作会议,会议指出上半年全市商务部门大力推进商务领域供给侧结构性改革,持续深化内贸流通体制改革发展,加快构建开放型经济新体制,推动上海国际贸易中心建设继续向纵深发展,全市商务经济运行态势良好,质量效益稳步提升,实现了"时间过半、完成任务过半"。尚玉英强调,下半年重点做好"抓党建、铸铁军",进一步强化商务系统作风建设;"促改革、谋创新",全力以赴推进商务领域重点工作等两方面工作。

27日 市商务委召开2017年年中全市商务领域安全生产工作会议,提出要重点做好三方面工作:一要提高认识,牢固树立商务领域安全生产的红线意识;二要狠抓关键,确保商务领域安全生产的良好态势;三要未雨绸缪,认真开展商务领域安全生产大检查。

八月

1日 商务部在上海召开2017年金砖国家经贸部长会议,会议批准建立金砖国家示范电子口岸网络,发布《金砖国家服务贸易合作路线图》《金砖国家电子商务合作

倡议》《金砖国家知识产权合作指导原则》《金砖国家合作便利化合作纲要》《金砖国家经济技术合作框架》等多项成果。

30日 首届上海国际商业年会在沪举行，年会以"搭建新平台，服务新商业"为主题，积极探索中国零售业态创新发展、科技融合及消费转型升级之路，首次建立实体商业零售开放、合作、融合发展机制，打造实体商业一站式合作对接、线上线下科技融合、为实体商业零售输出转型升级系统解决方案的开放平台。

九月

6日 上海市举行深化"证照分离"改革试点工作推进会，市长应勇指出，一是要立足前期试点基础，切实把"证照分离"改革试点作为本市深化"放管服"改革、创造良好营商环境、降低制度性交易成本的关键举措，着力推动改革试点向纵深挺进；二是要坚持目标导向、问题导向，努力实现改革试点全覆盖；三是要加强系统集成、统筹协调，确保改革落到实处，进一步处理好政府与市场的关系，不断激发市场主体创新创业活力。

8日 第十一届上海购物节在主会场上海环球港和分会场迪士尼小镇同时开幕。据上海市商务发展研究中心监测数据显示，购物节开幕前三日（9月8—10日），重点监测企业销售额比去年购物节同期增长13.2%，客流量同比增长15.6%。其中：零售业、餐饮业销售同比分别增长8.9%、12.9%，其他服务业增幅高达32.4%。

14日 上海市人民政府印发《关于推进上海美丽健康产业发展的若干意见》，提出到2025年，初步建成"研发设计、智能制造、检测检验、展示体验、平台交易"功能为一体的美丽健康全产业链平台，并提出支持制度创新成果应用、创新政府服务模式和监管方式、支持"东方美谷"人才队伍建设、推动"东方美谷"产业资源集聚、支持社会资本参与、创建"三都"示范实践区、建设国家级产品设计中心、建设国家级检验检测评价服务平台、设立上海国际时尚产业展示中心等13项保障措施。

15日 市商务委召开市商务领域安全生产工作专题会议，对全市商务领域安全生产工作提出了明确要求：一是提高认识，牢固树立商务领域安全生产的红线意识；二是切实增强责任意识和担当意识，深入开展安全生产大检查；三是密切配合，确保综合督查检查工作取得实效；四是加强应急值守，全面落实各项措施。

20日 上海市商务委员会等8部门联合印发《关于进一步促进中国（上海）自由贸易试验区汽车平行进口若干支持措施》，提出推进汽车平行进口试点和日常管理机制、简化自动进口许可证办理手续和创新CCC认证制度、开展汽车平行进口合规性整改业务的企业及场所认定、优化审价机制、提高通关便利化、创新提高综合服务水平等六项措施。

下旬 市商务委组织召开专题会,研究部署双节期间"菜篮子"市场供应工作。会议指出,"保供、稳价、保安全"是双节主副食品市场工作的重中之重,要高度重视、未雨绸缪,并提出细化双节市场供应部署、强化食品安全检查监管、深化网购网销宣传与应用等三项措施。

十月

18日 市商务委召开2017年四季度商务工作会议,提出四季度重点做好以下5方面工作:一是深化自贸试验区和服务"一带一路"建设;二是持续推动商贸业转型升级。以加快建设国际消费城市为抓手,促进消费平稳较快增长,提升消费供给品质;三是进一步完善现代市场体系建设。复制推广内贸流通体制改革综合试点经验,深化推进上海市内贸流通供给侧结构性改革;四是巩固外贸回稳向好的势头;五是推动双向投资提质发展。

20日 上海市商务委员会等8部门联合发布《关于促进本市老字号改革创新发展的实施意见》提出加快推进"老字号＋互联网"发展、深入推进国资老字号改革、推动老字号提升产品质量、大力弘扬老字号工匠精神、支持挖掘老字号品牌价值、鼓励老字号实施国际化战略、注重保护老字号原址风貌、加强保护老字号知识产权、加大老字号宣传推广力度、完善老字号发展扶持体系和建立健全老字号改革创新发展推进机制等15项发展意见。

23日 2017上海国际酒交会组委会在沪召开新闻发布会,宣布2017上海国际酒交会将于11月19日至21日在上海虹桥国家会展中心举行。据介绍,2017上海国际酒交会展览总面积6万平方米,参展企业超过1 000家,设有国内外著名产区展区、国内外名酒展区、时尚酒饮展区,以及国内外知名酒类技术装备展区、酒类原辅材料展区、酒类配套及服务展区和酒类配件及器具展区等。

26日 上海市人民政府办公厅印发《关于本市推动新一代人工智能发展的实施意见》,提出到2020年,人工智能对上海创新驱动发展、经济转型升级和社会精细化治理的引领带动效能显著提升,基本建成国家人工智能发展高地,成为全国领先的人工智能创新策源地、应用示范地、产业集聚地和人才高地,局部领域达到全球先进水平。

30日 上海市人民政府印发《关于全面建设徐汇国家大众创业万众创新示范基地的实施意见》的通知,提出以科技服务业为枢纽,促进科技经济深度融合;以"互联网＋政务服务"国家示范工程为引领,建设服务型政府;以"光启计划"为抓手,构建双创政策体系;以科技金融为支撑,拓宽投融资渠道;以重大活动为依托,营造活跃的创新文化氛围;以"两极两带"为格局,建设双创载体空间等6个方面主要任务。

十一月

上旬 市商务委组织召开上海市重要产品追溯体系示范项目建设工作推进会,会议指出,一是要提高思想认识,高度重视本市重要产品追溯体系建设;二是要加快项目进度,严格按照时间节点推进各项工作,按期保质保量完成任务;三是要强化主体责任,充分发挥企业主体作用,全面调动企业参与项目的积极性和主动性;四是要加大各方联动,各区商务主管部门、行业协会、企业集团等形成合力,确保上海市重要产品追溯体系示范项目建设取得实效。

16日 2017中国国际食品博览会在上海展览中心举办,本届食博会展出面积2.5万平方米,集聚了来自全国各行业委员会、省市食协、食品龙头企业、全国各地农垦龙头企业。据统计,参展的境内外企业达500多家,参展的国际品牌达20%,参展品类包括乳制品、粮油加工品、肉制品、冷冻食品、调味品、保健食品等大类精品,展品范围及活动规模均超往届。

17日 上海市食品药品监督管理局印发《本市网络餐饮服务监管长效机制建设若干意见》,提出加强执法队伍建设,强化网络订餐监管;探索完善监管方式,建立有效工作机制;强化企业监管指导,加强重点环节检查抽检;制定相关工作要求,规范网络餐饮服务监管;推动行业规范自律,加强平台和部门合作等五项措施。

17日 上海市食品药品监督管理局印发《关于进一步加强"专业网络订餐"经营企业许可和监管工作》的通知,提出从严格许可准入审查、加强监督检查抽检、加强租赁经营管理和严厉查处违法行为等四方面规范餐饮新业态,保障市民网络订餐安全。

20日 上海市食品药品监督管理局等部门印发《关于加强进口食品安全信息管理的规定》,明确上海市食品药品监督管理局、上海出入境检验检疫局和市场监管部门的职责,同时推进进口食品安全信息与全市食品安全信息追溯平台对接,实现通过上海口岸进口并在全市销售、使用的进口食品信息全部纳入全市统一的食品安全信息追溯平台。

十二月

中旬 上海商务诚信联盟工作例会召开,市商务委传达了商务部商务诚信专题会议精神,并且就成立反炒信联盟、夯实平台数据基础、筹备商务诚信标委会、商务信用信息管理办法出台等工作进行了总结,对下一阶段活动筹备进行了部署。

中旬 上海市人民政府印发《关于加快上海文化创意产业创新发展的若干意见》,提出未来5年,上海市文化创意产业增加值占全市生产总值比重达到15%左右,基本建成现代文化创意产业重镇;到2030年,上海市文化创意产业增加值占全市生产总值比重达到18%左右,基本建成具有国际影响力的文化创意产业中心。《意见》聚焦影视、演艺、动漫游戏、网络文化、艺术品交易、创意设计、文化装备等产业板块,提出着力推动文化创意重点领域加快发展、构建现代文化市场体系、引导资源要素向文化创意产业集聚等3个方面50项具体措施。

18日 商务部在上海召开全国汽车流通工作会议,提出要继续深化汽车流通全链条体制改革,加快构建共享型、节约型、社会化汽车流通体系,提高汽车流通效率,进一步优化产品和服务供给,促进汽车消费,充分发挥汽车稳增长、扩消费的关键性作用等几项任务。

19日 市商务委召开"打响上海购物品牌,加快推进国际消费城市建设"专家座谈会,会议指出,要深入研究上海购物品牌的内涵特点和目标定位,制定行动计划,提出和采取有针对性、可操作性的具体措施,着力提高上海购物"魔都"认知度、忠诚度,切实打响上海购物品牌,加快国际消费城市建设。

同日 市商务委组织召开"上海市菜篮子工程(标准化菜市场)暨早餐工程标志发布会",宣布上海市首批示范性标准化菜市场及早餐工程挂牌示范门店,市商务委主任尚玉英、副主任吴星宝出席活动并为标志揭牌。

附录2 2017年服务业主要政策法规一览表

分类	制定单位	政策法规名称	发布/实施日期
深化改革	国务院办公厅	关于创新管理优化服务培育壮大经济发展新动能加快新旧动能接续转换的意见	2017/1/13
	国务院办公厅	关于促进开发区改革和创新发展的若干意见	2017/1/19
	国家发改委	《2017年国家级新区体制机制创新工作要点》	2017/3/28
	国家发改委	关于2017年深化经济体制改革重点工作意见的通知	2017/4/13
	上海市人民政府	关于创新驱动发展巩固提升实体经济能级的若干意见	2017/5/27
	国务院办公厅	关于建设第二批大众创业万众创新示范基地的实施意见	2017/6/21
	国务院	关于强化实施创新驱动发展战略进一步推进大众创业万众创新深入发展的意见	2017/7/21
	国务院	关于进一步激发民间有效投资活力促进经济持续健康发展的指导意见	2017/9/1
开放经济	国务院	关于扩大对外开放积极利用外资若干措施的通知	2017/1/12
	国务院	关于构建开放型经济新体制的若干意见	2017/1/12
	上海市人民政府	关于印发修订后的《上海市鼓励跨国公司设立地区总部的规定》的通知	2017/1/27
	商务部、中央宣传部发展改革委、工业和信息化部、财政部、交通运输部、卫生计生委、人民银行、海关总署、税务总局、统计局、旅游局、中医药局	关于印发《服务贸易发展"十三五"规划》的通知	2017/3/9

续表

分类	制定单位	政策法规名称	发布/实施日期
开放经济	商务部 国家发展和改革委员会 中国人民银行 海关总署	关于进一步推进开放型经济新体制综合试点试验的若干意见	2017/4/7
	上海市人民政府	关于进一步扩大开放加快构建开放型经济新体制的若干意见	2017/4/26
	国家质检总局	关于推进国检试验区规范建设的指导意见	2017/6/8
	商务部	关于进一步加强外商投资信息报告制度和信息公示平台建设有关工作	2017/6/20
	海关总署	关于推进全国海关通关一体化改革	2017/6/28
	上海市商务委	《上海市贸易政策合规工作实施细则》	2017/9/13
	市人民政府	关于进一步支持外资研发中心参与上海具有全球影响力的科技创新中心建设的若干意见	2017/10/10
	上海市发展和改革委员会	《上海服务国家"一带一路"建设发挥桥头堡作用行动方案》	2017/10/11
自贸区建设	国务院	关于印发《全面深化中国(上海)自由贸易试验区改革开放方案》的通知	2017/3/30
	上海市商务委员会、中国(上海)自由贸易试验区管委会保税区管理局	关于中国(上海)自由贸易试验区平行进口汽车试点企业动态调整的通知	2017/4/27
	上海市工商行政管理局	关于服务自贸试验区和科技创新中心建设的若干意见	2017/5/25
	国务院办公厅	关于印发《自由贸易试验区外商投资准入特别管理措施(负面清单)(2017年版)》的通知	2017/6/5
	国家质检总局	关于推进检验检疫改革创新进一步支持自由贸易试验区建设的指导意见	2017/6/6
	上海市金融服务办公室 中国(上海)自由贸易试验区管理委员会	关于印发《中国(上海)自由贸易试验区金融服务业对外开放负面清单指引(2017年版)》的通知	2017/6/26
	上海市质量技术监督局	关于印发《上海市质量技术监督局全面深化自贸试验区质量技监工作方案》的通知	2017/8/4
	上海市商务委员会 中国(上海)自由贸易试验区管理委员会保税区管理局	《关于进一步促进中国(上海)自由贸易试验区汽车平行进口若干支持措施》的通知	2017/10/10

续表

分类	制定单位	政策法规名称	发布/实施日期
自贸区建设	上海海关 上海出入境检验检疫局 上海市经济和信息化委员会 上海市公安局 上海市交通委员会 上海市环境保护局	《关于进一步促进中国(上海)自由贸易试验区汽车平行进口若干支持措施》的通知	2017/10/10
	市发展和改革委员会	关于印发修订后的《中国(上海)自由贸易试验区中小企业垄断协议 豁免指导意见》的通知	2017/10/25
	上海市食品药品监督管理局	关于实施《中国(上海)自由贸易试验区内医疗器械注册人制度试点工作实施方案》的通知	2017/12/1
	上海市食品药品监督管理局	关于实施《中国(上海)自由贸易试验区内医疗器械注册人制度试点工作实施方案》的通知	2017/12/1
生活性服务业	国务院	关于鼓励社会力量兴办教育促进民办教育健康发展的若干意见	2017/1/18
	国家中医药管理局、国家发展和改革委员会	关于印发《中医药"一带一路"发展规划(2016—2020年)》的通知	2017/2/4
	工业和信息化部 民政部 国家卫生和计划生育委员会	关于印发《智慧健康养老产业发展行动计划(2017—2020年)》的通知	2017/2/6
	国务院	关于印发《"十三五"国家老龄事业发展和养老体系建设规划》的通知	2017/3/6
	文化部	关于推动数字文化产业创新发展的指导意见	2017/4/11
	文化部	关于印发《文化部"十三五"时期文化产业发展规划》的通知	2017/4/12
	市人民政府办公厅,市民政局	《上海市社区养老服务管理办法》	2017/5/1
	中共中央办公厅、国务院办公厅	《国家"十三五"时期文化发展改革规划纲要》	2017/5/7
	国务院办公厅	关于支持社会力量提供多层次多样化医疗服务的意见	2017/5/16
	国务院办公厅	关于制定和实施老年人照顾服务项目的意见	2017/6/16
	国务院办公厅	关于加快发展商业养老保险的若干意见	2017/6/29

续表

分类	制定单位	政策法规名称	发布/实施日期
生活性服务业	文化部	关于印发《"十三五"时期全国公共图书馆事业发展规划》的通知	2017/7/7
	国家卫生和计划生育委员会	关于深化"放管服"改革激发医疗领域投资活力的通知	2017/8/8
	财政部 民政部 人力资源和社会保障部	关于运用政府和社会资本合作模式支持养老服务业发展的实施意见	2017/8/14
	国家食品药品监督管理总局	《网络餐饮服务食品安全监督管理办法》	2017/11/6
	市食品药品监督管理局	关于发布《上海市餐饮服务食品安全监督量化分级管理办法》的通知	2017/12/1
	市食品药品监督管理局、市通信管理局	关于印发《上海市网络餐饮服务监督管理办法》的通知	2017/12/15
商贸流通	商务部、发展改革委、教育部、人力资源社会保障部、住房城乡建设部、文化部、国资委、税务总局、工商总局、质检总局、知识产权局、旅游局、银监会、证监会、文物局、中医药局	关于促进老字号改革创新发展的指导意见	2017/1/13
	商务部 国家发展和改革委员会 国土资源部 交通运输部等	关于印发《商贸物流发展"十三五"规划》的通知	2017/1/19
	国务院办公厅	关于加快发展冷链物流保障食品安全促进消费升级的意见	2017/4/13
	商务部	关于印发《2017年加快内贸流通创新推动供给侧结构性改革扩大消费专项行动实施方案》的通知	2017/6/30
	商务部 国家发展和改革委员会 工业和信息化部 财政部等	关于复制推广国内贸易流通体制改革发展综合试点经验的通知	2017/7/25
	国务院办公厅	关于进一步推进物流降本增效促进实体经济发展的意见	2017/8/7
	国务院	关于进一步扩大和升级信息消费持续释放内需潜力的指导意见	2017/8/13
	国务院办公厅	关于积极推进供应链创新与应用的指导意见	2017/10/5

续表

分类	制定单位	政策法规名称	发布/实施日期
科技创新	上海市经济和信息化委员会	关于印发《上海市关于促进云计算创新发展培育信息产业新业态的实施意见》的通知	2017/1/4
	科学技术部	关于印发《"十三五"现代服务业科技创新专项规划》的通知	2017/4/14
	科学技术部 国土资源部 水利部	关于印发《"十三五"资源领域科技创新专项规划》的通知	2017/5/8
	科学技术部 国土资源部 国家海洋局	关于印发《"十三五"海洋领域科技创新专项规划》的通知	2017/5/8
	上海市工商行政管理局	关于服务自贸试验区和科技创新中心建设的若干意见	2017/5/25
	国务院	关于印发《新一代人工智能发展规划》的通知	2017/7/8
	国务院办公厅	关于推广支持创新相关改革举措的通知	2017/9/14
	上海市人民政府办公厅	《关于本市推动新一代人工智能发展的实施意见》的通知	2017/10/26
	上海市人民政府办公厅	《上海市加快推进具有全球影响力科技创新中心建设的规划土地政策实施办法》	2017/11/28
	工业和信息化部	关于印发《促进新一代人工智能产业发展三年行动计划(2018—2020年)》的通知	2017/12/14
旅游业	国家卫生和计划生育委员会 国家发展和改革委员会 财政部等	关于促进健康旅游发展的指导意见	2017/5/12
	上海市人民代表大会常务委员会	关于促进和保障崇明世界级生态岛建设的决定	2017/6/23
	国家体育总局 国家旅游局	关于印发《"一带一路"体育旅游发展行动方案》的通知	2017/6/29
	国家发展和改革委员会 工业和信息化部 财政部 国土资源部等	关于印发《促进乡村旅游发展提质升级行动方案(2017年)》的通知	2017/7/11
	交通运输部 国家旅游局 国家铁路局 国家民用航空局等	关于促进交通运输与旅游融合发展的若干意见	2017/7/18
	上海市旅游局、上海市体育局	关于印发《关于推进体育旅游标准化建设的若干意见》和《体育旅游休闲基地等级评定办法》的通知	2017/9/19

续表

分类	制定单位	政策法规名称	发布/实施日期
保险业	保监会	关于印发《财产保险公司保险产品开发指引》的通知	2017/1/3
	上海保监局	关于印发《上海保险专业中介机构合规指引》的通知	2017/3/8
	保监会	关于保险业服务"一带一路"建设的指导意见	2017/4/27
	中国保监会	关于保险业支持实体经济发展的指导意见	2017/5/4
	保监会	关于保险资金投资政府和社会资本合作项目有关事项的通知	2017/5/5
	国务院办公厅	关于加快发展商业养老保险的若干意见	2017/6/29
	保监会	关于印发《保险销售行为可回溯管理暂行办法》的通知	2017/7/10
	保监会	关于印发《信用保证保险业务监管暂行办法》的通知	2017/7/20
金融业	证监会	《落实"三证合一"登记制度改革工作》	2017/1/11
	银监会	关于规范银行业服务企业走出去加强风险防控的指导意见	2017/1/25
	银监会	关于提升银行业服务实体经济质效的指导意见	2017/4/7
	农业部 农业发展银行	关于政策性金融支持农村一二三产业融合发展的通知	2017/5/31
电子商务	中共中央办公厅、国务院办公厅	关于促进移动互联网健康有序发展的意见	2017/1/15
	商务部	关于进一步推进国家电子商务示范基地建设工作的指导意见	2017/1/17
	商务部	关于开展2017—2018年度电子商务示范企业创建工作的通知	2017/5/9
	上海市经济和信息化委员会	关于实施2017年度电子商务"双推"工程的通知	2017/5/19
	中国国际贸易促进委员会	《关于促进跨境电子商务发展的指导意见》的通知	2017/5/22
	工业和信息化部办公厅	关于印发《移动互联网综合标准化体系建设指南》的通知	2017/8/7
市场监管	国务院	关于印发《"十三五"市场监管规划》的通知	2017/1/23
	国务院	关于进一步削减工商登记前置审批事项的决定	2017/5/11
	国务院办公厅	关于加快推进"多证合一"改革的指导意见	2017/5/12
	国务院	关于在更大范围推进"证照分离"改革试点工作的意见	2017/9/28

续表

分类	制定单位	政策法规名称	发布/实施日期
市场监管	上海市主管委办局	上海市餐饮服务食品安全监督量化分级管理办法	2017/10/27
	上海市食品药品监督管理局	关于印发《上海市网络餐饮服务监管长效机制建设若干意见》的通知	2017/11/17
	商务部办公厅	关于印发《商务部市场监管执法事项"双随机、一公开"事项清单》的通知	2017/11/27
食品药品安全	国务院	关于印发《"十三五"国家食品安全规划和"十三五"国家药品安全规划》的通知	2017/2/14
	国务院办公厅	关于印发《2017年食品安全重点工作安排》的通知	2017/4/14
	国务院办公厅	关于印发《国民营养计划（2017—2030年）》的通知	2017/7/13
	上海市质量技术监督局	关于推进本市食品相关产品生产许可审批制度改革相关措施的通知	2017/7/19
	国务院食品安全办 教育部 公安部 民政部 人力资源和社会保障部等	关于提升餐饮业质量安全水平的意见	2017/9/21
租赁拍卖	商务部	关于规范和促进拍卖行业发展的意见	2017/2/21
	交通运输部 中共中央宣传部 中央网信办 国家发展和改革委员会等	关于鼓励和规范互联网租赁自行车发展的指导意见	2017/8/1
	交通运输部 住房和城乡建设部	关于促进小微型客车租赁健康发展的指导意见	2017/8/4
	上海市人民政府办公厅	《关于加快培育和发展本市住房租赁市场的实施意见》的通知	2017/9/15
价格管理	上海市发展和改革委员会	关于进一步加强本市民用瓶装液化石油气价格管理工作的通知	2017/5/9
	国家发展改革委	关于加强配气价格监管的指导意见	2017/6/20
	国家发展改革委	关于进一步加强垄断行业价格监管的意见	2017/8/23
	上海市发展和改革委员会	关于印发修订后的《上海市关于商品和服务实行明码标价的实施办法》的通知	2017/9/26
	上海市物价局	关于发布《上海市商品零售行业价格行为指南》的公告	2017/11/2
	国家发展改革委	关于全面深化价格机制改革的意见	2017/11/8

附录3　2017年上海服务业发展主要数据

附表3-1　2017年上海市生产总值及各大产业增加值

指标名称	2017年	比上年增长/%
上海市生产总值/亿元	30 632.99	6.9
其中:第一产业/亿元	110.78	−0.8
第二产业/亿元	9 330.67	5.8
第三产业/亿元	21 191.54	7.5

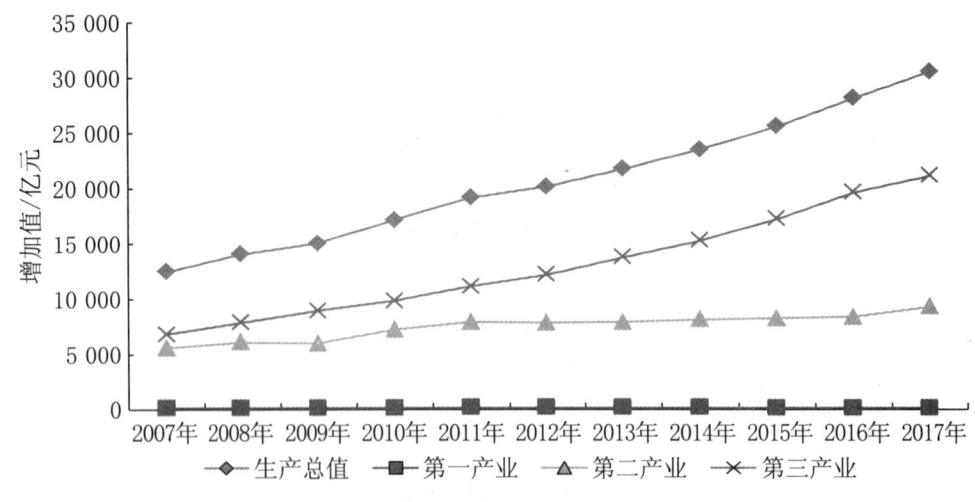

附图3-1　上海市生产总值及各大产业增加值变化趋势

附表 3-2　2017 年三次产业增加值对经济增长贡献率

指标名称	贡献率/%	
	2016 年	2017 年
生产总值贡献率	100	100
第一产业	−0.9	—
第二产业	5.8	25.5
第三产业	95.1	74.5
♯批发零售业	10.0	14.2
交通运输、仓储和邮政业	4.1	7.7
住宿和餐饮业	0.1	0.6
信息传输、软件和信息技术服务业	12.2	16.1
金融业	30.4	29.3
房地产业	4.3	−17.9

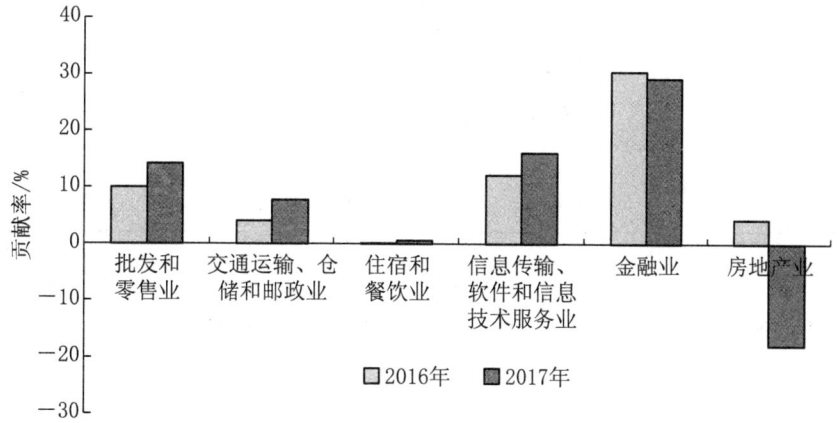

附图 3-2　第三产业增加值对经济增长贡献率

附表 3-3　2017 年旅游产业增加值

指标名称	单位	2017 年	比上年增长/%
旅游产业增加值	亿元	1 888.24	9.1
旅游住宿	亿元	208.17	0.3
旅客运输	亿元	258.94	19.2
旅游商业	亿元	624.78	11.8
景区游览	亿元	204.73	13.1
旅游产业增加值占 GDP 比重	%	6.3	

附表 3-4　2017 年信息产业增加值

指标名称	单位	2017 年	比上年增长/%
信息产业增加值	亿元	3 274.78	12.1
信息产品制造业	亿元	933.28	7.9
信息产品销售业	亿元	162.48	−0.7
信息服务业	亿元	2 179.02	15.0
信息产业增加值占 GDP 比重	%	10.9	

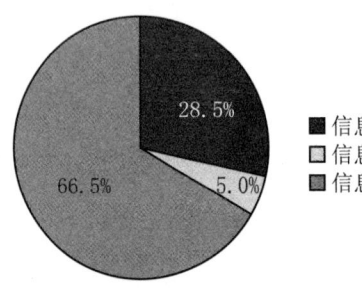

附图 3-3　信息产业增加值构成

附表 3-5　2017 年上海进出口情况

指标名称	单位	2017 年	比上年增长/%
上海关区货物进出口总额	亿元	59 690.24	14.0
进口	亿元	24 684.20	19.3
出口	亿元	35 006.04	10.6
上海市货物进出口总额	亿元	32 237.82	12.5
进口	亿元	19 117.51	15.4
♯国有企业	亿元	3 059.50	1.2
外商投资企业	亿元	12 725.57	18.4
私营企业	亿元	3 220.07	23.0
出口	亿元	13 120.31	8.4
♯国有企业	亿元	1 548.37	4.7
外商投资企业	亿元	8 755.24	7.3
私营企业	亿元	2 717.55	15.5

附表 3-6　2017 年上海市外商直接投资情况

指标名称	单位	2017 年	比上年增长/%
外商直接投资合同项目	个	3 950	−23.4
♯第三产业	个	3 848	−23.9
♯批发和零售业	个	1 439	−34.0
外商直接投资合同金额	亿美元	401.94	−21.2
♯第三产业	亿美元	383.96	−18.9
♯批发和零售业	亿美元	57.82	−38.9
外商直接投资实际到位金额	亿美元	170.08	−8.1
♯第三产业	亿美元	161.53	−1.1
♯批发和零售业	亿美元	25.99	−27.7

附表 3-7　上海市社会消费品零售总额

类目	2017 年/亿元
社会消费品零售总额	11 830.27
1. 按商品类别分	
吃	2 485.79
穿	2 165.34
用	6 450.15
烧	7 28.99
2. 按行业分	
批发和零售	10 804.87
住宿和餐饮	1 025.40

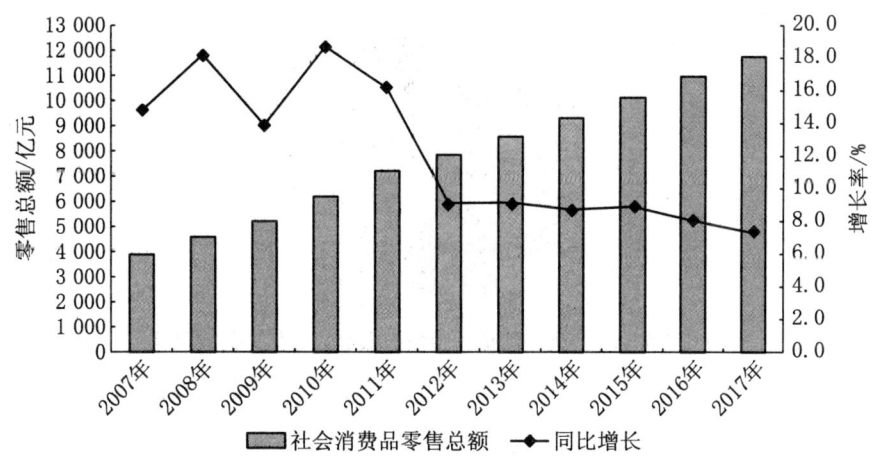

附图 3-4　上海市社会消费品零售总额及增长

附表 3-8　上海市社会消费品零售总额的用途结构

年　份	用途占比/%			
	吃	穿	用	烧
1990	42.6	15.7	41.1	0.6
1995	38.8	14.6	45.9	0.7
2000	39.8	13.3	46.0	0.8
2005	34.5	11.3	52.5	1.8
2010	25.9	13.6	51.9	8.6
2011	24.8	13.0	53.3	8.9
2012	23.5	13.5	54.4	8.6
2013	22.9	13.4	55.5	8.1
2014	22.2	14.1	56.0	7.7
2015	22.2	15.1	56.9	5.7
2016	20.6	14.3	59.6	5.4
2017	20.8	15.4	58.4	5.5

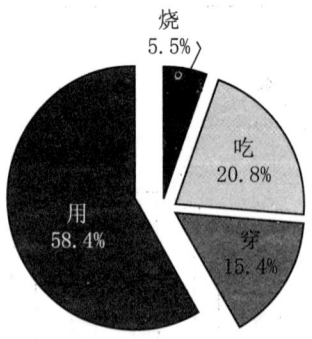

附图 3-5　2017 年上海市社会消费品零售总额的用途结构

附表 3-9　2017 年各区社会消费品零售总额及吸引购买力指数

地　区	社会消费品零售总额/亿元	购买力指数（按 2017 年末常住人口计算）
浦　东	2 201.34	0.87
黄　浦	814.07	2.72
徐　汇	666.74	1.34
长　宁	316.88	1.00
静　安	720.37	1.48
普　陀	606.04	1.03
虹　口	309.26	0.85
杨　浦	494.75	0.83
闵　行	942.14	0.81
宝　山	666.67	0.72
嘉　定	1 044.13	1.45
金　山	456.15	1.25
松　江	587.47	0.73
青　浦	564.00	1.02
奉　贤	535.13	1.01
崇　明	116.88	0.37
平　均	690.13	1.00

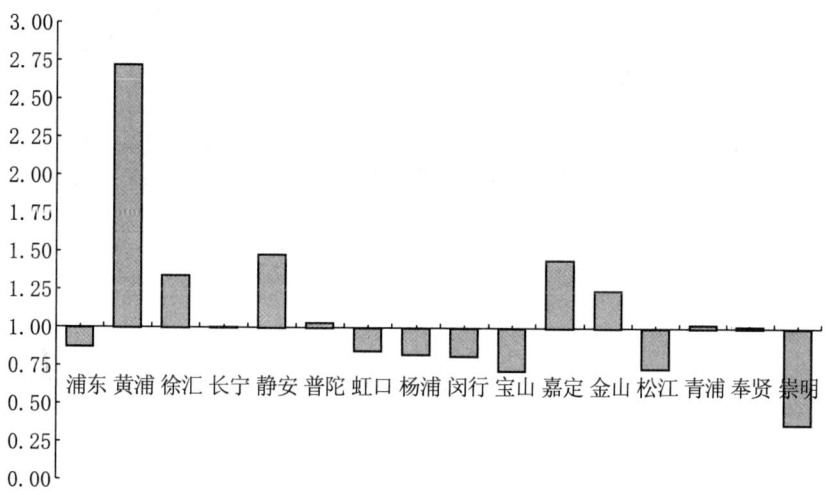

附图 3-6　2017 年各区购买力指数（按 2017 年末常住人口计算）

附表 3-10　2017 年上海居民消费价格指数

类　　别	价格指数(以上年为 100)
居民消费价格指数	101.7
♯服务项目价格指数	102.3
食品烟酒	101.2
衣着	100.5
居住	101.7
生活用品及服务	101.5
交通及通信	100.7
教育文化和娱乐	100.9
医疗保健	106.6
其他用品和服务	102.6

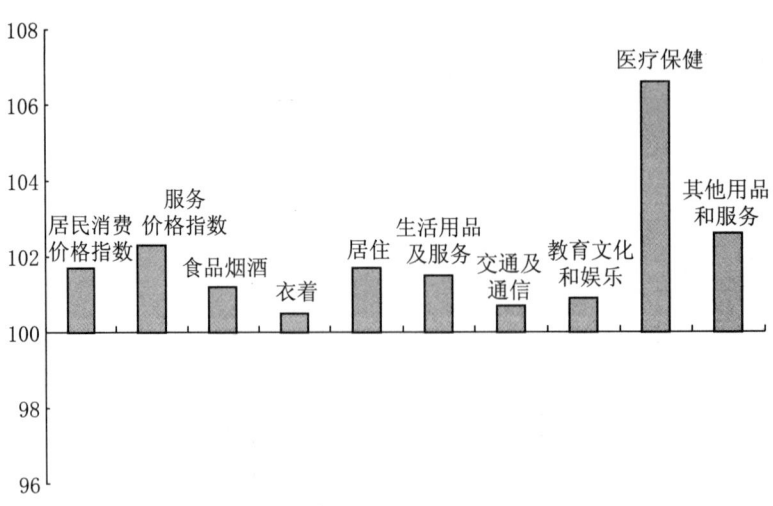

附图 3-7　居民消费价格指数

附表 3-11　上海市区居民家庭年人均收支变化

类别/消费倾向	收支/元					
	1995 年	2000 年	2005 年	2010 年	2015 年	2017 年
可支配收入	7 172	11 718	18 645	31 838	49 867	58 988
消费性支出	5 868	8 868	13 773	23 200	34 784	39 792
1. 食品烟酒	3 131	3 947	4 940	7 777	9 272	10 006
2. 衣着	561	567	940	1 794	1 623	1 733
3. 居住	401	794	1 412	2 166	11 308	13 709
4. 生活用品及服务	637	683	800	1 800	1 485	1 825
5. 交通和通信	321	759	1 984	4 076	4 206	4 058
6. 教育文化和娱乐	508	1 287	2 273	3 363	3 718	4 686
7. 医疗保健	113	501	797	1 006	2 268	2 602
8. 其他用品和服务	196	330	627	1 218	904	1 173
消费倾向/%	81.8	75.7	73.9	72.9	69.8	67.5

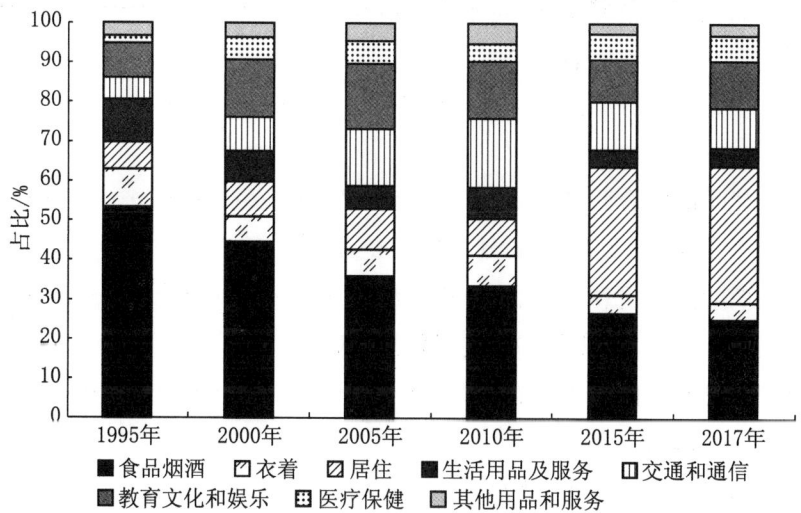

附图 3-8　上海市区居民家庭消费支出构成

附录 4　案例索引

案例 1　音乐主题与艺术体验相结合的街区式商业 ········· 36
　　——瑞虹天地月亮湾

案例 2　深耕亲子主题，凝聚体验式消费 ········· 38
　　——虹桥南丰城

案例 3　科技引领产业升级，服务上海领先发展 ········· 41
　　——苏宁上海总部

案例 4　商业创新新样本，时尚体验新地标 ········· 47
　　——星巴克咖啡烘焙工坊

案例 5　立足生活分享的社区型网购平台 ········· 68
　　——小红书

案例 6　化学品综合服务电商平台"独角兽" ········· 71
　　——摩贝（上海）生物科技有限公司

案例 7　商业迭代更新，"首店"争相落沪 ········· 91
　　——上海"首店"经济带动消费升级

案例 8　共享共生的城市更新地标 ········· 94
　　——上生·新所

案例 9　"共享早餐"一站式购买多品牌点心 ········· 99
　　——2017 年早餐工程建设

案例 10　"互联网+菜篮子"新模式 ········· 119
　　——食行生鲜社区智慧微菜场